世界の考古学

⑬

ポンペイの歴史と社会

R・リング 著　堀 賀貴 訳

同成社

POMPEII : History, Life and Afterlife　　by Roger Ling
© 2005 / Roger Ling
Japanese translation rights arranged
with Tempus Publishing Ltd., Stroud, Gloucestershire, England
through Tuttle-Mori Agency, Inc., Tokyo

1（上） 貝殻のなかにいるヴィーナスの絵
　　　海のヴィーナスの家［Ⅱ.3.3］にある庭の
　　　後方の壁（写真D. Trillo）

2（右） バジリカの内部
　　　紀元前2世紀末期（写真D. Trillo）

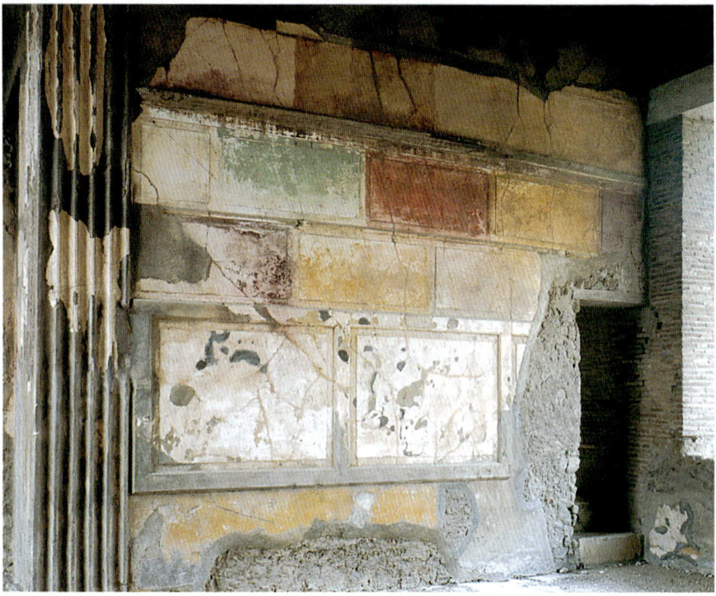

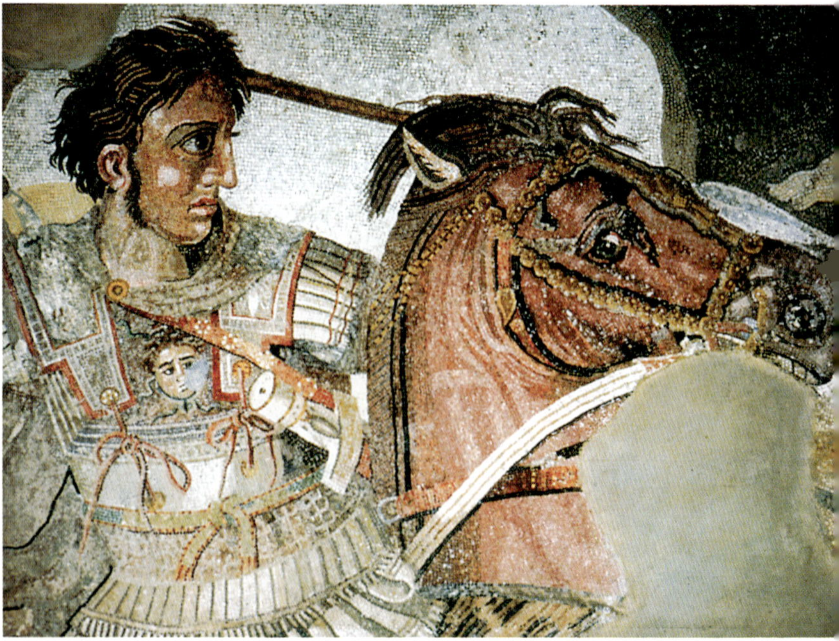

3（左頁上） サルスティウスの家［Ⅵ.2.4］にある第1様式の壁装飾　紀元前2世紀または1世紀初期（写真E. de Mar）

4（左頁下） アレキサンダー大王の戦い　ファウヌスの家［Ⅵ.12.2］から発見されたモザイク床のディテール。紀元前2世紀末期または1世紀初期。Naples Museum 10020（写真Getty Research Library, Wim Swaan collection 96.P.21）

5（上） オプス・クアジ・レティクラトゥムと三角形のレンガでできた隅石　紀元前80年の直後に建設された小劇場のディテール（写真Ward-Perkins collection）

6（右） 秘儀荘にある第2様式の壁画
前1世紀の第2四半期（写真E. de Mar）

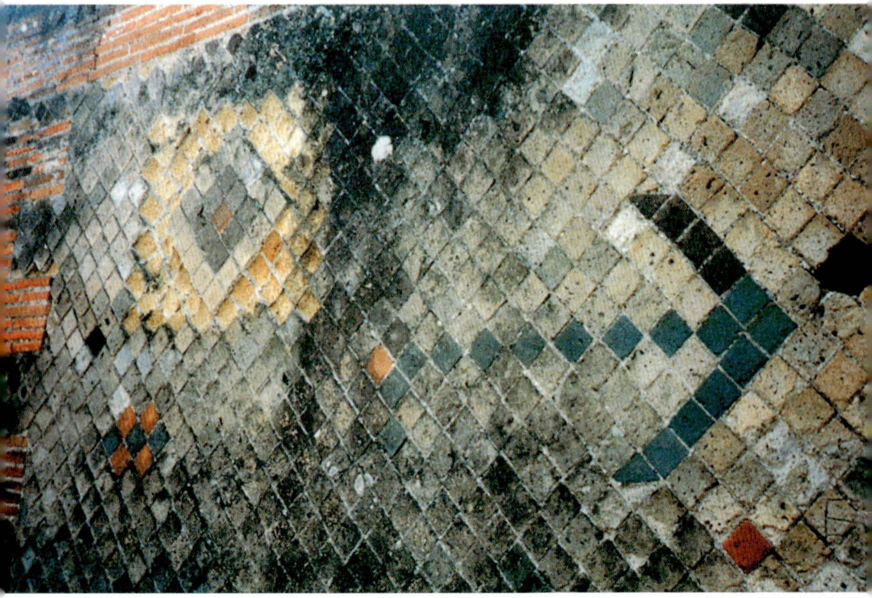

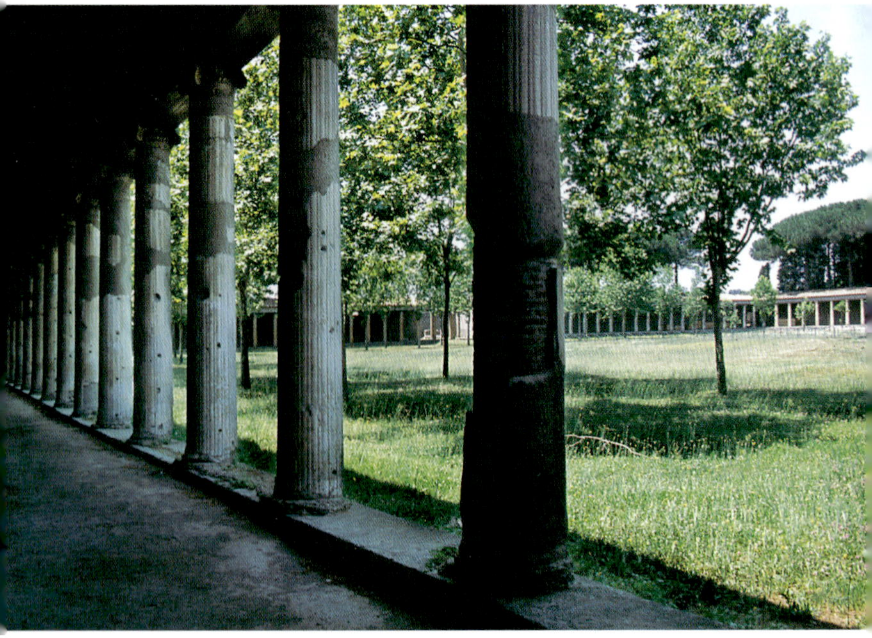

7（左頁上） 彩色模様がある網目の壁　Ⅷ.2.30のファサード（写真L. A. Ling）

8（左頁下） アウグストゥス帝時代のパレストラ（体育場）の内部
（紀元前1世紀初頭〜1世紀初頭）（写真D. Trillo）

9（右） 中央広場にある石灰岩の列柱　紀元1世紀前半（写真D. Trillo）

10（下） チェイイの家［Ⅰ.6.15］にあるパラダイス（サファリ・パーク）の絵　紀元62年から79年の間（写真D. Trillo）

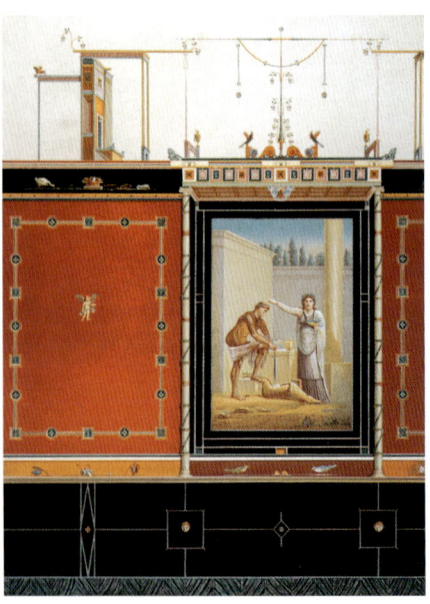

11（上） ヴェストリウス・プリスクスの墓　紀元前62年から79年の間。周りを囲んでいる壁の内側には銀食器の絵がある（写真L. A. Ling and R. J. Ling）

12（左） M. スプリウス・メゾーの家［Ⅶ. 3. 29］にある第3様式の壁画　後1世紀の第1四半期（彩色リトグラフA. Mau, Geschichte der decorativen Wandmalerei in Pompeji〈1882〉記載）

13（右） イアーソーンの家［IX.5.18］から発見されたパーンとニュムペーの絵　第3様式（後1世紀の第1四半期）。1.20×0.93cm。Naples Museum 111473（写真 Ward-Perkins collection）

14（下）　エウマキアの建物の南西角（写真 J. B. Ward-Perkins）

15 第4様式の壁画　ヴェスタルスの家［Ⅵ.1.7］。後1世紀の第3四半期。2.30×2.00m。Naples Museum 9701。（写真Ward-Perkins collection）

16　M. ガヴィウス・ルーファスの家［Ⅶ.2.16］から発見されたミーノータウロスを退治した後のテーセウスの絵　第4様式（後1世紀の第3四半期）。97×98cm。Naples Museum 9043（写真Ward-Perkins collection）

17（右） アポロ神殿にあるアポロ神のブロンズ像（写真D. Trillo）

18（下） ヴェヌス神殿で発見された黄金のランプ　高さ15.1cm、長さ23.3cm。Naples Museum 25000（写真 Ward-Perkins collection）

19 足のついた男性根のレリーフを施した記念銘板　テラコッタでできたフレームの中はヌケリア凝灰岩。31.5×36.5cm。ポンペイⅢ.4の南東角（写真D. Trillo）

20 テッラ・シジラータの陶器の例　装飾が施されたイタリア製（上）と南ガリア製（左）のボウル（写真S. A. Hay and A. Sibthorpe）

21 百年祭の家〔Ⅸ.8.6〕で発見されたバッコス神とヴェスヴィウス山の絵　ブドウに包まれた神はこの地域でのブドウ栽培の重要性を象徴している。79年以前にはこの火山は円錐形で草木が生い茂っていた。1.40×1.01m。Naples Museum 112286（写真 University of Bologna）

22　Ⅶ.2.22にあるパン屋　右は穀物を挽くための粉砕器で、左はパンを焼くためのオーブン（写真D. Trillo）

23　南西から眺めた大劇場（写真D. Trillo）

24（右） メナンドロスの肖像画 メナンドロスの家［Ⅰ.10.4］。紀元62年から79年の間。高さ1.08m（写真E. de Mar）

25（下） ポンペイで発見されたテラコッタ製の剣闘士の小立像 高さ13cmと14cm。Naples Museum 20259、20341（写真 Ward-Perkins collection）

28（右頁上）　青いガラス製のコブレット　　高さ14cm、口縁径15.5cm。Naples Museum 76／215（写真Ward-Perkins collection）

29（右頁下）　レリーフを施した銀のカップ　メナンドロスの家［Ⅰ.10.4］で発見。高さ8cm、縁の直径11.5cm。Naples Museum 145506（写真Ward-Perkins collection）

26　劇場の横にある四面回廊から発見されたブロンズ製の剣闘士のヘルメット　　高さ45.5cm。Naples Museum 5650（写真Ward-Perkins collection）

27　サテュロスの仮面　　劇場の横にある四面回廊から発見された2つのブロンズ製の剣闘士のすねあてのうちの1つに施されたレリーフのディテール。Naples Museum 5666-7（写真 Ward-Perkins collection）

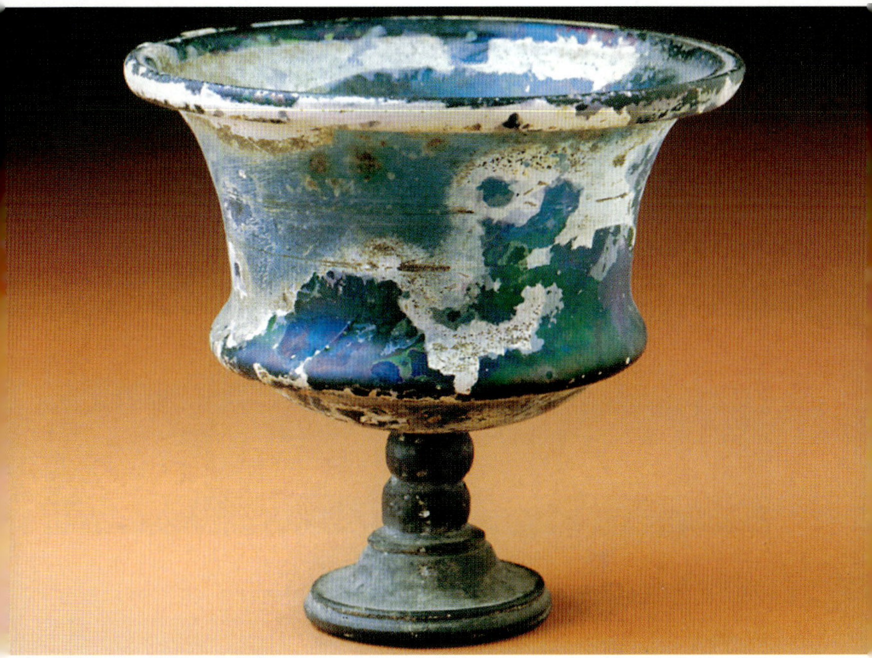
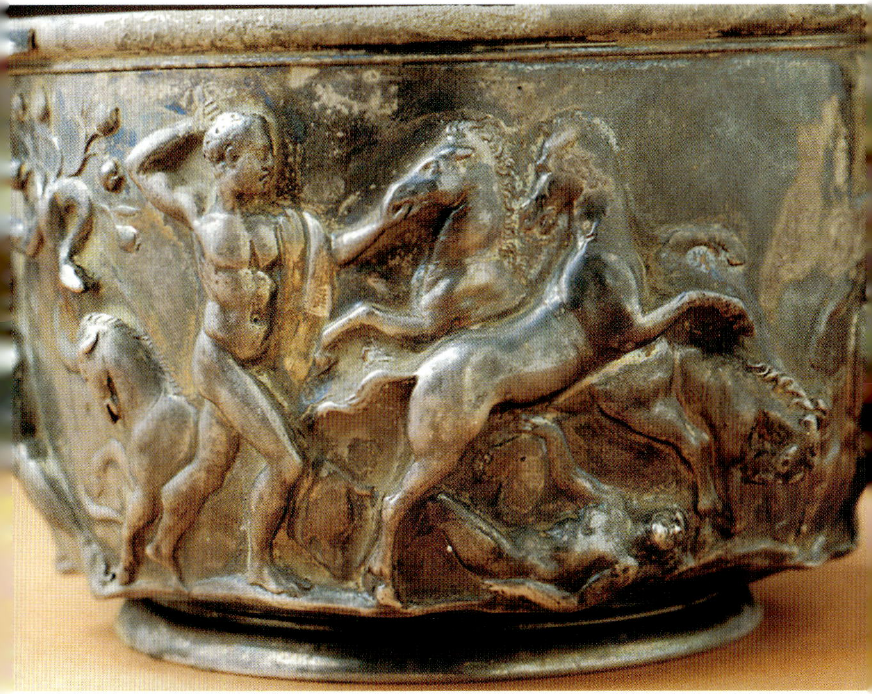

30 象牙のさいころ、中足骨と骨でできた遊戯用のこま
硬貨の直径3から3.5cm。Naples Museum（写真Ward-Perkins collection）

31 ブロンズまたは黒い壁の家［Ⅶ4.59］にある第3様式の彩色リトグラフ
後1世紀の第1四半期（出展W. Zahn, Die sch_nsten Ornamente und merkw_rdigsten Gem_lde aus Pompeji und Stabiae〈1828-59〉）

日本語版への序文

　ポンペイの破滅は、クラカトア火山の噴火や近年アジアを襲った津波など、あらゆる甚大な自然災害と同じように、後代の人々に変わらぬ深い記憶を刻み込みました。古代世界に関する著述家たちも後79年の運命的な噴火を人知を超えた神の恐るべき仕業、あるいは人間の営みのはかなさを示す典型例として見つめてきました。しかし、250年以上におよぶこの埋もれた都市の再発見と発掘により、その悲劇の実情がしだいに明らかになるにつれて、その都市は単に歴史書に取り上げられる一つの出来事ではなく、発掘者たちの一鋤一鋤によって地上に現れるリアルな都市イメージへと変貌したのです。

　この埋没都市への興味は世界的な広がりをもっています。最近ではポンペイでも日本人による注目すべき発掘研究上の貢献が見られるようになってきました。そのパイオニアの一人が青柳正規教授で、彼は1950年代の発掘を通じて明らかとなった住宅群の一つ「エウローパの舟の家」についての研究論文を1977年に発表しています。さらに近年になって、日本の古代学研究所は1991年に発刊された「オプスクーラ・ポンペイアーナ（ポンペイ小論集）」を始めとするポンペイの組織的な研究に着手し、その研究誌に見られる幅広くしかも高度な研究は、ポンペイの建築や都市史の分野でまったく新しい萌芽的な研究の可能性を突きつける先導役の一翼を担ってきまし

た。とくに重要なものは、坂井聡博士を中心とする研究グループの都市北辺の城壁に関する発掘プロジェクトであり、それは長年の問題、すなわち「カプア門と呼ばれる8番目の市門が実際に存在するのか?」に解答を与えました。門はまったく存在しなかったのです。

このたび拙著Pompeii, History, Life and Afterlife が日本語版として出版されることを大変光栄に思っています。そして、とくにこの翻訳が坂井博士の研究協力者の一人であり、そして私の教え子の一人でもある堀賀貴博士によるものであることを大変うれしく思います。彼は優れた研究者であり、数あるテーマのなかでもポンペイ住宅の敷居、上階、木構造について研究実績があり、拙著の翻訳についても最適の人物といえます。私は、彼がこの翻訳のために惜しまず注いでくれた努力と苦労に改めて感謝するとともに、私が40年近く前に初めてポンペイを訪れたときに感じたのと同じ興奮を日本の読者にも共有していただければと思います。

最後にこの場を借りて、堀博士とともに、英語版の謝辞と同様、多くの方々に感謝の意を表したいと思います。とくに、改めて1997年に初めて本書の出版を勧めていただいた英国テンパス出版のコミッショニング・エディターのピーター・ケミス-ベティ氏には、他の仕事にかまけて7年もの間、出版の延期を繰り返したにもかかわらず粘り強く本書を完成させていただきました。本書は彼の熱望と注力に追うところが大きく、私は彼が長い時間待たされた甲斐があったと感じてくれていると確信しています。

 2006年11月27日

       ロジャー・リング

目　次

日本語版への序文　1

図版一覧　5

第1章　はじめに ………………………………………… 11

第2章　ローマ以前のポンペイ ………………………… 35

第3章　ローマ植民都市時代 …………………………… 69

第4章　初期帝政期 ……………………………………… 91

第5章　最後の日々 ……………………………………… 121

第6章　都市生活 ………………………………………… 135

　人口統計学　135

　市　　政　142

　宗　　教　151

　経済生活　163

　社会生活　183

　家庭生活　200

　都市構造　209

　要　　約　220

第7章　噴火後のポンペイ ……………………………… 221

註（参考文献） 246

さらに読み進めたい人のための文献 259

訳者あとがき 263

索　引 265

図版一覧

本文図版

1 ポンペイとヴェスヴィウス山の風景
2 南カンパニアの中枢都市と街道
3 最終的なポンペイの都市計画
4 中央広場の平面図
5 劇場地区の鳥瞰
6 円形闘技場の内部
7 ガロ通り（雄鶏通り）の名前の由来となった雄鶏のレリーフが施された公共泉水
8 ヌケリア門の外にある共同墓地
9 中央広場（フォーラム）を囲む列柱廊の施工開始を記録する石版
10 アルカイック期の発掘品とパッパモンテでできた壁の分布図
11 都市の発展段階に関する仮説のプラン
12 ノラ門近くにあるサルノ石でできた市壁
13 ドリス式神殿から発掘された彫刻が施されたメトープ
14 ホフマン型住宅の平面図とアイソメトリック図による再現
15 アトリウム型住宅の典型的な平面図とアイソメトリック図による再現
16 オペラ・テライオ：I.10.16のファサード
17 オプス・インケルトゥムの構造の図解
18 ファウヌスの家の平面図
19 サモスのディオスクリデスの署名があるモザイク画
20 ヴェスタの巫女の家で見つかった紀元前89年の包囲の際にカタパルトから放たれた石の砲弾
21 植民地時代に建設または改築された建物を示した図
22 （屋根つき）小劇場の内部
23 中央広場（フォーラム）の北側
24 フォーラム浴場の平面図

25　オプス・レティクラトゥムとレンガ積みの構造の図解
26　体育場にあるレンガ造の円柱のディテール
27　スタビア浴場の外の道にあるM.ホルコニウス・ルーフスの彫像
28　アウグストゥスの守護神を祀る神殿
29　スタビア通りとアボンダンツァ通りの交差点にある水道塔と公共泉水
30　P.パクイウス・プロクルスの家の内部
31　「D.オクタヴィウス・クアルティオの家」または「ロレイウス・ティブルティヌスの家」として知られる家の庭
32　アウグストゥスの守護神を祀る神殿のレンガ仕上げが施された壁
33　墓場の道にあるマンミアのスコラ
34　縦長の半身形をした墓石
35　墓場通りにあるネイヴォレイア・ティケーの墓の頂にある祭壇に施されたレリーフのディテール
36　紀元62年に起きた地震でできた亀裂を修復するために用いられたレンガの継ぎ目
37　62年におきた地震を描いた一連のレリーフ
38　紀元79年の噴火のため中断した上水道工事
39　T.スエディウス・クレメンスが都市壁の外の不法占拠された公有地を取り戻したことを記録するヌケリア門の外にある碑文
40　噴火の犠牲者の年齢を示したグラフ
41　スタビア浴場で発見された碑文
42　バジリカの西側断面図
43　イシス神殿の平面図
44　アウグストゥスの守護神を祀る神殿の祭壇に施されたいけにえの儀式のレリーフ
45　メナンドロスの家のアトリウムにある家庭用祠堂
46　ヴェッティの家の祠堂に描かれているラレス神と守護神の絵
47　木製のシャッターが下ろされた商店の開口部
48　秘儀荘にある復元されたブドウ搾り器
49　ボスコレアーレにある小農園の発掘
50　毛織物縮充工房のペリスタイルの柱から見つかった絵
51　Ⅶ.3.30のタブリヌムから見つかったパンの配給を描いた絵

図版一覧

- 52 備え付けのドリア(貯蔵用の壺)が組み込まれたL字型コーナーの上部
- 53 さいころ遊びをする人々
- 54 Ⅶ.15の角にある外壁から見つかった建設用具のレリーフ
- 55 マケルムの内部
- 56 スタビア浴場のパラエストラ（運動場）
- 57 衣服を置くための壁龕とその間にあるテラモネス（支持している男性像）があるフォーラム浴場のタピダリウムのディテール
- 58 サムニート・パラエストラから見つかったドリュフォロス(槍をもつ人)の像
- 59 劇場広場の平面図
- 60 喜劇の一場面の絵
- 61 円形闘技場の平面図
- 62 円形闘技場の（西側）外観のディテール
- 63 アトリウム型住宅の内部を見る
- 64 上階に直接つながる階段室をもつ玄関
- 65 ポンペイの道路（アボンダンツァ通り）のディテール
- 66 ヴェスヴィウス門の内側にあるカステルム・アクアエ（分水場）を南東から見る
- 67 アブンダンティアーのレリーフが施された公共泉水
- 68 「恋人たちの家」にある穴
- 69 ヘルクラネウムにある「パピルス荘」から見つかったブロンズの半身像
- 70 イシス神殿の発掘（ウィリアム・ハミルトン卿による手彩色の版画）
- 71 カール・ウェーバーが描いたユリア・フェリクスのプラエディアのアイソノメトリック図による復元
- 72 パリのジェローム・ナポレオン皇子のポンペイ風住宅での音楽会
- 73 ポンペイ人の亡骸の鋳型
- 74 1894年から1895年の発掘の後と1977年の盗難の前の復元されたヴェッティの家の庭
- 75 1950年代に発掘された部屋の状況

口　絵

- 1 貝殻のなかにいるヴィーナスの絵

2　バジリカの内部
3　サルスティウスの家にある第 1 様式の壁装飾
4　アレクサンダー大王の戦い
5　オプス・クアジ・レティクラトゥムと三角形のレンガでできた隅石
6　秘儀荘にある第 2 様式の壁画
7　彩色模様がある網目の壁
8　アウグストゥス帝時代のパレストラ（体育場）の内部
9　中央広場にある石灰岩の列柱
10　チェイイの家にあるパラダイスの絵
11　ヴェストリウス・プリスクスの墓
12　M.スプリウス・メゾーの家にある第 3 様式の壁画
13　イアーソーンの家から発見されたパーンとニュムペーの絵
14　エウマキアの建物の南西角
15　第 4 様式の壁画。ヴェスタルスの家
16　M.ガヴィウス・ルーファスの家から発見されたミーノータウロスを退治した後のテーセウスの絵
17　アポロ神殿にあるアポロ神のブロンズ像
18　ヴェヌス神殿で発見された黄金のランプ
19　足のついた男性根のレリーフを施した記念銘板
20　テッラ・シジラータの陶器の例
21　百年祭の家で発見されたバッコス神とヴェスヴィウス山の絵
22　Ⅶ.2.22にあるパン屋
23　南西から眺めた大劇場
24　メナンドロスの肖像画（メナンドロスの家）
25　ポンペイで発見されたテラコッタ製の剣闘士の小立像
26　劇場の横にある四面回廊から発見されたブロンズ製の剣闘士のヘルメット
27　サテュロスの仮面（ブロンズ製の剣闘士のすねあてに施されたレリーフのディテール）
28　青いガラス製のゴブレット
29　レリーフを施した銀のカップ
30　象牙のさいころ、中足骨と骨でできた遊戯用のこま
31　ブロンズまたは黒い壁の家にある第 3 様式の彩色リトグラフ

ポンペイの歴史と社会

第1章

はじめに

　ポンペイは他に類を見ないユニークな遺跡である。紀元79年のヴェスヴィウス火山の噴火によって灰の下に埋もれたその都市は、強制的にその後の発展を停止させられた。今もまざまざとその姿をとどめる家々や公共建築、あるいは記念建造物、また街路、市壁やその外側の郊外住宅、墓は、8月のある運命の日に突然に息の根を止められたのだ（図1）。実際にポンペイは古代からのタイムカプセルと表現されることもあるが、厳密にはそうではない。なぜなら、これからわれわれが見ていくように、噴火の悲劇の直後に起こったさまざまな略奪と破壊の痕跡が認められるからである。それでもなお、その都市は、古代のある日の一瞬をとらえた貴重なスナップショットであり続ける。それらは単なる大噴火の後に残された遺構ではなく、他のほとんどの遺跡が粉々の遺物やばらばらになった陶器の集まりに成り果てているのに対して、日常生活を伝えるべく一見してがらくたの山はまるで約2000年前に埋葬されたかのように、地下で発掘者を待ち受けているのである。そのなかには壁画、床のモザイク、庭園の彫像、キッチンのポットやパン、銀の食器、貴婦人の装身具、壁の落書きや伝言、そしてときには人そのもの、それは埋没した人体が残した地中の空洞に漆喰を流し込んだ人型（図73）

図1　ポンペイとヴェスヴィウス山の風景（写真：Ward-Perkins collection）

もある。ポンペイと同時に灰の下に埋まった遺跡群、ヘルクラネウム、スタビアエそしてオプロンティスなどとともに、初期の古代ローマ帝国の生活誌を伝える未開の鉱脈である。

　ヴェスヴィウス火山の噴火については、その場に居合わせた目撃者によって幸いにも記録が残されている。法廷弁護士、官僚、そして著述家であった小プリニウス（C.プリニウス・カエキリウス・セクンドゥス）は、歴史家のタキトゥス（彼は紀元79年分の出来事についての著述の作成のため小プリニウスに手伝いを求めていた）にあてた二つの書簡を残した[1]。18歳の若き小プリニウスは小プリニウスの伯父である博物学者の大プリニウス（彼はヴェスヴィウス火

山から約30kmに位置するナポリ湾の北端、ミセヌムに配備されているローマ艦隊の司令官でもあった）のもとに滞在していた。8月24日の午後1時にさしかかる頃、彼らはキノコ状の異常な形の雲が火山から立ち上るのを発見した。当初、大プリニウスは自然現象を観察する絶好の機会だと科学者としての興味に駆り立てられたが、やがて山のすそ野に住むレクティーナという一人の女性からSOSのメッセージを受けるにいたって、多数の軍艦を救出隊として出港させる。船で上陸することが困難だと悟った彼は、まずポンペイよりさらに南下したスタビアエで上陸し、友人の一人ポンポニアウスの別荘へ向かった。すでにポンポニアウスは脱出のために小舟を準備していたが、向かい風のため出帆できずにいた。大プリニウスは彼に合流し状況が良くなるのを待ったが、夜には山の稜線に火柱が見え、灰やガラス状の噴出物がポンポニアウスの別荘の上にも積もり出した。目を覚ました大プリニウスは中庭に次第に降り積もる灰を寝台から見て、やがてそこに閉じこめられる危険を悟って飛び起きたが、このまま埋もれてやり過ごすべきか、あるいは野外に脱出するかについてひとしきり議論した。地面を伝う振動が今にも建物を崩してしまうほどであったため、彼らは後者を選択し、雨のように降り注ぐガラス状の噴出物から頭を守るためクッションを巻きつけて飛び出した。すでに夜明けであったが、太陽は空を漂う灰に覆い隠されていた。海辺まで達した彼らは、すでに船を出港することも困難なほど海が荒れていることを知る。ここにいたって太り過ぎで気管支炎を患っていた大プリニウスは行く手を阻まれ、噴霧のなかで息絶えた。残された者は彼をその場に置き去りにせざるをえなかったが、噴火が収まった後、彼の遺体は無事回収された。

スタビアエでの悲劇の一方で、小プリニウスは彼の母親とともにミセヌムに留まっていたが、必ずしも安全とはいいがたい状況であった。激しい地響きに彼は野外へと飛び出した、海岸には海生生物が打ち上げられており、夜明けには時化は回復しているように見えたが、稲光を放つ暗黒色の雲がすでに湾全体を覆い始めていた。すぐにもこの雲が海をわたってミセヌムにも到達するように思った小プリニウスは、母とともに脱出を決意した。すでに容赦なく降り注ぐ灰のなかでほとんど視界を奪われていたため、多くの人々はパニックに陥っていたが、彼らにしたがって脱出した。ようやく降灰が去ったころ、雪に埋もれたように灰のなかに埋もれる田野を目の当たりにすることになる。彼らはミセヌムに戻り、大プリニウスの消息を待った。地震はもう一晩にわたって続き彼らを恐怖に陥れたが、降灰が繰り返されることはなかった。

　小プリニウスの記述はポンペイやその他の地域を覆った火山性降灰物の層位についても触れており、噴火の経緯を復原することができる[2]。ヴェスヴィウス火山は79年以前、少なくとも数世紀にわたって噴火の痕跡はなく、その間にマグマだまりへの圧力が徐々に蓄積されていった。79年8月24日の朝、突然、山頂の封を吹き飛ばし、溶岩柱をせり出すとともに火山灰、パーミス（小粒の軽石状の噴出物）を数千メートルの上空にまで吹き上げた。それが小プリニウスによって記録されたキノコ雲をつくり出した。そこからパーミスは風によって南方、あるいは南東方向へ運ばれ、ポンペイやスタビアエに降り注いだ。この段階では、小プリニウスの記述が明らかに示しているように、頭部を保護して脱出を図れば周辺の住民にとってまだ致命的な状態ではなかった。しかし、多くの人々は災難が去る

のを期待してじっと待ったのだ。長く待てば待つほど危険は増した。降り注ぐパーミスはすでに240㎝の厚みに達し、彼らをシェルターと化した室内に閉じこめ、繰り返し襲う火山性の地震によって建物が崩壊するのをなす術もなく待つことになった。さらに新たなより致命的な危険が迫っていた。時間とととともに溶岩柱は不安定になって崩壊を繰り返し、時速100kmから300kmものスピードで山肌を駆け降りるガスと灰の塊である火砕流を何度も引き起こす。その通り道ではすべてが焼き尽くされる。25日の早朝、最初の火砕流がポンペイを襲った。その前にポンペイに降り注いだパーミスの上をはい登っていた人々は一瞬にして窒息死した。降灰と繰り返す溶岩柱の崩壊は最終的に5mの厚さの堆積層をつくり出した。犠牲者の死体は崩れ去った建物の最上部以外を除くあらゆる場所に葬られた。

　火山の西側に位置するヘルクラネウムでは、ポンペイよりも先に最期がやってきた。その都市は、少なくとも6回の火砕流に襲われ20mから25mの地下深くに埋もれてしまったのである。レクティーナが湾の反対側のミセヌムへ知らせを届けたという小プリニウスの記述によってわかるように、すぐに逃げなかった人々は海からの救出をまって海岸に集まっていた。しかし、すでにボートを接岸することは不可能だったのである。彼らが脱出できる望みは失われ、250人以上の犠牲者の遺体が、彼らが最後に身を寄せた海沿いに並ぶアーチ天井の部屋で発見されている。

　ポンペイの最期は西部地中海世界の歴史にとって重要な時期に訪れた。古代ローマ帝国は、南はサハラ砂漠、北はドナウ川、西は大西洋にいたるまで、すでに全地中海とその周辺地域に拡張し、ペニン山脈やスコットランド南部に進軍するアグリコラ将軍率いるロー

マ軍によって、ブリテン島もローマ皇帝に掌握されつつあった。40年もかからずにローマ帝国軍は西はカルパティア山脈から東はペルシャ湾までを従軍した。これを超える征服地は後に放棄されるものの、この範囲は支配し続けた。これほどの広範囲がこれほどの長い年月にわたって一つの国家に支配されたことはかつてなかった。すでにギリシャ人の影響を強く受けていた古代ローマ文明は、建築技術からローマ法にいたるまでの近代西洋文明の源流となる遺産を引き継いだのである。彼らの視覚芸術や文学は、イタリアのルネサンス芸術を媒介として近代に投影され、17、18、19世紀における芸術様式の基礎でもある古典主義運動そのものを形づくった。彼らの言語は現代のロマンス語にも強く影響し、究極にはその遺産は、西方世界の支配的宗教であるキリスト教をも内包している。

　ローマの南東200km、カンパニアと呼ばれる地方の豊かにそして強烈にヘレニズム化された地域に位置するポンペイは、古代ローマのもっとも輝かしい時代の、文明の中心地のまさにすぐ傍らにあったのである。600〜700年ほどもさかのぼることのできるその都市の歴史は、ローマが中央イタリアの一地方勢力から地中海の支配者となるまでとまさに一致する。ヴェスヴィウス火山噴火のほんの1世紀前、初代皇帝アウグストゥスは古い共和制の解体を進め、その後400年間の帝国政体の基礎となる専門の官僚集団や強力な軍隊を組織・整備し、その国家をより強固に変貌させていた。これらの変貌の目撃者として、そしてその時代の物質文化を直に伝える情報源として、ポンペイは多くの遺跡のなかでもとくに重要な位置を占める。

　もちろん、ポンペイが生まれながらにして主要な中核都市であったと見なすのは間違いである。カンパニア地方の主要な都市はポン

はじめに

ペイより北方に位置する。たとえば、沿岸部ではギリシア植民都市であったネアポリス（ナポリ）、プテオリ（ポツオリ）は多くの人口をかかえる賑やかな港湾都市であり、とくにプテオリは、ティベレ川河口のオスティアと呼ばれる場所の近くに新たに建設された港にその主導権を奪われる後2世紀までは、東方貿易のローマ側の拠点として繁栄を享受していた。内陸部の拠点はカプアであり、その都市はローマとブルンディシウム（ブリンディシ）を結ぶイタリア半島南東部の大動脈、アッピア街道沿いに立地していた。そのなかでポンペイは、比較的小規模で重要性も低いといわざるをえない。

　ポンペイの立地にある種の地勢上の戦略的重要性があるとすれば、太古のヴェスヴィウス火山の噴火で形成された溶岩台地の上にあり、南側の石灰岩の山並みと北側の火山の間の肥沃な平野を流れるサルノ川の河口を見下ろす位置にある点であろう（図2）。ナポリ湾を南側から包みこむソレント半島の骨格をなすそれらの山々は、現在ではモンティ・ラッターリとして知られ、ポンペイ周辺から南方への移動を阻害し、ヴェスヴィウス火山は北方との交通を阻害している。幹線道路とつながる交通網はこれらの阻害要因の影響のもとに決定されている。ネアポリスやプテオリへの街道は、ヘルクラネウム経由の湾岸沿いに走る道路であり、その道を反対にたどればスタビアエ経由でスレントゥム（ソレント）に達する。内陸には東へ向かってモンティ・ラッターリ越え街道への入り口ヌケリア（ノチェラ）に向かう街道があり、カプアとサレルヌム（サレルノ）、そしてイタリア南部へと続くルートを形成している。もう一つは、ヴェスヴィウス火山の東側のすそ野を迂回する街道であり、ノーラで幹線道路に合流する。ポンペイが位置するその場所に与えられた

17

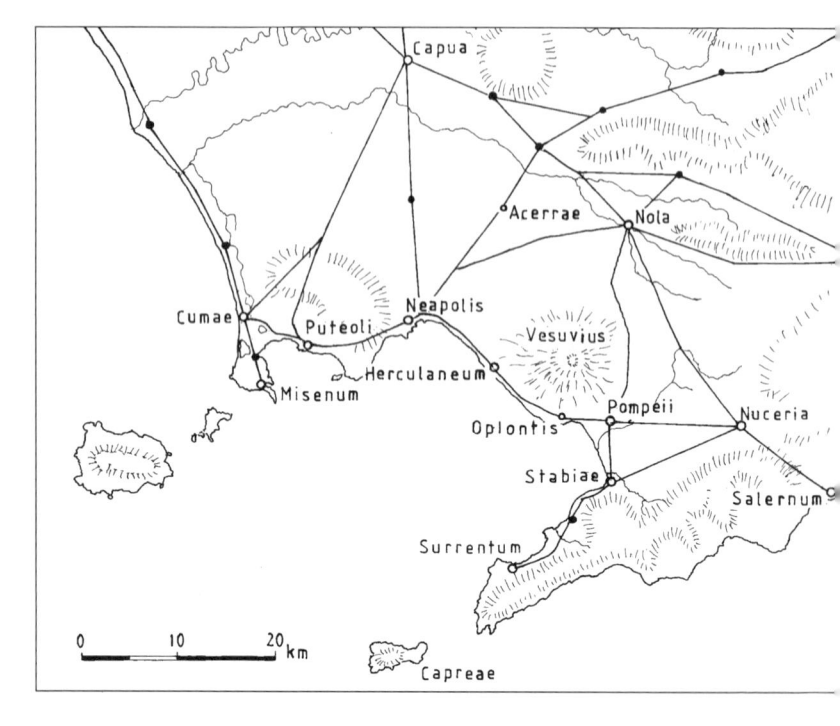

図2 南カンパニアの中枢都市と街道（図：R.J. Ling）

役割は、サルノ平野やその後背地からの産物を港を通じて出荷することである（地理学者のストラボンは、ヌケリアやノーラだけではなく、より北方のアケラエへの船便があったと記している）。その後も連続した火山噴火や海抜の変化は海岸線を約2 km西側へ押し出し、サルノ川の流れを遠く南側へ変えてしまっているが、もともとその都市は海に近く、河口では船舶による積出しが行われていた。工業化以前の時代においては、陸上よりもはるかに水上輸送のコストは安く、内陸から道路や川を通じて運ばれた品物はポンペイで船

積みのために集積されたのである。ポンペイでの生産物も含めた活発な交易活動はその都市の経済力を押し上げ、カンパニア経済圏における確固たる地位を確立していた。

　図3はポンペイの街路図であり、市門や主要道路などの通称が書き込まれている。ほぼ楕円の形をした市壁で囲まれた地域は63.5haの広さをもつ。市壁が示す境界線は地形の変化をなぞっており、南から西では約30mの高さの急斜面の稜線に沿って、自然を利用した防壁を形成している。南面を東端に向かってその斜面は標高を徐々に失い、東端から北へ走る面ではやがて低い土盛り程度となるが、可能な限り効率的な線引きであることは間違いない。壁の内側では、北西から南東に向かって地盤面は緩やかに下がっていくが、その傾きは都市の中央部で最大となり、東と西の高地を分け、南に向かって開く谷のような地形をつくり出している。この地形は、必然的に谷の終りにスアビアエ門と呼ばれる南門とそれにつながる街路を生み出す。疑問は残るが、そのスタビアーナ通り（スタビアエ通り）と呼ばれる道路をいわゆるカルド・マクシムスと呼ばれるローマ都市の南北の軸線道路と見なせば、その北端（この街路は途中からヴェスヴィウス通りと名前を変えるが）はヴェスヴィウス門を通じて火山のすそ野に広がる田園地帯へとつながる。この街路に直交して二つの主要道路（デクマーニ、東西の軸線道路を意味するデクマヌスの複数形）が走り、北側ではテルメ通り（浴場通り）、フォルトゥーナ通り（英語ではフォーチュン通り）、ノーラ通りと名前を変え、ノーラ通りはポンペイの北東街区を形づくる市壁上のノーラ門と呼ばれる市門にぶつかる。南側ではマリーナ通り（海通り）とアボンダンツァ通り（豊饒通り）からなり、西端のマリーナ門（海の

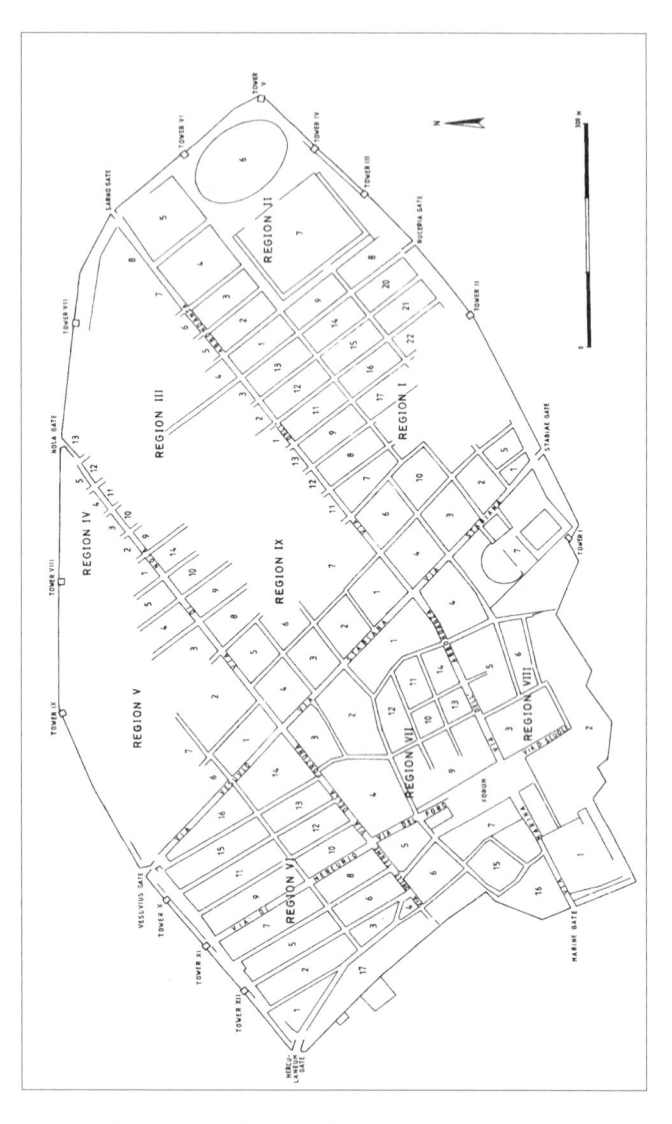

図3 最終的なポンペイの都市計画（図：R.J. Ling）

門）と東端のサルノ門と呼ばれる門につながる。

　都市を貫くこれらの主要道路のフレームワークのなかにグリッド状の街路網を見出すことができる。基本原理としては、街区を長方形あるいは長方形に近い形状のブロックへと割り付けようとしているが、一直線の配置やそれぞれのブロックの間隔の違いに、都市の段階的な発展がうかがえる。とくに南西部に注目すべき変則的な区画が見られ、他に比べやや小さくしかも不規則なブロック（ラテン語ではインスラ）群を構成している。このブロック群の周縁は連続する街路によって縁取られ、その内部は東西、南北に走るメインストリートの軸線、すなわち東西のフォロ通り（フォーラム通り）、南北のスクオレ通り（学校通り）によって区切られ、広場を取り巻く商業および官庁の中枢で構成される中央広場（フォーラム）は、まさにその結節点上に位置する。こうした見方はすでに1913年、F.ハバーフィールドによって、北や東の区画は後に拡張された新都市との解釈にもとづいて、これらの中央広場を取り巻く区画が最初の都市核であるとする「古都市」論として提唱されている[3]。周回道路とその外側の規則的に並ぶブロック群を隔てる異常に大きく不整形なブロックは、その外側に新たに都市を拡張し、より整然とした町割を適用しようとした名残のように見える。

　その都市計画には三つの主要構成部を見て取れる。まず、スタビアーナ通りの東面に沿って並ぶ大きくやや台形状のブロック群、次に都市の北西部、フォーラム通りの延長線上、メルクリオ通りに沿って規則的に並ぶ短冊状のブロック群で、北側のデクマヌス（テルメ通りとフォルトゥーナ通り）に対してやや平行四辺形状に変形し、カルドとしてのヴェスヴィウス通りに対し強烈なズレを示してい

る。第三に都市の東半分のほとんどを占め、ノーラ通りとアボンダンツァ通りと直交し、規則的な間隔に並ぶグリッド状の街路によって構成される部分である。

　一つのカルドと二つのデクマーニの端にはそれぞれ市門が位置しているが、それ以外にもそれぞれ都市の北西角に一つ、スアビアエ門と南東角との中間辺りに南側の防衛としてもう一つの市門がある。北西角のヘルクラネウム門は、この部分を構成する街路に対して斜めに走る道路の末端にあり、その結果、道路沿いに不整形な三角形の二つのインスラエ（インスラの複数形）をつくり出している。もう一つのヌケリア門と呼ばれる市門は、東部のグリッド状の規則的町割を規定している南北道路のなかの一つに接続している。この道路の北端はノーラ門に近接するため、対応する市門は北側には存在せず、城壁の他の部分にも北側の防衛を担う門は見当たらない。ヴェスヴィウス門とノーラ門の間にはかつてカプアに通ずる道路があり、それに対応してカプア門が存在するという古くからの仮説は最近の発掘によって否定された[(4)]。

　後の章でも取り上げるように、市壁は少なくとも紀元前6世紀までさかのぼり、その構造と形態の調査を通じて、時代の要請に応じた一連の改修が明らかになっている。最終段階ではすでに純粋な意味での軍事的機能は失われていた。というのは西部や南西部では、ナポリ湾やサルノ平野を一望できたであろう眺望の良さに魅かれた多くの家族が、その防衛線の上、あるいはそれを越えて豪華なテラス付き別荘を先を争うように建てているからである。とはいえ、その他の場所では城壁はほぼ完全に形をとどめ、都市の威厳を何とか保っている。連続する方形の塔が城壁をまたぐように配置されてい

る。その間隔は等しかったりまちまちだったりで、ヘルクラネウム門からヴェスヴィウス門の間に3基、ヴェスヴィウス門とノーラ門の間に2基、ノーラ門とサルノ門の間には1基、サルノ門とヌケリア門の間には4基、そしてヌケリア門とスアビアエ門の間に1基、さらにスアビアエ門の東に1基である。

都市の全貌が明らかにされたわけではなく、スタビアーナ通り以東には三つの広大な帯状の未発掘地が広がり、その面積はスタビアーナ通り以東の三分の一に達する。その現代の地表面の5mほど下には遺構が眠っている（最近、ブドウ園は遺跡に対してより被害の少ない園芸や野菜へ転作されている）。中央北よりの区画に一つ、ノーラ通りとアボンダンツァ通り間の区画に一つ、そして南端の区画に一つという具合に未発掘地域が散在するため、かなりの確信をもって、その下に未発見の道路が眠る可能性を指摘できる。つけ加えておくと、現在までに知られている都市構造から判断して、それらの両側には主に居住用の建造物が並んでいるはずで、それらのほとんど、とくに最東端の地区では小規模の住宅に違いないだろう。

公共建築物は南西地区ではスタビアーナ通りの西側に中央広場を取り巻くように集中的に配置され（図4）、同様の集中は南東端地区にも見られる。

中央広場を取り巻く建造物群の主なものは宗教施設、そのほかに行政施設、商業施設も含む複合エリアで、その北端には広場を眺め下ろすようにカピトリウム、これはローマの国家宗教のなかでも主神をなすユピテル、ユノー、そしてミネルヴァの三神に捧げられた神殿である。広場の西面に沿って、南側のマリーナ通りに接するのはギリシアの神アポロを祀る神殿、広場の東面のほぼ二分の一を

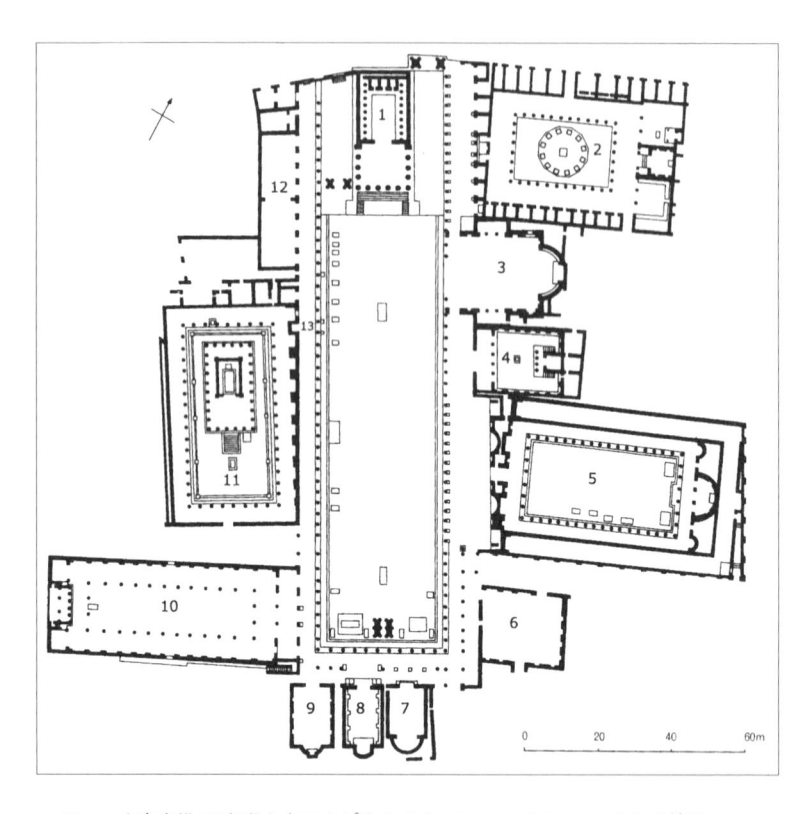

図4 中央広場の平面図（1：カピトリウム 2：マケルム 3：ラレス神殿 4：アウグストゥスの守護神の神殿 5：エウマキアの建物 6：選挙場 7〜9：行政の建物 10：バジリカ 11：アポロ神殿 12：フォルム・オリトリウム。出典：J.B. Ward-Perkins and A. Claridge, Pompeii AD 79 (1976)）

占めるのが帝政時代の二つの神殿、まずは北側に普段はラレス神殿（都市の守り神）と呼ばれているが、おそらくは皇帝一族の信仰にかかわる神殿と思われる、次に南側にはゲニウス・アウグストゥス神殿（アウグストゥスの魂を祀る神殿）がある。南端を取り巻くのは、さまざまな行政・商業施設である。反時計回りに、まずはバジ

リカ、これは側廊をもつホール型の建築物で、裁判手続きや公的な集会に使われた、次にはほぼ同じ大きさの三つの地方行政施設、都市参事会と行政官用の施設（一つは戸籍保管用に使われたであろう）、そしてコミティウム、ここは地方選挙が行われた露天の空間である。最後にエウマキアの建物、これは一般には毛織物業者のギルド・ホール（同業者組合会館）あるいは毛織物や贅沢品の市場と解釈されている（異なる見方は181頁に）。中央広場の北端、カピトリウムの両側にさらに二つの市場がある。東側は肉・魚市場といわれるマケルム、西側は野菜市場といわれるフォルム・オリトリウムである。

中央広場のすぐ近くには、他にバジリカの裏側にある港と海を見下ろすテラスを占領するように建つ都市の守護神ヴェヌス神を祀る神殿と、中央広場の北側のブロック、フォーラム通りとアウグスターリ通りの角に位置するフォルトゥーナ・アウグスタ神殿（皇帝一族の守り神）がある。この建物のすぐ向かい側には、カピトリウムの裏側のインスラ全体を占めるフォーラム浴場と呼ばれる公共浴場がある（図24）。スタビアーナ通りとアボンダンツァ通りの交差点の一角をなすスタビア浴場とともに、これらの公共浴場はローマ都市の居住者たちにとってもっとも身近で切実なニーズの一つに応えていた。そこでは単に水浴を提供してたのではなく、エクササイズや社交の場でもあった。第三の浴場である中央浴場はスタビアーナ通りの東面、ノーラ通りとの交差点の南側にあったが、噴火のときには建設中であった。

もう一つの公共建築物群は、スアビアエ門に向かいスタビアーナ通りにそって下っていく窪地の西側にある（図5、59）。その窪地

を見下ろす一段高い台地の上には、紀元前6世紀にさかのぼり、おそらくミネルヴァやヘラクレスを合祀した神殿を含む三角広場と呼ばれる神域がある。さらに小型の神殿としては、ギリシアのアエスクラピウス（アスクレピウス）と同一視されるエジプトの神イシスを祀る神殿やサムニウム人の運動場と呼ばれる小さなギムナジウムがその台地の北の縁にある。その下方には急峻な斜面を観客席として利用した二つの大・小劇場が穿たれており、大劇場では演劇や劇場向きのパフォーマンスが繰り広げられ、小あるいは室内劇場ではコンサートが催された（もしそうでなければ、最近の仮説として、紀元前80年のローマ人入植者のための集会場、194頁参照）。大劇場

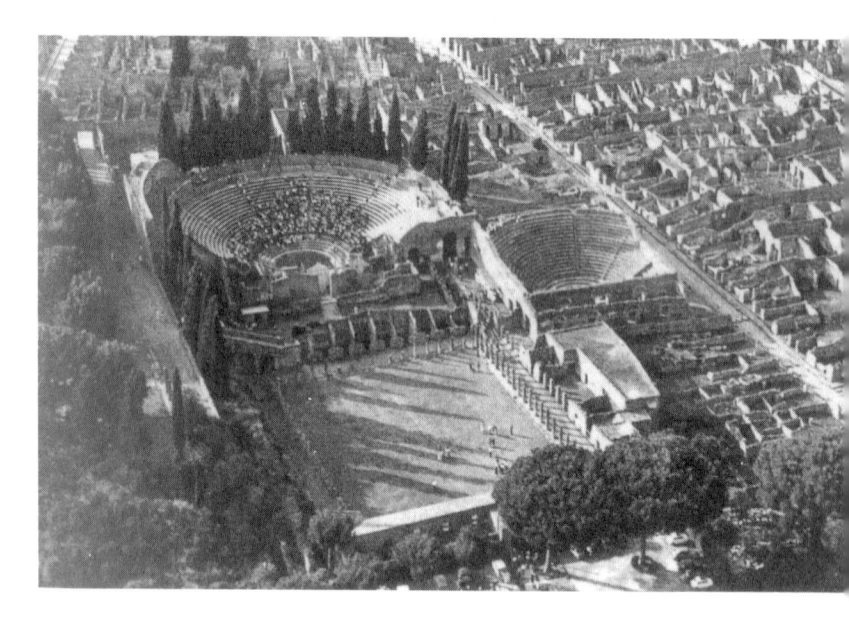

図5　劇場地区の鳥瞰（写真：Ward-Perkins collection）

はじめに

図6　円形闘技場の内部（紀元前70年頃建設。写真：R.J. Ling）

のステージの後ろにある建造物群はローマによって植民市化されたときに広場として建設されたかもしれないが、79年にはグラディエーター（剣闘士）たちの控室として使われていた。

　最後の主な公共建造物群は都市の東端にある。地面を掘り下げてつくられた巨大な楕円形のアリーナをもつこの円形闘技場は、城壁がつくり出す南東の角にすっぽりと収まる配置で、城壁の内側の斜面をうまく観客席として利用している（図6）。そこでは、共和制の後期から帝政期（アウグストゥスとその後継者たち）の時代に定番となったエンターテイメントである剣闘士たちの戦いや猛獣狩りなどが繰り広げられた。円形闘技場の隣には、列柱廊に囲まれた矩形の運動場をもつ大パレストラがあり、多くのローマ都市と同様に

27

アウグストゥスによって設立された青年兵部隊の訓練に使われた。

それら以外、ポンペイのすべての空間は個人所有の建物が埋め尽くしている。たとえ、それが居住用であろうが営利目的であろうが、あるいは両方であろうとも。一般的にいえば、店舗や工房などの営利目的の不動産は人のよく集まる道路沿い、とくにスタビアーナ通りやアボンダンツァ通りのような目抜き通り沿いに集まるものである。ほとんどの敷地は小さなユニットに小分けされ道路側に広い間口の売り場を設け、生活用あるいはその他の部屋は後ろ（または中二階や上階）に置かれた。またよく見かけるのは、インスラの奥深くまで敷地を広げた大住宅の前面道路側を営利目的の空間が占めている例である。小さなワーキングスペースと大邸宅が並ぶ様子は、それが中世や初期近代ヨーロッパの特徴でもあったように、ポンペイの一つの特徴でもある。住宅の大きさはさまざまであるが、大抵は300㎡を超えない程度の面積であり（もちろん上階にあったかもしれない部屋の面積は算入していない）、いくつかの住宅は、すべてではないがインスラのかなりの部分を占有することもある。

われわれが街路や市門に与えている名前、あるいは住宅の呼び方は古代のものではなく、近代の産物である[5]。ある道路や市門に古代にも名前があったいくつかの証拠（たとえば、ヘルクラネウム門は都市の西側海岸で営まれていた塩業にちなみ、サリスあるいはサリニエンシス門と呼ばれていたようである）は認められるが、わかりやすくシステマティックな原理にもとづいてネーミングされていたとは考え難いし、ほとんどの現代都市には見ることのできる壁にはめ込まれた道路案内板がこの都市にはないのである。したがって、住宅に番地があったとはさらに考え難い。古代都市は組織的な郵便

制度をもたなかったため、新約聖書や他の文献に見られるのと同じように、初めて町を訪れたものは、特定の住宅がどの方角にあるのか、ときには引合いに出されるランドマークや住宅の所有者の名前で住所そのものが説明された。現在のポンペイの番地は19世紀に郵便番号のシステムに習って考案されたものである（図3）。市域は九つの街区に分割され（都市を貫通する主要道路にしたがって）、それぞれの区画はインスラとして多少はシステマティックに番号が与えられ、さらにそれぞれのインスラでは道路との出入り口を端から順に時計回りや反時計回りに番地が割り振られた。これによって三つの数字で住所を示すことが可能になったのである。たとえば、Ⅵ.9.6は第Ⅵ区の9番目のインスラのなかの6番目の出入り口につながる地所という具合に（通例、街区だけはローマ数字で表す）。

これに加えて、ほとんどの家が近代製の通称をもつ。いくつかはその所有者と思われる名前（正しい場合も誤っている場合もある）からつけたもの（ユリア・フェリクスのプラエディア〈ラテン語で土地という意味の praedium の複数形〉、ヴェッティの家、D. オクタヴィウス・クアルティオの家）、所有者の推定上の職業（外科医の家、悲劇詩人の家）、あるものは目立つ特徴から採られたものもある（小噴水の家〈図63〉、彩色柱頭の家）、またその家の壁画や出土物から（海のヴィーナスの家、メナンドロスの家〈口絵1、24〉）、ほかに発掘中に訪れた人物から採ったもの（女王カロリナの家、ナポリの王子の家）や発掘中の出来事にちなんだものもある（百年祭の家、銀婚式の家）。

通りの名前にしても同様で、まずは市門と同様に近郊の都市名やそのまま城外につながる道路の方角にある土地の名前をつけたもの

図7 ガロ通り（雄鶏通り）の名前の由来となった雄鶏のレリーフが施された公共泉水（インスラ・Ⅶ.15の南西角。写真：L.A. Ling）

（ノーラ通り、スタビアーナ通り）、それ以外ではよく目立つ建物の名前をそのままつけたものがほとんどである（売春宿街、劇場街）。そのほかには、彫刻付きの公共噴水から採ったもの（雄鳥街、豊饒通り：図7、67）がある。一つ、二つは勝手につけられたとしか思えないもの（アウグストゥス通り、学校通り）や、単なる道路の見かけからつけられてしまったもの（うねり街）もある。

　城壁内では三分の二が発掘されているが、城壁外についてはいまだ不明な点が多い。市門のすぐ外側の発掘では郊外道路の起点とそれに沿って並ぶ墓地（すべてのギリシア、ローマ都市に例外なく）が確認される。隣町や郊外地へ向かう道路に加えて、城壁内に入らず市門間を移動できるような城壁の外側を巡る周回道路の存在がうかがえる。ヌケリア門外に見られるように（図8）、この道路は墓

図8　ヌケリア門の外にある共同墓地（monuments SW 5,7 and 9。写真：J.B. Ward-Perkins）

地には絶好のロケーションであり、結果的に墓碑が建ち並ぶことになった。町の西側では海に向かって急激に落ち込む崖があるが、そこでは周回道路は海岸沿いの幹線道路となったかもしれない。ヘルクラネウム門の外側は道路沿いに250mにわたって発掘され、ヘルクラネウム方面に向かって走る街道は左右に枝分かれすることが判明した。門外ですぐに直角に左へ曲がる道はおそらく海岸道路につながっていたであろう。この地区の墓碑群のなかを走る道路はヘルクラネウム街道の一部ではあるが、墓地通りとも呼ばれ、周りには郊外別荘が建ち並び、そのなかには「モザイク列柱の別荘」「ディオメデスの別荘」や「キケロ荘」と呼ばれる別荘などがある。さらに郊外の枝分かれの向こう側、右側の街道に沿って有名な「秘儀荘」がある。郊外のネクロポリス（墓地）の霊廟と贅を極めた別荘群

が共存する様子は、その他の古代都市にも見られる現象である。

また、最近の発掘では、海から急勾配で登るマリーナ門の外側の道沿いに都市の入り口に位置するモニュメンタルな構築物が一つ明らかになった。その道路の北側、城壁に直下に横たわるもう一つの公共浴場であり、郊外浴場と呼ばれている。

ポンペイ郊外では部分的とはいえさまざまな知見が得られているが、その多くは現代の建設現場での偶然の発見に頼らざるをえない。おそらくその都市のテリトリウム（都市に付属する田園地帯）は、隣接する都市（ヘルクラネウム、ノーラ、あるいはヌケリア）との中間地点でぶつかり合うまで拡大していたであろうし、南側ではスタビアエのテリトリウムの境界を示すサルノ川を越えては広がらない（スタビアエのテリトリウムは前91〜89の同盟市戦争後ヌケリアに編入される）。大小多数の別荘がこの地域に建てられ、そのなかにはすぐ北側のボスコレアーレにある数荘、北西のボスコトレカーセにある 2、3 の例、そして西のトーレ・アヌンツィアータの現代都市の下に埋もれる巨大な「オプロンティス荘」（1960年代に発見された）がある。都市の南から南西にかけて断続して行われた発掘によって、店舗や倉庫群を含めた河岸・海岸での活発なウォーター・フロント開発が明らかになっている。もっとも劇的な発見は、ポンペイ郊外を走る高速道路の建設と拡張工事の際に起こったもので、それは非常に丹念につくられた浴場と食堂、寝室の一揃いをもつ建物で、豪華なホテルではないかと想像を膨らませている[6]。

ポンペイとそのテリトリウムの概観は、その都市の破壊されたときの状況を物語ってくれる。しかし、他の発掘現場と異なり、ポンペイについての研究（その他の79年に埋没した遺跡を含めて）では、

はじめに

　発掘者は通例79年の最終段階の層を検出することを目的化する傾向がある。79年の状況の解明を目的化することは、結果として、他の遺跡では当たり前に行われていること、すなわちその下の層への発掘には不利にはたらく。ほとんどの古代ローマの遺物は長い時間のなかで破損・劣化した状態で発見されるものだし、さらに多くの場合、後の建設物や水路建設や耕作などによって、大きくは損傷していなくとも攪乱されている。結果的に、壁体の基部（あるいは壁の収まっていた溝）、壁画の断片、その他出土物の破片、それらすべては「除外物」として、層位からは除外されてしまうのである。遺跡の正確な解釈のため、そうした層位学的な発掘を行うことは近代考古学の常識である。しかし、ポンペイにおいては、あまりにも完全に残っているため、79年以前の層まで掘り進めるのに何となく気が引けるのだが、それを広範囲に行うには、下部構造を観察するため壁からモルタルを剥ぎ取るまではしなくとも、モルタルやモザイクの床を打ち破って掘り下げるための前提として、系統的な方法で発掘が進められなければならない。研究者だけなく一般の人々にとっても、もし地上に一瞬に時間が凍りついた古代都市ポンペイの完全な姿を代表するものあるとすれば、あるいは地下に未来の人々への贈り物として手をつけてはならないものがあれば、このような破壊的な行為はけっして許されない。このことはポンペイが世界でももっとも有名な遺跡の一つであると同時に、皮肉にも、ある点ではまったく調べられていない遺跡でもあるのだ。

　本書も、まずはこの都市の最期の姿や人々の生活を解説していくが、それ以前の時代もさかのぼって復元を試みたいと思う。近年ではポンペイの最期の100年間への意識が高まり、最期の数年だけで

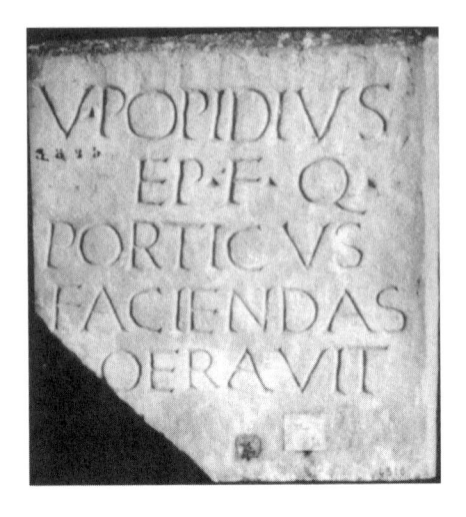

図9 中央広場（フォーラム）を囲む列柱廊の施工開始を記録する石版（監督した役人のV.ポピディウスは財務官で、その地位から碑文がローマの植民地となる紀元前80年より前のものとわかる。古代ローマ式の地位の使用は前89年の包囲戦の後からである。45.5×44cm。Naples Museum 3825。写真：Ward-Perkins collection）

はなく歴史的な発展のなかでの研究が求められよう。梁を挿し込むため穴が残された壁体、変則的な平面、さまざまな素材や技術を、1882年にすでにアウグスト・マウによって提唱された壁画の様式変化[7]と結びつけることによって、時代判定のための幅広い編年方法を構築することが可能である。公式に銘文として刻まれたもの（図9、図39、図41）や個人的に壁の漆喰に描かれたり引っ掻かれたりした文字資料は、ときには特定の年代を与えてくれる。1930年代以降、住宅や公共建造物にかかわらず、時代編年の問題を解決するため、79年の地面より下層の発掘が選択的に行われてきた。土器の年代決定について知識が徐々に蓄積するにつれ、層位決定のため深い試掘坑を掘る方法が有効になりつつある。この後の四つの章は、多種多様な資料の断片から引き出された情報のかけらを組み合わせた結果であり、ポンペイの歴史のページを一枚一枚めくる作業である。

第 2 章

ローマ以前のポンペイ

　ポンペイの始まりは判然としない。その遺跡からの出土物は、もっとも古いものでは先史時代にまでさかのぼり、ノーラ門の近くでは新石器時代に属する打製石器が見つかっているし、ヌケリア門付近では青銅器時代を示す堆積層がある。とくに後者は居住区の存在を推定させるに十分な資料であるが、ここではその実態を推測することは意味がないであろう。それらを比定しうる材料は他の発掘現場やその周辺にもほとんど見つからないため、やはり前6世紀の初頭まではポンペイの存在を明確に示すことはできない。

　前6世紀初頭というのは最初の市壁が建設されたと見られる時代である[1]。パパモンテと呼ばれるこの地方産のもろい凝灰岩で建設された初期の市壁の痕跡は、ヘルクラネウム門やヴェスヴィウス門、あるいはヌケリア門近く（この発掘は1980年代初期に実施された）など、後の城塞の下部に数多く確認されている。その年代判定は、同時に出土したギリシアやエトルリア製の陶器によるものだが、従来の都市形成過程についてのイメージに対して、決定的に再考を迫ることになった。かつて南西の区画（古都市）は600BCあたりまではさかのぼるが、ポンペイが現在の形に拡張したのは、サムニウム人が流入した前4世紀にすぎないとされていたからである。しかし、

それより2世紀以上も古い市壁によって、すでに今のポンペイ全域が囲まれていたことが明確となった。

さらに前6世紀のものと思われる陶器やその他の遺物とともに見つかるパパモンテ凝灰岩でできた古い住宅の基礎は（図10）、その敷地に部分的にせよ少なくとも最初から建物が建っていたことを示している。とくに重要な成果は、英・伊合同隊によるインスラⅠ.9区の発掘で、前6世紀の構造体が都市東部のグリッドライン上にほぼ沿っており、南西部だけではなく都市全体がこの時期にすでにレイアウトされていたことをうかがわせる(2)。したがって、最初の市壁の年代と都市形成の第一段階としての古都市の年代を結びつけて解釈し、その外側に大きく脹らんでめぐる最初の城壁の内側と古都

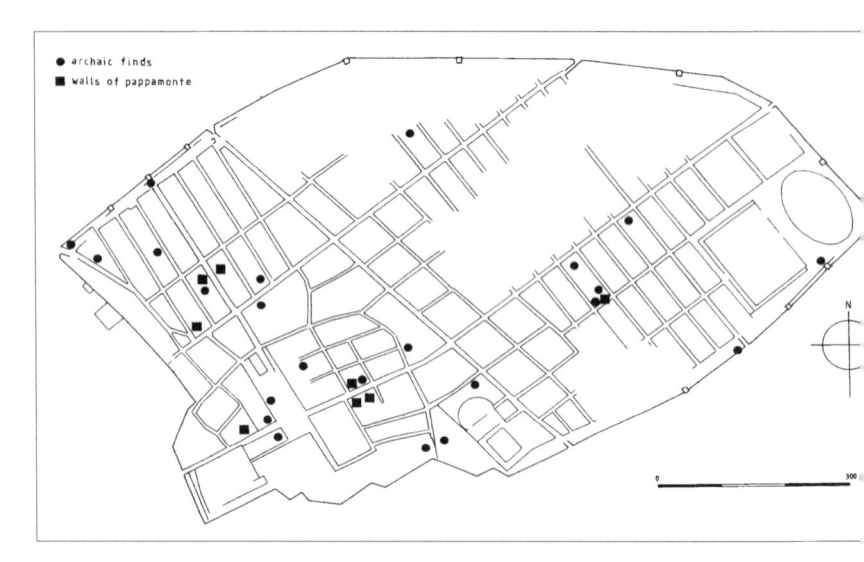

図10　アルカイック期の発掘品とパッパモンテでできた壁の分布図（図：R.J. Ling, Papers of the British School at Rome lxvii (1999), 107,fig. 26を参考にして作成）

ローマ以前のポンペイ

市の間は未開発のままであったかもしれないという妥協案は完全に否定されてしまった。現在と同じ位置に周回する城壁だけでなく、最期の段階で見られる街路網も、すでに前600年直後に決定されていたように見える。

　しかし、その街路網にも明らかに逐次的な発展経過が見てとれるのも事実であり、古都市が都市の最初の形を、そして東側が都市の最終形態であるという見方はいぜんとして魅力的である。もし、全体の設計プロセスが前6世紀初めにすでに完了していたとすると、最初の段階はさらにさかのぼるかもしれない。とはいえ、年代推定のために必要な資料を供給するはずのアルカイック期の層に達する発掘があまりにも少ないため、ここではこれ以上言及できないのが実情である。さらに、異なる大きさ・形状、そして配列をもつインスラで構成され、中央に広場をもち、最古の宗教的な聖域（アポロやミネルヴァ・ヘラクレスの神域）を内包するこの「古都市」域は、どうしても年代的に先に見える。この領域がかつて独自の防護壁を備えた独立都市であったか否かは今後の発掘の結果を待たねばならないが、その古都市を取り巻くインスラのオーバースケールあるいはイレギュラーさ、とくに内部の街路網が外側のインスラにその延伸をブロックされているのは、その外側への拡張を阻害するものの存在を強く示唆している。それは、堀や土盛りのようなもの、また木柵付きの要塞かしれないし、あるいは完全な都市城壁であったかもしれない。

　後のある時期、その都市が現在の姿に拡大し、拡張したグリッド上の街路網を採用したとすると、市壁上の市門や塔の位置をも決定するような基本的な幹線計画にもとづいていたはずである。スタビ

アーナ通り上の南北の軸線は、すでに述べたように地割線として決定された。ノーラ通りとアボンダンツァ通りの2本の東西の軸線は、西方では北の城壁とほぼ平行に、東方では南側の城壁とほぼ平行に走り、スタビアーナ-ヴェスヴィウス通りの軸線をほぼ三等分に分割する。その結果、すこし折れ曲がりながらもアボンダンツァ通りはデクマヌスとして古都市内部と連結することができる。一方でノーラ通りは一直線にポンペイを走り抜けるが、古都市からヘルクラネウム門に向かって北西方向に走る道路とは斜めに交わる。

こうした主要道路の枠組みは、第1章で記したような三つの異なる構成要素からなる街路網に上に形成されており、長くなくともある一定の期間（少なくとも最初の二つの間には必要）をおいた個別の形成過程が考えられるべきである。第一段階（図11の第2期）は、スタビアーナ通りの東側に2列に並ぶ菱形の大きなインスラ群である。これらは確実にノーラ通り、アボンダンツァ通りの存在を前提としている。第ⅠやⅨ区においては、ノーラ通り以南のアボンダンツァ通りによって分割された二つの区画がともに、まず中央で分割され、さらにそれぞれが二分割され、結局は両区画が四等分されることになる。この結果、両区画の中央道路は東面の二つの塔に向かって走ることになり、しかもその塔は、都市の東南角とサルノ門、サルノ門とヌケリア門の間の中点（第Ⅵ塔と第Ⅶ塔）に位置することになる。第Ⅴ区においては、分割を合理的に説明することはさらに難しい。というのは東西を走る道路は1本しかなく、しかも中央から東は埋もれたままであり、ヴェスヴィウス通りに面する二つのインスラはともに南北に長く、東西に短い。この東西軸は、第Ⅵ区の中央を走る道路によって決定されており、したがって南側の第2

ローマ以前のポンペイ

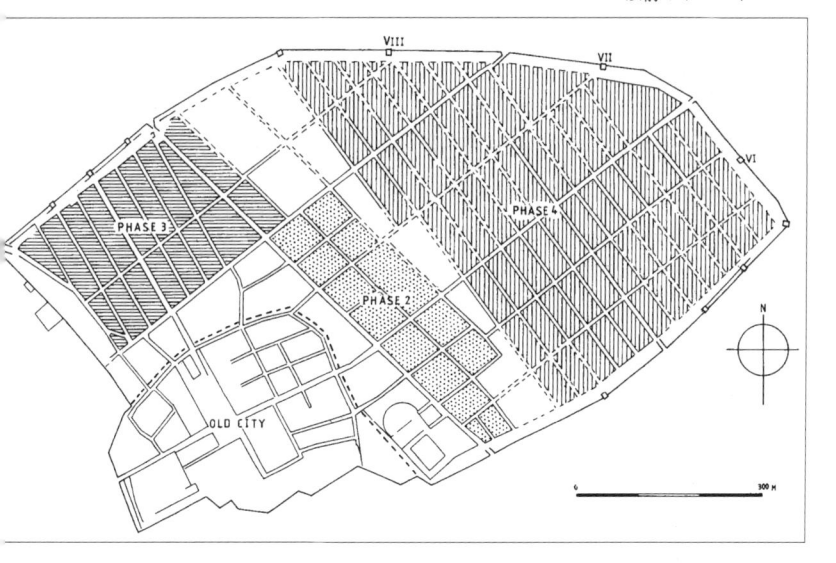

図11　都市の発展段階に関する仮説のプラン（第 4 段階のインスラには後に円形闘技場とパラエストラを建てるために潰されたものがある。図：R.J. Ling）

期というよりも、以下に説明する次段階に属する。

　次の段階（図11の第 3 期）は北西部の区画であり、古都市のカルドの延長線上で北辺城壁にまで延びるメルクリオ通りよって方向づけされている。この道路の東側と西側にそれぞれ三対のインスラをもつ。新都市建設の最初の段階ではメルクリオ通りは城外へとつながっていたらしいが、やがてその城門は閉じられ、都市の東辺の塔に見られるような通りを見下ろす塔がそれに取って代わった。興味深いことに、メルクリオ通りの走る方向やインスラの向きは、北西の郊外にある三つの別荘、「キケロ荘」「ディオメデス荘」そして「秘儀荘」の向きに反映されているのである。しかもわざわざ目の前の墓地通りに斜めに建ててまでである。同じ方向づけはボスコレ

アーレの少なくとも二つの別荘にも見られる。これらの配置はメルクリオ通りの延長線上にある城外の地割にもとづくもので、それは第Ⅵ区の計画と同時かあるいは直後であるという説はかなり説得力がある[3]。もしそうだとすると、北部イタリアのローマ植民都市の周辺によく見られる土地分割法の「百分法」に類似している土地の分配法の原則が、市壁の内側のインスラの配置も決定していたことになる。これらのインスラ群の幅は、古代ギリシア、ローマ人が土地測量に用いた基準である120フィートにほぼ統一されており、北側のインスラ列の長さは480フィートで、幅の四倍である。対照的に、南側の列は315フィートしかないが、それは浴場通りとフォルトゥーナ通からなる新しくつくられたデクマヌス通りによって規定されていると考えれば良い。

　東側の長方形グリッドの部分（図11、第4期）は、明らかにスタビアーナ通りに面する菱形インスラ群とは異なる設計意図を示し、別の時期に属する。方向の変更や二つの異なるシステムがぶつかる場所でのズレについて、ここではまったく疑問の余地なく説明できる。とくに目につく点は第Ⅰ区を分割し東辺上の第Ⅵ塔に向かって走る東西の通りである。この道路はインスラ I.10の南東角で突然に突当たりとなり、その地点から東方はアボンダンツァ通り以南を四分割ではなく三分割しているのである。この新しいレイアウトを規定する分割法は第Ⅵ区と類似している。同様にそれぞれ約120フィート幅のインスラは、北側のインスラ列では300フィートの長さで、おそらく1：2.5の比率で割り付けられている。南側の残り2列はやや短く280フィートの長さであるが、南の市壁までの残りのスペースを二等分した結果かもしれない。あるいは、イタリア人の考古学

者S. C. ナッポが指摘するように、3列ともアボンダンツァ通り以南を三等分することによって割り付けられたが、南側の短い2列は東西道路や市壁の内側のスペースを確保するために削られた結果であるかもしれない[4]。いずれにせよ、注目すべきことは中央と南端のインスラ列を分ける道路が、スタビアーナ通り東側の南端にある二つのインスラを分ける道路と一直線上にあることである。なぜなら、後者は周辺とはっきりと異なる比例を示しており、もしかすると東側の新道路を延長したものかもしれないからである。

新街区（第Ⅲ、Ⅳ区）の二つの区画については未発掘の部分が多いため、いまだ不明な点が残るが、インスラ群は同じ120フィートの幅をもち、おそらく第Ⅲ区内の東西道路は第Ⅸ区の東西道路の延長であろうし、また第Ⅴ区の東西道路が第Ⅳ区内の東西道路につながるであろう。第Ⅵ区に見られるように、この新街区の町割と市壁外側の地割には共通点が見受けられる。ヌケリア門外側のネクロポリスでの発掘によって、城壁内の格子状街路と畑の地割が同じであったことが明らかになっている[5]。

この都市の起源にかかわる民族について、これまで多くの議論が交わされてきた。それは先住民によって建設されたのか、あるいはギリシア人やその他の侵略者によって植民都市として建設されたのか？　そもそも「ポンペイ」という名前の由来が不明なことが、問題解決への障害となってきた。先住民であるオスク人の言語やギリシア語などから、実にさまざまな派生語が考案され、オスク語で5を意味する"pumpe"と関連づけて、五つの集落が統合されたものであるとか、住民が五つの組織からなっていたなどの説を生み出している。もしこれらの説が有力だとすれば、先住民による建設の可

能性が強い。他方には、ギリシア語で「行進」を意味する"pompe"と関連づける説もあり、この単語はある重要な宗教行事にかかわるとされる（もう一つのアイデアは、"pompe"は文字どおり「送り出す」との意味で、後背地の生産物を「送り出す」というその都市の役割にまつわるものだという地理学者ストラボンによって書き残された説があるが、信頼性は低い）(6)。

　ギリシア人が建設したとするには、初期段階でのギリシア語の碑文がまったく見当たらない。さらに街路計画の不規則性から見ても、その可能性は低いだろう。南部イタリアやシチリア島のほとんどのギリシア人植民都市は、平行道路による厳密な街路計画と長方形グリッドによってレイアウトされており、ヘルクラネウムやナポリもその例に当てはまる。ポンペイにおいて、唯一この原理が当てはまるのは北西部と東部の区画であるが、これらはすでに見てきたように都市形成の第二段階に属する部分である。古都市の部分も規則性は示しているが、ギリシア都市本来の厳密な形式に欠けており、長方形を延ばしたというよりも単に角張っているだけにすぎない。近傍のギリシア都市から何らかの影響はあったかもしれないが、やはりそのレイアウトはギリシア人の創建とは考えられない。

　もしかすると、われわれは正しい答えに到達できないかもしれないが、どちらかといえば先住民による起源に傾きつつある。同時にさまざまな証拠が初期の段階での強いエトルリアの影響を示している。エトルリア人は前7世紀から6世紀にかけて北中部イタリアにおいて政治的・軍事的に主導権を握った民族であり、その影響力は遠く南のカンパニアにまで及び、前524年と前474年のクマエでのギリシア人の勝利まで続いた。ポンペイの人々はエトルリア産のブッ

ケロとよばれる陶器を多く用いたことは、アルカイック期の層からそれらが多数発見されることで明らかである。これはその都市がエトルリアの支配下にあったことを示すものではないが、それらの陶器がエトルリアから輸入されたことを示唆する。さらにその陶器表面にはエトルリア語によるグラフィティが存在し、あるものにはエトルリア式の氏名が含まれている。全体数としては非常に少ないだろうが、実際にエトルリア人がポンペイにいたことを示すには十分な数ではある[7]。ポンペイが先住民よって建設された、あるいはされなかったにせよ、エトルリア人はその地理的な重要性、すなわちサルノ川流域への玄関口であり、ナポリやヘルクラネウムからソレント半島への海岸沿いルートの中継点としてのポテンシャルに注目し、すぐにでも支配の手を広げるところであったのだろう。

　この解釈は前1世紀末にストラボンによって記録された伝承に合致する。彼はその都市は「まずオスク人によって支配された後、次はティレニ人、さらにペラスギ人、最後にサムニウム人によって支配された」と記す[8]。彼は明確に三つの連続する段階を示している。第一段階として先住民の支配、第二段階としてエトルリア人（ティレニ人の別称）が支配的な役割を果たしたのである。ペラスギ人については明らかではないが、ペラスギ人は神話上のギリシア人植民者でありエトルリア人はその子孫とする解釈では、「ティレニ人とペラスギ人」は初期エトルリア人の単なる遠回しの表現だとする。また別の解釈では、ペラスギ人はポンペイを支配したエトルリア人との混交民族とされるが、われわれにとってはどちらかに決めることにあまり意味はないだろう。

　すでに前6世紀には、その都市は後79年に最期を迎えたときのよ

うに、直線状にレイアウトされていたのだが、われわれはこの時期の住宅について何らかの意味のある評価を下せるだけの十分な知識をもたないけれども、他の区画に比べ南西部の古い区画で住宅の集中度がもっとも大きかったであろうことは合理的に推測できる。ここには少なくとも二つの宗教上の聖域があることは確かで、中央広場の西側に面するアポロの神域には後に神殿が建てられたが、発掘により前6世紀の建築用テラコッタ（素焼きの粘土板）が、前575から前550年と年代判定されるコリント式やそれに続く50年間に属すると見られるアッティカ式の陶器とともに出土している[9]。もしヘラクレスでなければミネルヴァに献呈されたと見られるが、一般にはドリス式神殿と呼ばれるこの神殿は、ギリシアのドリス式というアルカイック期の形式をもつ列柱の様式、あるいはテラコッタ製の擁壁の様式をもとに前6世紀後半の建設と判定できる。さらに都市の外側にも、この時期に属するいくつかの聖域が確認されており、前6世紀から前1世紀にかけての奉納品の堆積が見られ、河川港と推測されるボッターロ地区もその一つである[10]。

　遺物の状況から判断して前5、4、そして3世紀については謎が多く、その解読は難しい。街路網はすでにほぼ完成していたが、おそらく都市の北部や東部ではまだ空地が残されていた。エトルリア人の柱の家（Ⅵ.5.17）やⅦ.4での発掘では、部分的にせよ都市内部のこの地域に林があったことが確認されている[11]。Ⅰ.9.11や同12での発掘から得られた資料は古植物学や古動物学的に見ても、ローマ時代以前には比較的疎らであった居住状態を描き出している。とくに木やキクビアカネズミの存在は、もし林でなかったとしても、その環境が草木の茂った状況であったことを示している[12]。

それに関して、この時期に起こった政治的な転換点を見逃すわけにはいかない。前5世紀にはエトルリアによるこの地方の支配は弱まり、前4世紀には山岳地方より中央イタリアに進出したサムニウム人が種族間の混交に新たな要素を加える。ストラボンが伝えるように、ポンペイはサムニウム人の支配下となったのである。同時に、前4世紀後半から前3世紀にかけ、サムニウム人に対して次々に戦争を仕掛け拡大し続けるローマは、この地方に大きな影を落としていた。前3世紀半ばまでには、ローマはイタリア半島の大半の支配者となり、一方ポンペイやその他の都市はその巨大権力に対して名目上は自治同盟市となっていたが、それらの同盟市が独立できる余地はすでにほとんど残されていなかった。

　この政治的・軍事的状況の変化は、ポンペイの市壁や市門の建築的変化に反映している。その構造的な変化は1930年代にA.マウーリによって図式化された。彼はその変化を歴史上の出来事、さらには住宅類型や建設技法の編年仮説と結びつけようともくろんだのである[13]。しかし不幸にも個々の段階を決定づける証拠、ひいては城壁改築の正確で信頼できる履歴というにはほど遠い結果になってしまった。最初の大きな変化は、前6世紀にパパモンテ製の壁がサルノ石と呼ばれるサルノ川流域産の石灰質堆積岩を使った二重擁壁へと建て替えられたときに起こった。これはおそらく前6世紀末から前5世紀初めのギリシア人とエトルリア人との戦争のなかで都市防衛の強化に迫られた結果であろう。その後、前3世紀初めにサルノ石外壁と一方の内壁の代わりに土盛りを備えた新しい防衛システムが導入された（図12）。もう一度記すが、何が市壁の改築へと駆り立てたかについてはまったく不明だが、おそらくサムニウム人

図12　ノラ門近くにあるサルノ石でできた市壁（紀元前 3 世紀初期？　写真：Ward-Perkins collection）

とローマ人の衝突が何らかの影響を及ぼしたのかもしれない。

　ドリス神殿を除けば、今も残る構築物のうち、どれが前 3 世紀後半を越えて古くなるかについては不明な点が多い。しかし、われわれがすでに見てきたように、前 5、4 から 3 世紀初めの建築活動を伝えるヒントは、部分的に残る遺物（前 4 世紀後半あるいは前 3 世紀のメトープ（図13）やドリス神殿に再利用された建築装飾用テラコッタのように）や、Ⅵ.5やⅠ.9での発掘現場の深部から発見された遺物のなかに残されている。一つの興味深い遺構は、粘土型の家（Ⅶ.4.62）の地下から発掘されたヘスティアトリオンと呼ばれるギリシアスタイルの正餐用ホールであり、陶器の年代より前 4 から 3 世紀までさかのぼるとみられる[14]。またこの時期の状況について

図13 ドリス式神殿から発掘された彫刻が施されたメトープ：アテーナー、ヘーパイストス、イクシーオーン（71㎝×1.47m。紀元前4または3世紀。写真：German Archaeological Institute Rome 61.2870）

は、H.エッシェバッハが前2世紀の複合構造物の調査から確認したスタビア浴場の初期の形成過程にも見ることができる[15]。

　前3世紀後半から前2世紀初めはポンペイにとって新たな発展段階と位置づけることができる。この時期には79年の段階で残っていた住宅のなかでもっとも古いものが建ち始めた時期だからである。このとき、ポンペイ全体が一致協力して住宅建設用の空地を供給するため計画的に家々を立ち退かせ、疎らにしか人が住んでいなかったエリア全面に住宅が建ち並び始めたのである。新しい土地の多くは（とくに第Ⅰ、Ⅱ区）は、共通した大きさ（間口8.5〜10m、奥行き17〜20mまたは32〜35mの二種類）に分割され、同じ広さの用

地に見合った形式的な敷地計画の特徴を示している。最近の納得できる説明としては、その共通した規格をもつ住宅の居住者たちは、ローマによるハンニバル戦争の際に略奪を被ったカプアやヌケリアのような都市からポンペイへの避難民で、その人々が殺到したことを、その要因としている[16]。

新住宅の多くは、この住宅モデルに最初に着目した研究者の名前をとって「ホフマン型」と呼ばれる共通タイプで、現代のテラスハウスに似た連続する長屋住宅である[17]。ホフマンは、I.11に見られる1列に並ぶ住宅を例に採りながら、前面と背面に中廊下を挟んで並ぶ二つの部屋（必ずというほどではないが）と敷地幅いっぱいに広がる中央広間からなる住宅と住宅背後の裏庭によるモデルを規定した（図14）。彼は前面と背面の部分に上階、中央広間には吹抜けを想定し、建物全体を覆う屋根は切妻、平入りで屋根中央の棟木は中央広間をまたぐ木製トラスによって支えられている。このモデルは最近になってS.C.ナッポによるノチェラ通り沿いの発掘（I.13-15、20-21、そしてII.8と9）から得られた新たな知見により修正されている[18]。彼は多くの敷地がホフマンが想定した一つのインスラを背中合わせに二分割する形式ではなく、インスラの全長を占有した二倍の長さであることを指摘し、さらに議論の別れるところではあるが、残された組積造構造物の詳細な観察から、少なくとも建設当初は平屋であり、中央広間は露天の中庭であったと結論づけた。前面と背面の部屋は片流れの屋根の架かる簡素な構造だという。この新しい解釈には問題がないわけではなく、あまりにも無駄なスペースの使い方や前面の2室が背面の屋根付きの居住空間からあまりにも分離しすぎていることなどがあげられる。考古学的な

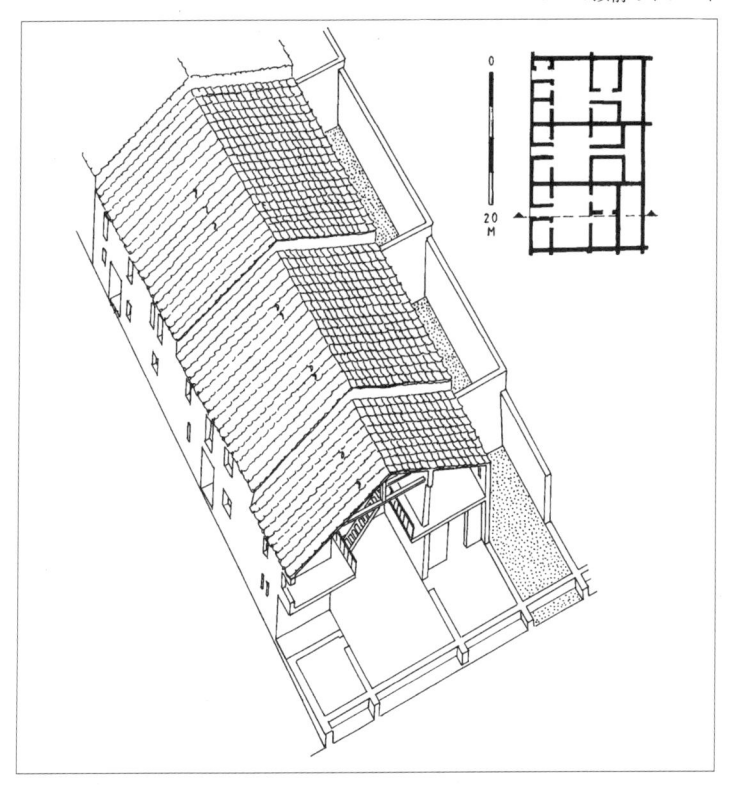

図14 ホフマン型住宅の平面図とアイソメトリック図による再現（Ⅰ.11.13-15。作図：L.A.Ling。出典：A. Hoffmann, in F. Zevi(ed.), Pompei 79(1979)）

証拠に対してあえて反論するのは危険であるが、ナッポの示す形態であれば住宅を比較的簡単に建設できるという長所があることも見逃せない。

前3世紀後半から前2世紀初めにかけて訪れた建設ブームには、この「ホフマン型住宅」とともに「アトリウム型住宅」と呼ばれる住宅が含まれている。空間構成という意味では、このアトリウム型

住宅はホフマン型と劇的に異なるものではない。アトリウム型住宅でも、やはりその特徴は道路から廊下を通じてつながる矩形の中央空間にあり、そこから主たる生活空間や接客空間につながる。一方で、多数の異なる特徴もある。典型的な平面（図15）では、各部屋につながる中央広間（アトリウム）は、雨水を蓄えたり採光のためにつくられた中心の露天部分のコンプルヴィウムを除いて屋根が架けられ、その周りには前面と背面だけでなく側面にも部屋が配され、結果として、中央の玄関廊下（ファウケス）を軸とした左右対称の配置となる。ほかに後側の中央接客空間（タブリヌム）や両側にはお互いに向かい合う前面開け放ちの部屋（アラエあるいは翼室）などがある。実際には数えきれないほどのバリエーションがあるのも事実である。ときには敷地が足りない場合に片方、あるいは両方の側面の部屋が省略されてしまう、またアラエは側面の並びの中央であったり後側であったりする、またタブリヌムは片方に寄せられたり、省略されることさえある。コンプルヴィウムが唯一の必須要素であるといわれるが、実際には、けっして雨水が集まらないような屋根の位置に設置されている場合も散見される。

　アトリウム型住宅の起源はいまだ不明である。アンドリュー・ウォレス-ハドリルの研究によれば、アトリウムはホフマン型住宅と同じように、露天の中庭から派生したという。そこでは簡素なベランダや列柱廊がそれぞれの部屋の入り口を守るように取りつき、露天のアトリウムをわたる屋根付きの廊下の役割も果たしていた[19]。彼の主張はあるアトリウム型の住宅の発掘によって裏づけられた。そのアトリウム型の住宅で、インプルヴィウム、すなわち屋根のコンプルヴィウムと一対となって雨水を受けるため床面に置く浅い水

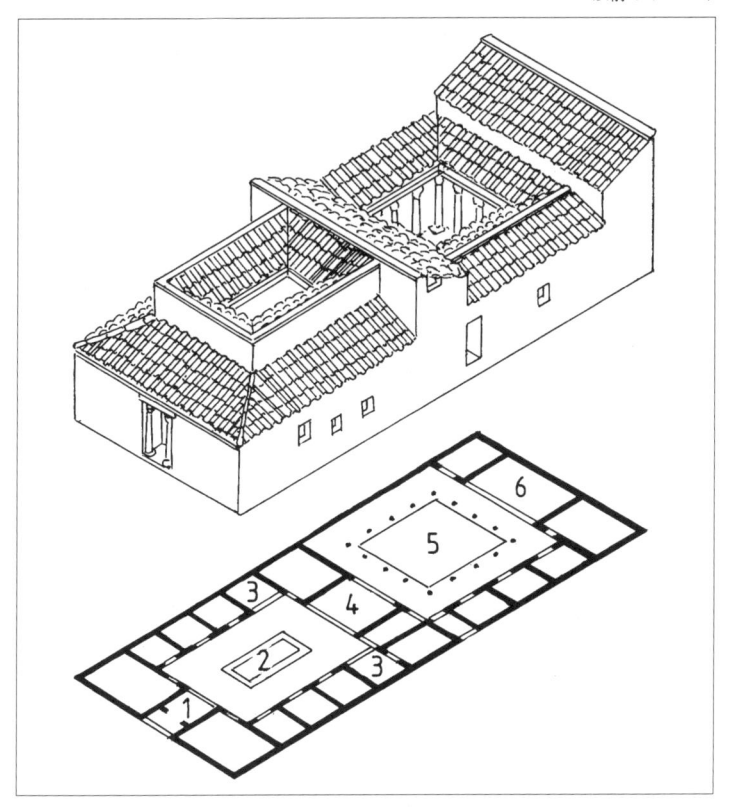

図15 アトリウム型住宅の典型的な平面図とアイソメトリック図による再現（1：ファウケス　2：アトリウム　3：アラエ　4：タブリヌム　5：ペリスタイル　6：エクセドラ。部屋の名称はウィトルウィウスの記述から引用。作図：L.A. Ling, E. La Rocca and M. and A De Vos, Guida archeologica di Pompei (1976) を参考に作成）

盤が明らかに二次的な設備で、以前の床の中央部にはそのような設備の痕跡は見当たらなかったのである。もしウォレス-ハドリルの説が正しければ、最初のアトリア（アトリウムの単数形）とホフマン型の中庭の間にある区別はとってつけたようなもので、機能的・

建築的には完全に同じものといえる。実際にホフマン型の住宅の中庭（たとえば、I.11.14やI.9.2）はその後インプルヴィウムが付加されて伝統的なアトリウムへと改築されている。

その判断材料はポンペイの外にも残されている。インプルヴィウム付きのアトリアは、ローマを含むイタリア半島のその他の地域で前3世紀よりもずっと以前から確認される。ただしインプルヴィア（インプルヴィウムの単数形）をもたないとされる床表面は、多くの場合、三和土の土間であるため、必ずしも生活面として使われていたとは限らず、もしかすると単なる床張りの下の基礎面かもしれない。あるいは、以前に存在していたインプルヴィウムを取り除いて新たなインプルヴィウムを取りつけただけかもしれない。いずれにしても確実にいえることは、前200年までにはポンペイの典型的な形式であるアトリウム型住宅が定着したことだけである。

アトリウムの登場についての一つの重要な要素は年間を通じての十分な水の確保である。初期のポンペイでは水は井戸に頼っていたが、そのうちのいくつかは前3世紀あるいは前2世紀初めの層のなかから発見されている。しかし、その都市が建つ丘の下は水位が低く、井戸を恐るべき深さ、場合によっては地下39mまで掘り下げなければならなかった。しかも井戸から汲み上げる水は硫黄を含むため、飲料水には適していなかった。インプルヴィウムから地中管をつないで地下の貯水槽に雨水を集めて蓄えておけば、容易に手に入れることができ、地下水よりは口当たりの良い飲料水となったはずである。もちろん、インプルヴィウムなしでも雨水を集めることは可能である。実際にポンペイには数えきれない中庭や庭園があり、溝や排水管を使って地下の貯水槽にもっと簡単に水を集めている。

図16 オペラ・テライオ：Ⅰ.10.16のファサード（縦横に積まれた大きなサルノ石のブロックが軸組みを構成し、同じ材料でできた荒石で充填されている。紀元前3世紀末期または前2世紀初期。写真 ：R.J. Ling (Pompeii Research Committee 1981-1/18A)）

しかし、屋根に取り囲まれた中央の開口部の真下に置かれたインプルヴィウムのような凹型の水盤は、跳ね返る雨水からそのまわりの床を守りながら、ヴェスヴィウス地方特有の豪雨による雨水を非常に効果的に集めることができるのだ。

前3から2世紀へ変わるころに建てられた住宅に見られる構造技術では、サルノ石などのその地方で手に入りやすい資材を使っていた。この石材は、オプス・アフリカーヌム（アフリカ積み）、オペラ・テライオ（織目積み）、あるいはポスト・アンド・パネル積みなどのさまざまな名前で呼ばれる技法、すなわち大きく粗く加工さ

れた長方形ブロックの石を水平と鉛直方向に交互に積んだものをフレームとして、その間に同じサルノ石の割りぐり石をパネルのように詰め込む方法である（図16）[20]。少なくとも初期の段階ではモルタルは充塡されなかったが、フレームを構成するブロックの重みとバランスによって固く連結されていた。割りぐり石の間に粘土を詰めることで、より強度は増したかもしれない。ある場合には、白いサルノ石のフレームとコントラストをなす硬質の暗灰色の火山岩が割りぐり石に用いられ、壁面に白黒のツートンカラーをつくり出すこともある。一方で、より大規模な住宅ではこうしたポスト・アンド・パネル積みのかわりに、より伝統的な手法である大きなサルノ石ブロックを整層に積む切石積みの技法が多く用いられた。この技法は市壁にも大規模に見られ（図12）、明確に公共建築を連想させるため、初期のころは裕福なポンペイ人がその威厳を示すためのシンボルであった。

　前2世紀が進むにつれ、住宅建築は少なくとも都市富裕層の住居として、徐々に増すその装飾性によって特徴づけられてゆく。イタリア半島のその他の地域でも見られるように、東地中海へのローマの進出は多くの新興企業家を生み出し、それと同時にヘレニズム的な贅沢趣味がもち込まれた。この流行のもっとも端的な証左は住宅における列柱建築の登場であろう。前2世紀はじめの住宅のいくつかには、すでにタブリヌムの奥に1列の列柱廊が見られるが、それは間違いなく背後の外部空間あるいは庭園に向けてつくられたもので、前2世紀の半ばにはその庭園を取り囲むペリスタイルと呼ばれる四面回廊に拡張整備され、邸宅の共通要素として徐々に定着しつつあった（図15）。そのペリスタイルのまわりにはさまざまな部屋

が配され、なかでも開け放ちの凹部空間であるエクセドラエ（単数形はエクセドラ）は、道路側の喧騒から離れ、家族が読書をしたり庭の眺めを楽しむためのくつろぎの場所であった。まさにペリスタイルという名前（おおまかに訳せば列柱よって囲まれた空間）がギリシアからの引用であり、あたかもヘレニズム的な由緒であるかのように騙っているのである。この建築形式に対するもっとも適切な用語は、ヘレニズム都市に見られる富裕者の子息を知的あるいは体力的に養育するための列柱付きの場所という意味のギムナジウムであろう。公共建築のための形式であるギムナジウムが個人住宅に取り込まれた事実は、ペリスタイルを建設したパトロンの人物像を想起させるが、さらにいえばギムナジウムがもつ哲学やそれらを論理的に学ぶ場所としてのイメージを通じて、家族がペリスタイルに込めた文化に対するある信頼が伝わってくる。

　社会的な文脈ではペリスタイルの付加の重要性は住宅内の空間がもつ機能を変えたところにある[21]。前に見たように、アトリウムはすべての活動空間のハブであり、家族が執務したり友人をもてなす空間でもあった。新たなしかも奥まった背後の空間の付加は、住宅におけるパブリックとプライベート生活の間に目に見える一線をつくり出した。公式な訪問者はいぜんとしてアトリウムコンプレックス（アトリウムを中心とした複合建築）の内部で応対された。とくに招待された特別な友人や縁者だけが、ペリスタイルとそれを取り巻く部屋まで導かれたのである。しかし、これらはけっしてペリスタイルのプライベート性を強調するものではなく、ポンペイの住宅は、とくに家主が市民権を有していたり、将来政府での出世を志している場合には、現在の住宅ではありえないことだが、常にすべ

ての人が出入り自由だったのだ。しかし、第二の中心をつくり出すことによって、ペリスタイルでの出迎えはすべての人には認められない一つの特権となり、内部空間へのアクセス性に段階をつけることができたのである。もっとも格式の高い場所がアトリウムからペリスタイルへ移ったことは、もっとも広くて贅沢に装飾された部屋がペリスタイルのまわりに配されるようになったことや、アトリウム背後の部屋が後の庭園向きに配置されるようになったことにうかがえる。タブリヌムはおそらく窓を除いて元来後側は壁であり、古い形式の住宅がもつ裏庭には、片側あるいは両側の廊下を通じてつながっていたが、徐々に後にも開口をもつように改造され、アトリウムからでもペリスタイルからでもアクセスできる頭の前後に顔を二つもつヤヌス神のような、あるいは単なる廊下のようなスペースとなった。

円柱の使用はペリスタイルに限られたものではない。一つか二つのアトリア（アトリウムの複数形）は屋根の荷重を支えるため、またはその空間に威厳を与えるためにインプルヴィウムの四隅に円柱を備える。正式にはコリント式であるが、いわゆる「ソファ」柱頭（アカンサスの葉がカウチ・ソファの肘掛けように見える柱頭飾り）と呼ばれるものや、頭やバストを連想させるような柱頭をもつギリシア式の付柱が前面道路に向いた玄関脇に用いられた。たとえどのようなものだろうが、その飾りは周りの庶民住宅とは一線を画すのには十分に役立っている。

付柱の繊細なディテールやインプルヴィウムの縁飾りを削り出すためには新しい素材の登場が不可欠で、灰色あるいは褐色のヌケリア産の凝灰岩が用いられた。火山灰が堆積したもので、採石場で切

り出した直後は柔らかく容易に加工できるが、空気に触れるうちに硬化し、サルノ石や暗色の溶岩よりも非常に緻密で滑らかな質感を出す。それはシャープな角をつくり出すような製品、すなわち人物像や装飾などの手の込んだ彫刻に適している。その素材は、列柱やインプルヴィウムなど以外にも、住宅正面の切石積みの壁にも使われた。あるときには、小さな石のブロック積みの正面壁をギリシア風のモニュメンタルな切石積みに似せるため、わざわざ見せかけの目地や溝を表面に刻んだりしている。

　内壁のための基本的な構造体としては、より粗い素材が標準的に用いられた（彼らはそれをポンペイの全歴史を通じて使い続けるのだが）。前2世紀は、モルタルセメントが導入されたという点で一つの技術的な転換期である。おそらく前3世紀の終りごろ、北アフリカで一般的であったpise（版築技術の一種）の派生技術として生まれたこの素材は、石灰と水、砂のような粒子状の物質を混ぜ合わせたものだ。砂利の骨材と結びつくことでコンクリートとして、その後3世紀間にわたって建築に革命をもたらした建築技術の基礎となった。強力に結合し耐久性を増すこの素材は、とくにヴォールトやドームなど、伝統的な組積造や木造では不可能な広さの内部空間に屋根を架けられるため、構造体として理想的な素材であった。ポンペイにおいては、その技術の役割はオプス・インケルトゥム（乱石積み）と呼ばれる握り拳程度の大きさの石のできるだけ平らな面を外側にして積み、目地をモルタルセメントで固めて壁をつくる方法である（図17）。この技法は比較的簡単な構造で、重いブロックや細かい加工も必要ないし、荷重や重量バランスなどを考慮する必要もなく、いったん形を決めてしまえば、モルタルセメントがその

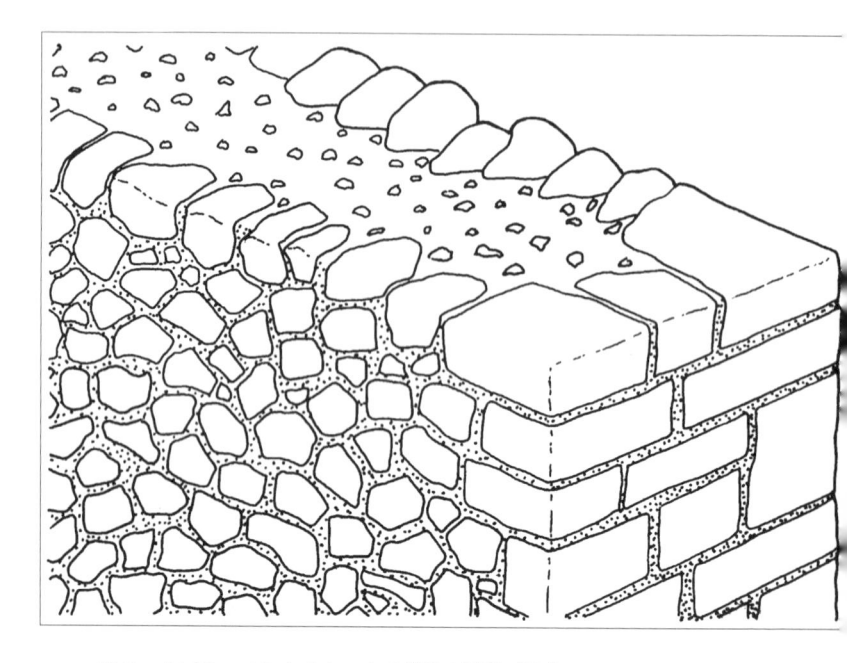

図17　オプス・インケルトゥムの構造の図解（出典：H. and R. Leacroft, The Buildings of Ancient Rome (1969), fig. 10）

壁を一つの塊として固めてしまうのである。さらに、この技法は決定的に経済的でもある。というのは、石材加工の際に生じる破片も壁へ練り込んでしまうことが可能だし、どんな時代の建物の廃材でも容易にリサイクルされ、後の壁体に紛れ込ませることができる。結果として、オプス・インケルトゥムは都市の最期までもっとも好まれた建設技法であり続けた。表面に用いられた石材の種類は壁体によってさまざまで、それらを編年様式として見分けることは容易ではないが、おおまかには標準的な石材は常にサルノ石と地方産の暗色溶岩や、やや分布は少ないがイタリア語でクルーマ（英語では

"lava crust"あるいは"scoria")といわれる赤色、紫色の多孔質溶岩である。さらに前1世紀半ばから新しい石材として、ナポリ北部のカンピ・フリグレイ産の脆い黄色の凝灰岩が加わった。後1世紀、とくに後62年の地震後の緊急復興時には、さまざまな異質の素材が大規模に使われた。たとえばタイルの破片、白色石灰岩や大理石のかけらなどである。最良の構造においては、素材は適材適所に用いられるものである。外壁でも風雨に曝される箇所でよく見かける構法は、壁表面でも下方には強くて湿気に対して耐性の高い溶岩を用い、約1mより上方にはより多孔性で軽いサルノ石を用いる方法である。建物の外装については、それがない外壁は未完成で見苦しいものとして隠す意図があったのか、あるいは外装材が構造体を守るための保護材の役割を果たしていたのか、いずれにせよほとんどではないが多くの場合、その構造体は漆喰の下に塗り込められて見ることはできない。

　住宅の見栄えが整いつつあると同時に、前2世紀は都市景観を形づくる公共建築群が都市のあらゆる場所に建設された時期でもあった。多くはスタイルだけでなく機能もギリシア風であった。たとえば、都市の中心では初期には簡素な施設でしかなかったスタビア浴場が、モニュメンタルなスタイルで再建された。そこには、冷浴・温浴・熱浴（それぞれに男性用と女性用がある）が備えられ、列柱付きの運動場（パレストラ）を併設しており、明らかに東方世界のギムナジウムに影響されたヘレニズム的ファッションをまとっている。ただポンペイ版のギムナジウムでは、フィジカルトレーニングの比重が低いため、パレストラが占有する面積の比率が低く、入浴に重きが置かれている点が東方世界のそれとは異なる。浴室の湯沸

かしには、ギリシア語起源で「ハイポコースト」(直下の熱という意味) と呼ばれる間違いなく東方世界から移入された、おそらく当時最先端の技術が利用された。

　都市の南には初めての劇場が建設された。ギリシアではおなじみのもので、南部イタリアやシチリア島の都市においては古くから定着していたが、ローマを支配していた貴族社会からは偏見によって排斥されていたものの、この劇場の登場はヘレニズム文化がこの都市にも浸透したことを如実に物語っている。最初の建造物は、円形のダンスフロアーと呼ばれる部分(オーケストラ)とそれらを取り囲む馬蹄形のオーディトリアム、そして背後の独立した舞台背景(スカエナ)など忠実にギリシアの形式をコピーしたようである。演目はギリシア式に則ってオーケストラと舞台背景の前に取りつけられた高くて狭い舞台(プロセニアム)に分けて上演された。

　劇場の裏には1列に並んだ部屋や開け放ちの控え室(エクセドラ)に囲まれた列柱廊付きの広場、あるいは四面回廊庭がある。一般的には劇場出演者が幕前・幕間・幕後に集まる場所とされたきたが、最近はドイツ人の作家ポール・ザンカーによって再解釈され、かつてアウグスト・マウやマッテオ・デラ・コルテが提唱した古い説である「本来はヘレニズム的なギムナジウムであった」という解釈が復活している[22]。東方の都市とも比肩しうるその建築形式は、確かにこの解釈の可能性を後押しするし、舞台背景と完全に平行ではない配置がその四面回廊庭と劇場が同じプロジェクトの一部を担ったり、機能的な一体性を示すものではないことを示唆している。もし四面回廊庭がギムナジウムとして建設されたとすれば(最終的には剣闘士の控え室に改修されていたが)、ポンペイに強く影響して

いたギリシア文化を象徴するもう一つの例といえるだろう。

　劇場と推定ギムナジウムを見下ろしながら、旧ドリス式神殿を中心とした地区も列柱に縁取られ、北側の道路側にはモニュメンタルな入り口が整備されるなど、当時の最先端にリニューアルされた[23]。地理的な制約から三角形とならざるをえないこの地区は、エーゲ海地方の多数のヘレニズム風神殿を倣って計画され、まるでパラエネステ（パレストリーナ）やティブール（ティボリ）などの中央イタリアの諸都市に見られる同時代のテラス付き聖域の存在を意識していない。もしそうすれば、一方を開け放ちにして、サルノ川流域やその向こうの山並みを一望できるパノラマを享受できたかもしれないのだが。イタリア半島のその他の地域と同じように、神域の周壁にオーディトリアムへの入り口をもつ劇場と神殿は深い関係があるように思える。この位置関係が神あるいは神々の神性によって劇場におけるパフォーマンスが守られていたことを意味するのか、さらに劇場そのものが宗教行事あるいは儀式にたびたび使われてたのかは、現在ではもはや知りえないことである。

　その他の前2世紀にさかのぼりうる公共建築物に、劇場の北側のサムニウム人のパレストラと呼ばれる建物がある。その北東部にはアエスクラピウスの神殿の前身建物があり、もとの形は後の改築のため不明だが、前庭のヌケリア凝灰岩の記念祭壇はおそらく前2世紀に属し、サムニウム人のパレストラは東端に失われてしまったスペースがあるもののほかは変更されていない。サムニウム人の時代の為政者の献呈文によれば[24]、一面に2、3の部屋を備えた列柱廊付きの中庭を構成していて、エリート層あるいは青年に達しない少年たちのために計画された小ギムナジウムだと判断して良い。

劇場地区だけでなく、中央広場地区（図4）もこの時期に再開発されたようである。少なくとも東面には小店舗や工房が残っていたが、新たな公共建築が北と南側に建立された。北には広場を前面にして、その中心軸上に神殿が建てられた。この神殿がどれほど正確に軸線上に建つのか、あるいはすでにユピテルに捧げられていたのかについて、後にも考察するが、われわれは何も手がかりをもたない。その隣、フォーラム通りの反対側に後にマケルムとなった前身建物があったのだろう。広場の南端には、後79年に存在した三つ並びの建物になる以前、官庁が建ち並んだものと思われる。この時代の中央広場を取り巻く建物でもっとも圧巻なのは、南西角に建てられたバジリカである。後にキリスト教会とローマの公共建築物に決定的な影響をおよぼすことになる建築形式であり、もっとも初期の実例の一つでもあるこの建物の長細い長方形の平面の内部は、巨大な列柱によって中央の身廊（ネイブ）と両側と最深部に身廊に直交して走る側廊（アイル）に分節される（口絵2）。前2世紀の後半という建設年代は建築の詳細に見られる形式やタイルの刻印、オスク語のグラフィティによって確認されている。

　バジリカの北側のアポロ神殿もこの時期に再建され、少し後にサムニウム人時代の為政者によって、彩色豊かな石材を使って床が張り替えられた[25]。またこの時期には、神の聖域は中央広場の軸からほんの少しずれてはいるが、周囲を巡る列柱廊によって、現在の左右対称のレイアウトに整備されたと見られるものの、まだ広場の整備についてはあいまいな点も残されており、後の大幅な計画変更を示す証拠もある（92頁）。

　ギリシア的な建築言語を用いた、これらすべての建築物はサムニ

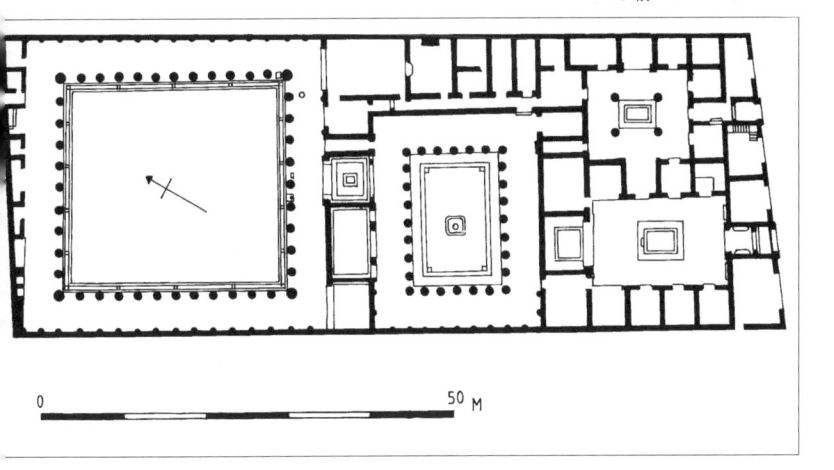

図18　ファウヌスの家（Ⅵ.12.2）の平面図（作図：L.A. Ling）

ウム時代におけるヘレニズム文化の普及を雄弁に物語る。さらにこの傾向は、前2世紀の後半や前1世紀の初めの大邸宅を特徴づけるギリシア文化に触発されたさまざまな装飾にも見て取れる。

　ヘレニズム世界において今まで知られてる住居のなかでも、この時期の住宅はその豪華さにおいて、かつて見られなかったほどのスケールとクオリティを実現している。その点で、宮殿のような「ファウヌスの家」に勝るものはない。この家は一つの街区を占有し、2950㎡の面積をもつ（図18）。最終段階では、28本の円柱を備える第一のペリスタイルに加えて、44の円柱をもつ第二のペリスタイルを有する。さらに、「M.オベリウス・フィルムスの家」や「迷宮（ラビリンス）の家」など、この時代の邸宅に見られる現象であるが、隣接する二つのアトリウムをもつ。おそらく本来のアトリウムの役割は変質し、主に商談や訪問者への接待などは訪問者に強い印

象を与える大きなアトリウムで執り行われ、より内輪の行事あるいは日常の生活上の行為は小さいアトリウムで行われた。

「ファウヌスの家」の西側にある大アトリウムのより高いステイタスは、それを取り巻く部屋の壁や床の装飾の特別な贅沢さによって証明される。まるで実際に削り出されたかのような切石の壁を模した漆喰の造出しの壁面に見られるように、壁面装飾はけっして具象的ではないが、それぞれの模擬切石はさまざまな色彩に塗られ、異国趣味を豊かに表現している。第一ポンペイ様式と呼ばれるこの絵画様式は、東方世界のヘレニズム都市から借用した形式にもとづくもので、東方世界における実例では、むしろ壁体を構成する切石積みそのものの再現性に主眼が置かれているように見えるが、ポンペイでは（ヘルクラネウムやその他のイタリア諸都市と同様に）、その着彩や壁体構成の配置やプロポーションにやや奇抜な点が見受けられる（口絵3）[26]。東方世界のように、一般的には狭くとも多かれ少なかれ何らかの図像的な要素が目線の位置にはめ込まれるものだが（「ファウヌスの家」のたった一つの部屋にブドウのツルと小鳥、昆虫や花のレリーフの例があるが）、ポンペイにおいては、切石積みに似せて描かれた大理石やアラバスターの縞模様が時たま偶然に何らかの形に見える以外には、まったく図像的な要素がない。

壁面では、手の込んだ絵画的要素を極力抑えるのに対して、床面においてはそのような抑制はまったく見られない。そこでは慎重に色分けされた石からなる微小なテッセラ（モザイク用の小片、ここでは2㎜四方程度の小片）によって繊細に仕上げられたシーンが床面の中央を占有し、玄関や壁面近くに置かれた長椅子からちょうど眺め下ろせるように配されている。ワインの神ディオニソスの男女

の従者であるサテュロスとマイナスが出会うなまめかしいシーンは寝室を飾り、食事に供されたであろうさまざまな海生動物類の一覧図はダイニングルームを飾る。また別の部屋では、羽の生えた子供（ディオニソスの魂？）が虎にまたがったり、また別のシーンでは猫が雌鳥に襲いかかっている。ファウケスやアトリウム、タブリヌムなど通路的なスペースには、ヘレニズム世界で好まれたモチーフである3色の菱形を組み合わせた立方体のような錯覚をおこす図柄など、幾何学模様のモザイクがはめ込まれた。これらのすべての美しいモザイクをいとも簡単に凌駕してしまうのが、かのアレクサンダーのモザイクである。アレクサンダー大王がダリウス帝率いるペルシャ軍を破ったガウガメラの戦い（前331年）の重要な場面を描いた芸術作品である（口絵4）。高さ2.70m長さ5.12mのこの巨大な一場面には、陰影、ハイライトや力強い縮約法など、あらゆるだまし絵（トロンプ＝ルイユ）の技法を使って錯綜する戦乱のなかの軍勢を描き込み、前4世紀の歴史的な場面を石でできた床に写し取ったといえる。その作品は、ファウケスから邸内のアトリウム、タブリヌムへと延びる軸線上の第一、第二ペリスタイルの間の列柱を備えたエクセドラ（控え室）にあり、明らかにその重要性を物語っている。その孤立した部屋の機能は明らかではないが、おそらくそのモザイクの上に家具を置くなどということはまったくのナンセンスであり、家主がその芸術作品に与えた特別の展示室であったとしても不思議ではない。

　こうしたモザイク画をつくるためには優れた実測術が欠かせないし、かなりの財力を注ぎ込むことも必要である。だが、壁画と違って、モザイクはその場で制作する必要はない。小さなパネルに分割

し、タイルや石製のトレイにのせ店頭でピース売りすることも可能である。実際に「ファウヌスの家」のモザイクに見られる主題は、同時にポンペイの他の家、さらにはイタリア半島の諸都市でも使われており、おそらくある人気の図柄はモザイク工房がしばらく間を置いては再生産していたのであろう。あるパネルは東方世界からも輸入されていたのだろう。「キケロ荘」と呼ばれる別荘から見つかった劇中のシーンを描いた二つの精巧な作品には、東部エーゲ海のサモス島からの作家の名がある（図19）。ポンペイに到着後、エンブレーマ（モザイク画の中心部の特別の主題を示す区画）として、地方の職人によって単純なパターンあるいはパターンなしの縁取りとともに、その場所に据えつけられたのだろう。アレクサンダーのモザイクでさえ輸入品かもしれない。小さな失敗、とくにある構成物の置き間違いは、輸送しやすいように小さなピースに分解された舗床を再び組み合わせる際の失敗の結果とすると、容易に説明がつく[27]。

　モザイク画や第一様式の壁画に加えて、「ファウヌスの家」のような例では、木製家具や目映いばかりに彩色された掛け布や彫像などからなる内装一式を思い浮かべざるをえない。普通、家具や掛け布は朽ち果て失われてしまうし、彫像は散逸し後の所有者の趣味で取り換えられるものであるから、そのほんの一部しかうかがい知れないが、たとえば「ファウヌスの家」のもととなった踊るファウヌスの小像にしても、もともとはこの家のものではないかもしれないのである。しかし、前2世紀の大邸宅の「ギリシア的なもの」は、それがギリシアからの輸入であろうが、それを模造したものであろうが、テキスタイル、彫刻、そしてレリーフに確実に読み取れる。

図19　サモスのディオスクリデスの署名があるモザイク画（ギリシアの喜劇詩人であるメナンドロス作の劇中にある音楽家のシーン。紀元前2世紀または前1世紀初期。43×41㎝。Naples Museum 9985。写真：Archaeological Superintendency Naples C5027 (ex 1195)）

　前2世紀の最期の数年間と前1世紀の初めは、ポンペイにおけるいわゆる「リージェンシー様式」の時代であった。少なくとも市壁の内側では都市エリートたちは、その後150年間、とくに目立った

変化もなく、共通のスケールの住居を構え続けたのである。そして十分に設備の整ったその住居は、けっして一般庶民の住居とかけ離れたものではなかった。彼らは職人の家や商店街、小さなアパートを含むインスラを共有していたのだ。「ファウヌスの家」でさえ、道路側に商店街を有し、それらは疑いなく自由民あるいは家主の身内によって経営されていた。これは古代ローマ都市における典型的な居住パターンであって、その後のポンペイの歴史全体を通じての特徴でもある。

第3章
ローマ植民都市時代

　ポンペイにおけるサムニウム時代の終りは前91〜89年の同盟市戦争の終結とともに訪れる。この戦争の名前はローマとローマ市民権およびそれにもとづく特権の完全付与を求めたイタリア半島の多数の同盟都市が争ったことに由来している。その戦争の結果はローマの勝利であったが、彼らはまずローマに忠誠を誓った諸都市のみに参政権を与えたが、結局は降伏したすべての諸都市にも参政権を与える羽目になった。ポンペイは反乱を起こした諸都市に加わっていたが、長い包囲戦の後、前89年ローマの手に落ち、前84年までには再びローマ連合ともいえる同盟の一員として認められた[1]。これ以降、公式な言語はオスク語からラテン語となり、地方行政機関の名前もローマのそれに置き換えられた。

　ポンペイでの包囲戦の様子は考古学的にもその痕跡が確認されている。暗黒色の火山岩の乱石積みによる最後の市壁整備が前2世紀の後半に実施されたが、ローマとの衝突を予感させるように防衛強化策が採られている。都市全体を取り巻く監視塔の建設は、ほとんどは以前の塔の基礎の上に建て替えられたものだが、「メルクリウスの塔」と呼ばれる塔は、メルクリウス通りの北端にあった市門の上に建設されたもので、市門の封鎖は閉鎖性、すなわち防御性の向

上にほかならない（もし、それ以前に封鎖されていないのであればだが）。北辺の防衛のために集中して塔が配置されているのは、攻撃側の主戦力はこの場所を狙って急襲するのが明らかで、ここが周壁のなかでもっとも攻撃を受けやすい場所との認識を反映している。実際に北壁にはローマの砲弾による攻撃の痕跡がまざまざと残されており、第Ⅵ区の「ヴェスタの巫女の家」(Ⅵ.I.7) や「迷宮の家」(Ⅵ.Ⅱ.9-10) からは都市が攻撃を受けた際の石製の砲弾が発見されている（図20）。そのほかにも包囲戦の遺物には、eituns（護衛役の戦士?）と呼ばれる実際に攻撃を受けた際の近所の男性たちに対する集合命令として、オスク語で記された辻々の告知文もある[2]。これらの告知にははっきりと反時計回りにナンバーを付された塔のことが記されている。

同盟市戦争後もスタビアエとは異なり、ポンペイは名目上何とか自治都市として存続していたが、前80年、ついに9年前その都市を攻め落とした軍隊の司令官であった独裁官スッラの若い縁者であるP.コルネリウス・スッラの指揮のもと、ローマ退役兵の植民地としての命令に服することになった。退役兵のための植民地の経営は、ローマが戦線を拡大するにともなって打ち出され、施行されてきた政策の一つであった。これには二つの異なる目的があり、一つは長い間ローマに仕えた兵士への土地の供給と生活の保障、もう一つは新たに服従させた地域の安定化である。こうした植民地は新たに開発されたニュータウンの形式をとるのが一般的であるが、ポンペイにおいては、すでに存在している都市のなかへはめ込まれてしまったため、必然的に先住者と新入りとの間に利権の衝突が生まれることになった。この状況は地方政治にも影を落としており、判明して

ローマ植民都市時代

図20 ヴェスタの巫女の家（Ⅵ.1.7）で見つかった紀元前89年の包囲の際にカタパルトから放たれた石の砲弾（写真：R.F.J. Jones）

いる名前だけでも植民地化後最初の年に選任された行政官吏のほとんどは植民者かその家族であった。それまで行政機関を担ってきた古くからのサムニウム人の有力者一門は急速に姿を消した。非植民者は一時的にせよ事実上は市民権を失ったように見える[3]。こうしたポンペイが直面した困難は、ローマの政治家・雄弁家であるキケロにより行われた演説にも投影されている。政府に対して陰謀を企んだ容疑をかけられた若きスッラを擁護するため、彼はプロムナード、おそらく劇場背後の想定ギムナジウムの四面回廊を使用する権利や投票にまつわる事柄での先住者と植民者との軋轢について言及している[4]。その軋轢は和解や問題解決のためにわざわざもち出されたものかもしれないが、その際、偶然に生じていた問題をたまた

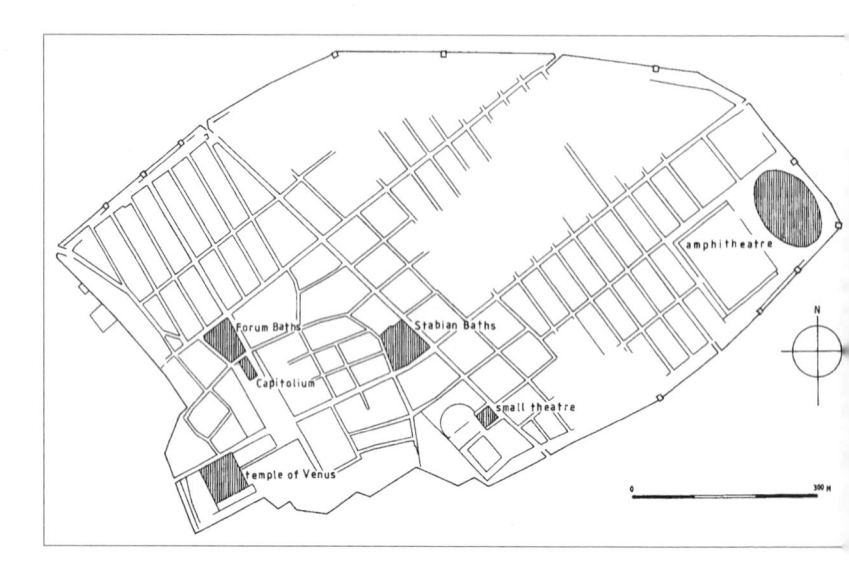

図21　植民地時代に建設または改築された建物を示した図（作図：R.J. Ling）

ま取り上げたわけではなかろう。

　端的に植民地の建設を象徴するものは公共建築である。社会的にも文化的にも進んでいたローマの退役兵の大量流入は、それ以前にはありえなかった多数の建物の需要を引き起こした（図21）。

　それ以前にも、すべてのギリシアやローマ都市がそうであったように、新しい建物の建設は常に裕福な市民たちの監視下に置かれていたといえる。それは、実際に彼らが資金を提供していなくても、行政機関が行使する一つの権限として彼らに義務として課されたのである。今も残る奉献文より、植民地の建設にともなって少なくとも二つの建築物に、気前のよい寄贈者との関連を見出すことができる。一つは屋根付き劇場（テアトゥルム・テクトゥム）で、奉献文に2人の有力な植民者、C.クインクティス・ヴァルガスとM.ポル

ローマ植民都市時代

図22 (屋根つき) 小劇場の内部 (紀元前80年直後の建設。写真：M. Nwokobia)

キウスの名前が見える[5]。すでに存在していた大劇場のすぐ東側に建設され、一般的には小劇場として区別されているこの劇場は、半円形の客席が高い周壁のなかに窮屈に収まっている。その周壁には、恐るべき長さの壁間（約26m）をもつ屋根を中柱なしで支える木梁が載る（図22）。一見するとその建物はオデイオン、音楽や詩の吟誦に使われたギリシアスタイルのコンサートホールのようだが、ローマの元戦士がこのような形でギリシア文化を広めることに関心があったとは思えない。ポール・ザンカーによって推定されているように、別の解釈として植民者たちの会合場所の可能性もある[6]。この屋根付き大会堂が大劇場のすぐ隣にあるという事実だけで、ともに公共の娯楽に供する建物と判断するには早計だろう。むしろ両方

の建物にとって、すり鉢状の聴衆席を設置するために丘の斜面が好都合だったのである。

第二の新しい建物は円形闘技場で、同じ2人の植民者、クインクティス・ヴァルガスとポルキウスによって、屋根付き公会堂よりも少し後に資金提供されている(7)。実際の公式な名称は、後に使われたギリシア語の用語アンフィテオトロンではなく、ラテン語のスペクタクーラである。それが意味するのは、このアリーナの催し物が剣闘士の格闘や猛獣狩りなど中央イタリアで葬祭時の儀式として発展し、その残忍性や流血性はギリシア人におなじみの娯楽とは完全に一線を画した、純粋にローマスタイルの娯楽であったことを示している。したがって、円形闘技場は少なくとも最初の段階ではポンペイの先住者ではなく、ローマからの植民者の要求に応じて建設されたのである。奉献文の言葉のなかに、創建者が「植民市の名誉を代弁する（coloniai honoris caussa）」、あるいは「植民者が永続して使用する場所として捧げる（coloneis locum in perpetuom deder(unt))」という語があるのはきわめて意義深い。その建物はその他の公共建築物から離れた都市の東隅に建てられた。よく指摘されるのだが、その問題の敷地が空き地であったために開発の余地があったという説の真偽はわからないが、最近の発掘成果は、都市東部地区がすでに初期の段階（前2世紀）において、むしろ後の段階よりも密集するくらいに建物が建て込んでいたことを示している。円形闘技場を周辺に追いやることは、中心市街地から興奮した群衆を遠ざけるには効果的であったと同時に、サルノ川上流域の町々からの大量の観客をすぐ近くの市門を通じてコントロールできたのであろう。

植民市時代の他の建物は、歴史的あるいは考古学的にいくつか確

認される。とくに抜きん出たものはヴェヌス神殿である。ヴェヌスはスッラの守護神であると同時に、コロニア・コルネリア・ヴェネリア・ポンペイアノルム（コルネリアはスッラの姓より、ヴェネリアはヴェヌスより）という植民市の公式名からもわかるように植民市に対しても同様の役割を負わされた。その神殿は南西角部のマリーナ門に隣接した一段高い台地上に建設され、その女神は商業港に到着する人々を見下ろし守っていたのだ。おそらく海側からも眺めることができ、都市のシンボルのような目立つランドマークとなったであろう。

　中央広場周辺の建物では入植者が北端の主神殿に手を加えたとは考えにくい（図23）。この神殿がすでにユピテルに奉献されたものであったというだけでなく、おそらくジュノーやミネルヴァがユピテルとともに祭られる崇拝、すなわちカピトリウム神殿としてローマと同様の国家崇拝を加味したものへ改修されていた[8]。この段階ではすでに神殿内部の神像配置は 3 室式の基壇構成に変化しており、建物全体も根本的に再構成されモニュメンタル化されていた。中央広場の南端のコミティウム、いわゆる投票所はすでに植民市化前に建設を開始していたが、その直後の数年間に完成された。

　入植者が行った建設事業にはわれわれが疑似網目積み（quasi-reticulate）と呼ぶ異なる建設技術が使われた。これは乱石積みの一種で表面の石のサイズがおおまかに統一され、正方形の小片を斜めに積んでいくことで網目（reticulate）のような効果をつくり出している。一般的な乱石積みに勝る点は、目地が緻密でより均質な表面を形成し、さらに建設作業も合理化されることである。網目積みに用いられる素材は暗色火山岩だけれども、角部はサルノ石やヌケリ

図23 中央広場(フォーラム)の北側(カピトリウムの遺構があり、その左にはアーチ門がある。前方には大理石の化粧張りがはがれた彫像の台座が並んでいる。写真:University of Manchester, Art History collection(Sommer 1208))

ア凝灰岩の方形のブロックで仕上げたり、あるいは平レンガをノコギリの刃のように三角形の凸凹を組み合わせて積んでいる(口絵5)。

　もう一つの主要な建築物、フォーラム浴場がこの技術を使っていることから植民市時代の建設と見ることができる(図24)。カピトリウム神殿のすぐ北側に置かれ、単に浴場機能だけではなく店舗や

ローマ植民都市時代

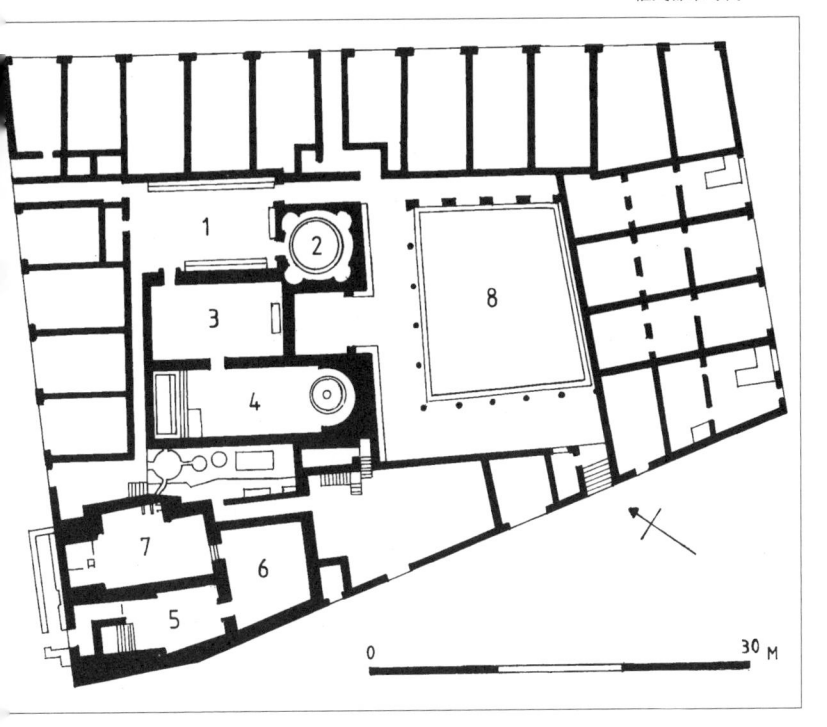

図24　フォーラム浴場の平面図（紀元前80年直後。1：男性用アポディテリウム　2：男性用フリギダリウム（もとはラコニクム）　3：男性用テピダリウム　4：男性用カルダリウム　5：女性用アポディテリウム　6：女性用テピダリウム　7：女性用カルダリウム　8：パラエストラ。作図：L.A. Ling）

上階に集合住宅を併設した最新型のプロジェクトであり、単なる入植者のためというよりも、入浴習慣が深く浸透した一般の人々のためのアメニティー施設として建設された。フォーラム浴場に書き残された一対の碑文が、行政官たちが彼らのポケットマネーでなく公金の支出（ex pequnia publica）による建設として監督したことを伝えているのは重要である[9]。　明らかにスタビア浴場が住民の要求

に応えられなくなり新しい施設が必要になったのである。同時に碑文が伝えるように（図41）、ラコニクム（乾熱室）やデストゥリクタリウム（運動の後の垢落としのための室）の付設、パレストラと列柱廊の整備など、スタビア浴場も最新化された[(10)]。新しい浴場の配置は、古いものと同様にできるだけ多くの人々にとってアクセスしやすい場所が戦略的に選ばれた。すなわちスタビア浴場には中央・東部の居住者をまかせ、新たに北部・西部の人々へのサービスを担ったのが新浴場であった。

　ポンペイの公共建築物に対する入植者たちのインパクトはそれまでの通念を覆すほどであり、彼らは前2世紀のヘレニズム化されたサムニウム人の都市を初期帝政期のローマ都市へと変貌させたのである。しかし公共建築以外の一般建築への影響は今一つはっきりしない。数百名の退役兵たちとその家族の住居が見つかるべきであるし、前80年には都市全体へ影響を及ぼすような住宅建設プログラムや整備事業が進められていたと期待しても不自然ではないが、そうした現象は起こっていない。

　ある研究者、たとえばH.エッシェバッハなどは、ポンペイ東部の開発が入植者に対応してこの時期に進められたと信じていたようだが[(11)]、すでに見てきたように、東部の開発はずっと早い時期に行われている。もし、入植者が市壁内に移住したとすれば、先住者を殺害したり退去させたりして、既存の住宅を接収することによって目的を果たしたとしか考えられないのである。

　その点では第二様式と呼ばれるポンペイの壁画がヒントを与えてくれる。このスタイルは第一様式の漆喰のレリーフや着彩された切石積み様装飾に替わって、二次元の壁面上に奥行きのある建築をリ

アルな絵画として表現するものであるが、入植者たちによってもち込まれたと思われる。最初はカピトリウムや小劇場にシンプルな例が確認され、やがて個人住宅にも同様の装飾が登場したことを考慮すれば、それらが新たにやってきた入植者が注文したものと考えるのが自然である。第一から第二様式への置き換えがもっとも進んだ例は「迷宮の家」であり、同盟市戦争の直後にペリスタイルの区画をモニュメンタル性豊かに整備し始めたものの、植民市時代の長い中断の後、やっと完成された[12]。しかしながら、一つ問題がある。「迷宮の家」の第二様式の壁画は植民都市化直後にはありえないほど複雑で装飾的なのである。あえて高度な編年を適用すれば、それらは植民地化して10年あるいはもっと後の前60年代よりけっして早まることはない。実際には初期の第二様式に分類される絵画を残す住宅がほとんど見当たらないけれども、もし植民者が市壁内の土地を占拠したとすれば、第二様式の初期の状態を示す痕跡は後の改修や再装飾によって抹消されたとしか考えられない。

　また、テリトリウムと呼ばれる周縁に未開発の土地があったとすれば、多くの植民者が都市の外に住宅を構えたとも考えられる。これは、先住者との衝突の危険を回避するには有効だったであろう。また、彼らの土地を耕すために都市のあちこちから出かける必要もなかったであろう。おそらく彼らは後にパグス・アウグストゥス・フェリクス・サブウルバーヌス（フェリクスという形容辞はスッラに関係し、植民時代の起源であると推測される）として知られる郊外の管理区の集合体を形成していたのである。市壁外への植民を促進する何らかの補助が行われていた。それはF.ゼーヴィが指摘するように[13]、テリトリウムの別荘に多くの第二様式の壁画が残され

ているからである。ただし、やはりそれら装飾のほとんどは植民市化の初期段階とするには新しすぎるのであるが。

　植民地化以降の時代において、ポンペイの住宅建築共通の特徴的な流れを読み取ることは簡単ではない。理由の一つにこの時代に属する壁画がまったく存在しないことがある。贅沢趣味が減退したという明確な兆候はまったくない。「ファウヌスの家」などのような古くからの大邸宅ではその格式と調度品は保たれていたし、「メナンドロスの家」やその近所の「クラフトマン（職人）の家」（I.10.4と7）など、もとは2軒であった住宅をつなげることにより、あらたなダブル・アトリウム住宅がつくり出されていたのである(14)。そこにはペリスタイルとそれに向かって開くタブリヌム、そして庭に面して並ぶ部屋をもつ建物へ向かう連続した流れがある。「クリプトポーティコ（半地下柱廊）の家」と「イーリアスの神殿の家」が合併して（後に再分割されたが）でき上がった住居では、背後に向かって急傾斜している土地の上に建ち、家主はペリスタイルの周りにクリプトポーティコという家の呼び名にも由来する半地下の廊下をもつことで床を二重にできるという点を利用して、涼しい日陰の屋根付きの周歩廊を地下につくり出した。

　この時期の重要な発展は家庭用の浴室であり、前1世紀の半ば以降、その実例は徐々に常態化してゆく。浴室はモザイク床や壁画、漆喰仕上げの天井によって豪華に飾られることが多くなり、まるで富を誇示しているかのようである。彼らは燃料や水の安定した供給が保証されており、炉に燃料をくべたり、あらゆる貯水槽や水盤を水で満たすなど、浴室にかかわる労働を支えていたのは奴隷であったに違いない。熱はハイポコーストだけでなく、テグラエ・マムマ

タエ(乳首状突起のついたタイル)と呼ばれる壁のなかに空洞をつくり出す特殊なタイルの使用によっても伝えられた。床下を循環する熱気が壁中の空洞を上ることによって、はるかに効果的に室内を暖めたのである。「メナンドロスの家」や「半地下回廊の家」など、いくつかの家では、パン焼き窯を兼ねた典型的なドーム屋根付きのオーブン型の地下炉を熱源としている。自前のパン工房をもてるほどの財力が、普通にパン屋でパンを買っていただろう同時代のほとんどの住民とはかけ離れたものであったことをつけ加えておく。

　複雑化していく住宅内の部屋の配置に関係して、もっとも興味深い工夫は大きな食堂、あるいは客間とそれに向かって大きく開口を開く小さな脇室の組合わせである。その脇室に付随して、ベッドやカウチとして特別にデザインされた凹部をもつことから、サテライト・ルームともいえる脇室は明らかに寝室、あるいは休息室であったと考えて良い。この一続きの部屋はペリスタイルや列柱廊に面していることが多く、特筆すべき実例は「迷宮の家」のペリスタイルの奥にある部屋の3面を列柱が巡る巨大な接客室である。古代ローマの建築著述家のヴィトルヴィウスがコリント式のオエクス[15]と記述したもので、両側面に脇室があり、さらにその脇室の奥にシングルベッド分のアルコーヴ(部屋に付随する凹所)が付随している。他のパターンとしては、たとえば「秘儀荘」にあるのは奥の深い食堂に一つの部屋が取りつくもので、その部屋には奥と脇に一つずつ一対のアルコーブが付随している例である。その2部屋はまさに対となっていて、とくに小さい方は単なる寝所ではなく一種の応接間、あるいは執務の間であり、家主あるいは賓客が食後にじっくり家業を差配するために引きこもる場所であったのであろう[16]。

構造について目を向けてみると、一般的な構法はモルタル塗りの乱石積みを基本としていた。植民市時代初期の疑似網目積みは、まれに異なる素材を用いることはあるが、主にヌケリア産の凝灰岩の石片を使うことによって正真正銘の網目積み（オプス・レティクラトゥム）へと急速に進化した（口絵7）。これらの石片は壁表面に正方形の網目模様を形づくるが、実際にはピラミッド型石片の底面が表面に見えていて、頂点が内部のモルタルセメントの芯部にくい込むことによって固めているのである（図25上）。ヌケリア産凝灰岩は他の一般的に使われている石材に比べて、より精密に削ることができ形状やサイズを規格化しやすく、最高に仕上がった壁面は美しいぐらいに均一化している。サルノ石に加えて、同じ形をした凝灰岩はまるで現代住宅の形・大きさのそろったレンガのように、小規模建築用のブロックとして連続壁面に帯状のつなぎとして積まれたり（オプス・ヴィッタートゥム）、また窓や扉のフレームなどの一般的な用途にも使われ、そこでは乱石積みや網目積みの壁表面に凸凹の刃のようにくい込んで枠を固めている。

　新しい素材のなかでは、カンピ・フリグレイ産の黄色凝灰岩についてはすでに触れた。より重要なのは焼成粘土板であり、レンガやタイルのような形をしている。この強くて耐火性の素材は前1世紀には構造材として徐々に広がっていった。すでに記したように植民市化時代の建物ではヴィッタートゥムのように最初は主に角部に使われたが、一方でバジリカに見られるように前2世紀後半からすでに見られる別の用途、すなわち柱材としても使われた。すそ広がりのくさび形の形をしたレンガを円形に並べ層状に積むことにより円柱状の構築物をつくり出し、大理石に見せかけるために表面に漆喰

ローマ植民都市時代

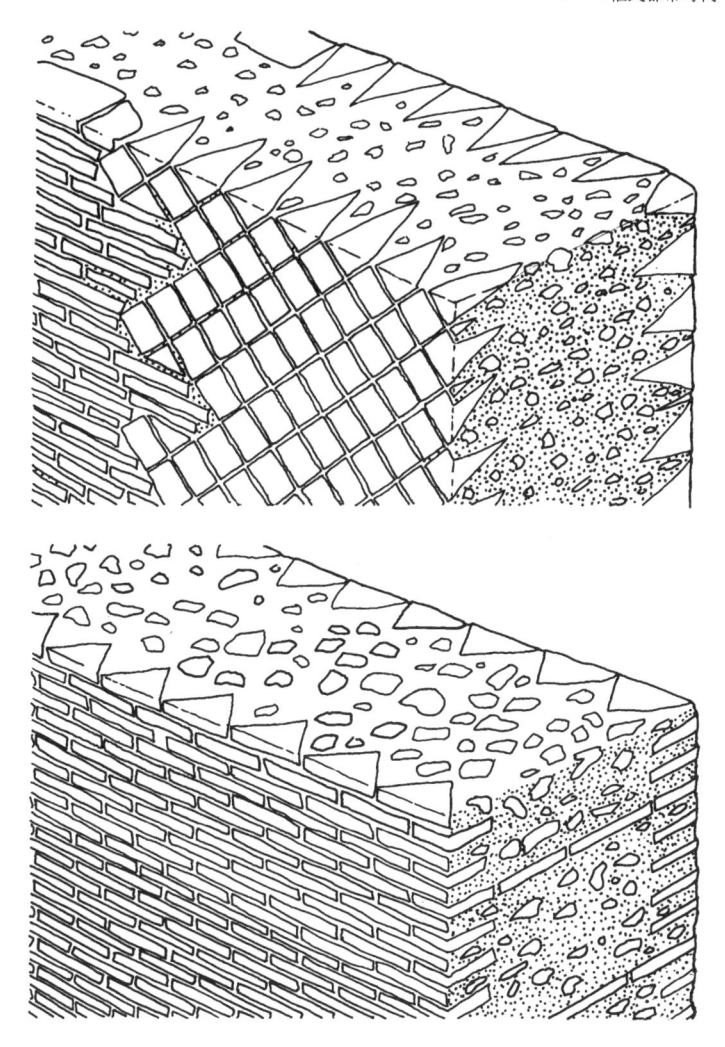

図25 オプス・レティクラトゥム(上)とレンガ積み(下)の構造の図解 (図・出典: H. and R. Leacroft, The Buildings of Ancient Rome (1969), fig. 10)

を塗る（図26、口絵 2 ）。その結果として、古くは苦心して石のドラム（円筒形の部材）を削り出し、精密に接合して積み上げる技法に取って代わって、多数のペリスタイルをつくるのによく適合した非常に早くて安い方法が使われた。それはまさにこの時代に求められたものでもあった。

　古代ローマのレンガは現代のものと比べて薄く、壁の心材であるモルタルセメントにその角をくい込ませるために（網目積みのピラミッド型と同じように）、ふつう三角形の形をしている（図25下）。最初は屋根用の正方形タイルを対角線にそって切ることによってつくり出していたが、そのずっと以前から壁用レンガとして特注されたものもあった（正方形タイルを対角線に切って三角形にするものよりはずいぶん数は少ないが）。それは石を削り出してつくる技法に比べて安上がりで、たまにしか見かけられない網目積みの表面仕上げより高価ではなく、乱石積みよりはいぜんとして高価ではあった。ほとんどのタイルやレンガは間違いなく近隣の地域で生産されていただろうが、あるものは北部カンパニアを含むはるか遠くの工房から輸入されている。

　前 1 世紀のうちに発展のテンポを増した技術はヴォールト（アーチ）天井構造である。コンクリート製のヴォールトはローマが古代建築に対して残した主たる貢献の一つである。最初は倉庫や他の実用本位の建物のために前 2 世紀に考案され、平天井では不可能な長い梁間の内部空間を覆うことを可能にした。単に強いというほかに、木製の天井より耐湿性が高く、結果としてより長持ちであるという利点によって好んで浴場に用いられた。スタビアやフォーラム浴場などの公共浴場に最初のヴォールト構造が登場したのはいうまでも

ローマ植民都市時代

図26 体育場にあるレンガ造の円柱のディテール（紀元前1世紀末期または紀元1世紀初期。写真：J.B. Ward-Perkins）

ない。ここから一般建築へと広がり、「秘儀荘」や「半地下回廊の家」などの半地下や下部構造として使われてゆく。

　カーブする天井面に対する美意識は次第にコンクリートに代わって単なる飾りとして別の素材で表現されるようになり、個人の浴室ユニットやベッドルームのアルコーブではツルや小舞を下面に取りつけた木枠を漆喰塗で仕上げることにより曲面をつくり出す、いわゆる釣りヴォールト天井が見受けられる。この場合のヴォールト天井は普通は完全な半円ではなく、浴室や半地下回廊では樽型ヴォールトとなっているように、緩いカーブを描いている。こうした弓形ヴォールトは、接客室、食堂、あるいは平天井と組み合わせて、部屋の一部、たとえばカウチを置く場所などを他の部分に対して差別化、演出ためにダイナミックなリズムをつくり出すなど、帝政期に徐々に一般的になってゆく。

　初期の植民市時代には、すでにほのめかしたように、ポンペイ周辺の田園地帯には多くの別荘の建設や改修が見られる。そのうちの一つ「秘儀荘」は、もっとも重要と思われる部屋に描かれた壁画上の印象的な場面から名づけられ、比較的都市に近く前89年の包囲戦によって被った被害のために大規模改修が必要だったのかもしれないのだが、いずれにせよ、ほとんどの絵画装飾がその割付け方によって年代判定でき、おそらくすべてが植民地化後20年から30年のうちに制作されている。その他年代のわかる別荘としては、ポンペイよりはるか北、ボスコレアーレにあるP.ファンニウス・シニストルというありきたりの名前のついたもので、その装飾は「秘儀荘」の少し後になる。西の方に目を転ずると、「ポッパエイ荘」と呼ばれ、オプロンティス（現在のトーレ・アヌンツィアータ）の海を見

下ろす、ボスコレアーレとまったく同時代の装飾をもつ壮麗な別荘がある。そのほかにも巨大かつ上品な別荘がポンペイの北部や東部のさまざまな場所で発掘されている。それらのほとんどは農作業場を備え、ワインの生産と保管のための圧搾器や醸造桶などを据える大空間があり、ワインは農場主の収入を支える重要な役割を果たしていた。

　これらの別荘は、これまで解説してきた都市住宅とは異なり、外向きに開く傾向がある。「ディオメデス荘」や「秘儀荘」を含めたいくつかの別荘は内陸側に入り口をもち、背後には人工の土台の上に広いテラスがあり、住人は展望室や周歩廊から海岸や海の景色を楽しんだことであろう。ある場合には部屋の配置は、ペリスタイルをアトリウムの後ではなく前に置くというヴィトルヴィウスが示した郊外別荘の規範に従う。この規則は「秘儀荘」にも適用され、農作業用の部屋、倉庫が陸地側からアクセスしやすいように正面の部分を占め（しかも、所有者にとって農業生産品がいかに大切であったかを示している）、次にペリスタイル、そして美しく装飾されたさまざまな部屋の集合体に取り囲まれたアトリウム、タブリヌムが背後に控える。ここではアトリウムは訪問者を最初に迎える場所ではなく、住宅全体のなかでビジネスや接客など社会生活のための空間の中核を構成しており、美しい自然環境のなかで余暇を楽しむため分離された空間の中心でもある。

　伝統的な都市住宅が内向きであったことは、都市という環境から考えれば当然の帰結であった。一部にはセキュリティや街路の騒音の問題もあるだろうが、都市住民たちは少なくとも一階の外壁には小さな窓しかつくろうとせず、採光はアトリウムやペリスタイルな

どの内部の露天空間から得ていた。上階が増築されるようになって、それ以降、何かが徐々に変りはじめたのである。新しい上階の部屋は階下の喧騒（あるいは盗難の危険）を和らげるのに十分な距離を有し、ときには街路を見下ろす大きな窓がつくられることもあった。郊外では、もちろんそのような制約は存在しないから、別荘の周りの空間やナポリ湾のパノラマを堪能できるという誘惑が建築の外向化をより促進したのである。さらに、前1世紀が進むにつれ都市住宅に眺めの良さが要求されるようになっていく。都市城壁の本来の機能が徐々に失われていくなかで、住宅の建設が西部や南部の防衛線を越え、段々に増設されるテラスによって斜面上を下りながら展開していった。都市内部からはほとんど目立たないが、これらの都市内「別荘」の海側には海岸に面して大きな窓をもつことのできる部屋が2、3層に分かれて集積しているのである。たとえば「M.ファビウス・ルーカスの家」と呼ばれる住宅では、「ファウヌスの家」にもけっして劣らない外見をつくり出している。都市の西部に起こったこうした展開の始まりは、第二様式のモザイクや壁画によって前1世紀の半ばと推定されるが、とくに南部の防衛線上に展開する住宅には第三様式の作品例も見られ、この傾向は後の時代にも継続したことがわかる。

　ここでは内部装飾について触れて締めくくりとしたい。第二様式は床から壁面へ装飾対象が変化したことに大きな意義がある。もちろんモザイク画は主要な部屋の床には使われ続けるが、徐々に抽象的なパターンが用いられる傾向が強まってゆく。最初は白黒のテッセラを並べたなかに規則的に色つきの石片を置いたモチーフが好まれたが、後に白黒を基調とした幾何学的なモザイクへ変る。この床

装飾の簡素化は壁画の複雑化の対極にあるもので、むしろ一体として扱われる傾向にある。われわれはこの壁画を「奥に建築があるかのような錯覚」を生み出す表現として説明してきたが、そこに描き出された構築物が、実際の建築の様子やとくにその豊かさをそのイマジネーションのなかで説明しているとはいい難い。陰影を施し、透視法を用いて遠近感を加えることによって、前1世紀半ばの画家たちは壁の存在を消し、近景に円柱列、中景には彩色の石積み壁、そして遠景には再びやや霞んだ列柱というように、さまざまな面をつくり出したのである（口絵 6）。描かれた建築は建築可能なまでに内部空間を感じさせるものではあるが、一方で実際の建築がそこまで壮麗に装飾されていたかは疑問である、なぜならこれらの構造は、ペディメント（三角破風）の中央部を取り去ったもの、連続円柱に架けられたアーチ、列柱廊の正面に取りついた独立円柱など、あくまでも伝統的な建築言語を表現したものに過ぎない。アラバスター（雪花石膏）や斑岩、金箔が貼られたり宝石の象眼されたエキゾチックな大理石レリーフなど、多彩な建築素材は当時の建造物のあり方をはるかに越えている。これらの装飾は東方世界の想像上の宮殿や神殿がもつ贅沢さを喚起させるものであり、それは住宅内部に壮麗かつ秘密めいた豪華さを与えるのである。あるいは多くの空想上の建築にギリシア劇の仮面が描き込まれていることにギリシア演劇の背景からの影響を見てとれるかもしれない。ヴィトルヴィウスは絵画が「エクセドラなどのように公共の空間にある場合には悲喜劇あるいはサテュロス的演劇の舞台」を再現するものであったことを伝えている[17]。

　もちろん、こうした絵画はポンペイで考案されたものではない。

それらはヘレニズム時代の王たちに倣った生活様式を、さらに洗練させたいという強い想いを抱いてきた古代ローマの支配者たちの住宅や別荘から完成品として輸入されたものだ。後の多くの流行が示すように、それは地方の貴族階級にとっては、多くのレパートリーの一つに過ぎなくなっていく。とくにポンペイの墓では、そのいくつもの焼き直しのバージョンが特徴的である。当時のイタリア・ローマ社会の上流階級に何が起こっていたのかを知るうえで、これらは重要な情報を与えてくれる。この点においては、それまでには一般建築においては見られなかった「トロンプ＝ルイユ」という技法を使って建築を表現することを開始し、次の時代ポンペイに登場するさまざまな実例に見られるように、よりカラフルで革新的な構図へと進化させていったのである。

第4章

初期帝政期

　ポンペイがスッラによって植民市化されて以降、半世紀間はちょうどローマ共和制期の最後に対応する。ローマの権力が地中海のほぼ全域まで拡大するにつれ生じたさまざまな社会的・経済的そして支配上の問題は、同盟市戦争を引き起こし、前31年にアクティウムの戦いでオクタヴィアヌスがアントニウスを破るまでは解決されなかった。前27年にアウグストゥスの称号を得たオクタヴィアヌスは要となる最前線に恒常的に軍隊を駐留させ、長期間にわたって機能する専門官による管理組織にもとづく新たな秩序を打ち立てようとした。表立って専制政治を覚られぬよう細心の注意を払いながら、組織的にはお決まりの手続きのなかで、それでもなお彼はあくまでも個人として第一市民あるいはプリンケプス、一種のオーウェル的な「同輩中の筆頭」という立場を固持したが、これは逆に後14年の彼の死までに、ローマ社会がもう後戻りできないほど確実に君主制へと変質していたことを意味する。彼の後を引き継いだのは妻の連れ子であるティベリウスであり、最初の帝国王朝（ユリウス-クラウディウス朝）を出現させたのである。

　アウグストゥスの統治は、伝統的な宗教的・道徳的価値観の再構築のような観念的な政策を進めることによって安定した平和な時代

をもたらした。ポンペイにおいても、他の数百のコミュニティと同様に、支配的立場にいた地方市民はその新しい支配体制にただちに賛意を示し、ある場合には自らの立場を守るため、皇帝自身を讃えたり、皇帝の理想を推し進めるような建設プロジェクトのスポンサーになることもあった。その良い例は、皇帝あるいは皇帝の守護神を中心として発達したさまざまな信仰の一つであるフォルトゥーナ・アウグスタ神の神殿への奉献文に見られる、前1世紀の最後の数十年間を任期とする行政長官M.トゥリリスの選挙である。トゥリリスは皇帝から名誉を与えられ、神殿建築そのものが彼の忠誠心の表明となっている。さらに中央広場から二筋北にいった交通量の多い交差点という位置は、その信仰を広め、また彼の気前の良さと寄贈者としての政治的な配慮を示すには格好の場所であった。神殿が建つ土地はトゥリリスの私有地の一部であったが、彼はその環境をうまく利用できて幸運であった[1]。

　アウグストゥス帝時代の有力市民として、ほかにM.ホルコニウス・ルーフスがいる。彼は地方政治のなかでさまざまな場面であらゆる主要なポストを占め、トゥリリス同様、皇帝崇拝の敬けんな信者として振る舞い、皇帝によって名誉軍団司令官の称号を与えられている（図27）。彼もまた活発に造営活動を行った。彼が3度目の二人官（都市の執政官の公職）であった前2年よりそうさかのぼることはない時期、あるいは4度目の任期内のある年に彼ともう一人の二人官であるC.エグナティウス・ポストゥムスとともにアポロの神域に壁を建て、隣接する住宅への窓からの採光を遮断している。その聖域で見つかった碑文には、関係する住宅所有者に対して支払われた賠償金が記録されている[2]。強い軸線性と列柱廊を巡らせた

初期帝政期

図27 スタビア浴場の外の道にあるM.ホルコニウス・ルーフスの彫像(軍団司令官の地位を表現するために軍服を纏っている。高さ2.02m。Naples Museum6233。写真：Ward-Perkins collection)

中庭をもつ聖域の中心部は前2世紀にさかのぼると考えられてきたが、最近の試掘によれば前1世紀後半の建築活動を示す証拠が発見されている[3]。近隣の敷地に影響を及ぼしたその壁は明らかに中心部の西側の境界線上にあり、全体から見ても重要な部分であることから、ホルコニウスと同僚は大規模な再建と拡張の責任者であり、その結果、西側に走る古い道路がほとんどなくなってしまうほどであった。いずれにせよ彼らのアポロ信仰に対する関心は、アポロがアウグストゥスの守護神であったことと無関係ではあるまい。指導者が好む神への関心を高めることによって新しい体制への忠誠を示すことは当然であろう。

　アウグストゥス帝時代の特筆すべき寄進者は、ほかにゲニウス・アウグストゥスの聖域に身を捧げた巫女マンミアがいる[4]。彼女の献身について記録した碑文の由来は明らかではないが、ヴェスパシウスの神殿と呼ばれる中央広場の東面の建物の一つと関連すると見るのが妥当であろう（図28）。もしこの碑文が正しいとすれば、マンミアは問題の土地を所有していた（あるいは購入した）ことになる。というのは、M.トゥリリスと同じく、彼女はその神殿が彼女の資金によって建てられたというだけでなく、彼女の土地の上に建てられたからである。アウグストゥス帝時代という建設の時期については、その神殿の正面に立つ祭壇のレリーフが示す図案もそれを示している（図44）[5]。したがってわれわれは、広場の東面に見られる古い店舗や工房を巨大な複合公共建築物に置き換えるというモニュメンタルな再開発が、アウグストゥス帝時代に始まったと推測するのである。

　再びM.ホルコニウス・ルーフスの名が登場する場所がある。今

初期帝政期

図28 アウグストゥスの守護神を祀る神殿（伝承によるとヴェスパシウスの神殿と位置づけられる。内観。写真：R.J. Ling 113/8）

回は、皇帝崇拝と地方支配を結びつけたもう一人の主導的な人物で、大劇場の大規模改築を実行した彼の息子（あるいは弟）のホルコニウス・ケラーとともに登場する。彼らはクリプタ（おそらく観客席の最後部にある座席列を支える環状の廊下のこと）、トゥリブナリア（パロドイといわれるステージの前面に通じる側面の通路をまたぐボックス席）、そしてテアトルム（おそらく一般的な座席配置)[6]を寄進したとある。明らかにホルコニウスたちは観客席を拡張したり整備しただけではなく、トゥリブナリアを付加することで、観客席が舞台装置と分離しているヘレニズム的な形式から、二つの要素が一つの構築物のなかに統合されているような標準的なローマスタイルへの転換を完了させたのである。市民劇場に投資することは、

アウグストゥス帝の治世では広範囲に見られる文化的な現象であり、すでにローマでは皇帝自身がマルケウス劇場の献呈によってその先例を示している。

アウグストゥス帝時代については史料の限界もあり、これ以上の大規模建造物を具体的な寄進者と結びつけることはできないが、帝国のイデオロギーと一致するようなあるパターンを読み取ることはできる。それは大パレストラと呼ばれる円形闘技場の隣に位置する建物である（口絵8）。すでに記したように、これはアウグストゥスの政策の一部で、将来の規範となる市民であり、また彼の統治を支える人材でもある上流階級の若者によって編成された軍団のためのカンプス（演習場）であった。演習やその他の示威行為に使われなくなったとき、モニュメンタルなポルティカス（ポーティコ）、たとえば首都に皇帝がつくり出した（共和制の伝統からの連続性のなかではあるが）オクタヴィアのポルティカス、リヴィアのポルティカスのように、ギムナジウムあるいは都市住民のための単なる屋外遊園として開放されたのかもしれない。中央に水泳プールが設けられ、埋没時の状態から判断してほぼアウグストゥス帝時代に植えられたと思われるプラタナスの木があった。カンプスの重要性は、それ以前に存在していた直交街路ブロックのうちの六つを占有してつくられたことからもわかる。近年の発掘では、以前の土地所有とその収用を伝える痕跡が確認されている。カンプスの敷地として都市の東部が選ばれた理由の一つに、この区画が他に比べて人口密度が低かったことがあげられ、開発のコストやそれに伴う既存建物の破却の度合いは他の地域を選んだ場合よりは少なかったであろう。

ここまで取り上げてきた建物は地方側が主導権を握って建設され

初期帝政期

図29 スタビア通りとアボンダンツァ通りの交差点にある水道塔と公共泉水（Ⅰ.4 の北西角。写真：M.Thatcher（Ward-Perkins collection））

たものであったが、アウグストゥス帝時代の最後には、公共建築のあり方は中央政府からの投資に完全に依存していた。ポンペイはすでに共和制の終焉の前に公共水道がつくられていたが(7)、アウグストゥス政権の官僚であり、ミセヌムの艦隊を保守整備していたアグリッパによって設置された水道局が整備した、効率的で信頼性の高い設備に取って代わられていた。都市生活の質的向上のために新鮮な水の供給は計り知れないほど重要であった。また、その視覚的なインパクトは新しく登場した 2 種類の道路脇の構築物に見られる（図29）。それは連続する水道塔であり、ヴェスヴィウス門にある貯

97

水タンク（カステルム・アクアエ）からの流水の圧力を調節するためのものであった。もう一つは街角に設置された公共噴水で、自身の家に水道管が引かれていない付近のブロックの住人の水に対する要求に応えたものであった。水道は公共浴場を機能させるためにも改良された。後3年か4年のフォーラム浴場の新しい洗面盤の設置もその結果の一つである[8]。「マリーナ門」の外側の郊外浴場の建設も、この貢献の一つかもしれない。

　アウグストゥスの治世は、ポンペイの公共建築全体の歴史のなかではほんの最初の段階でしかないが、アウグストゥス帝に続く後継者たちのもとでの冒頭を飾る時代でもある。ときには、アウグストゥス帝時代あるいはユリウス-クラウディウス朝時代に属するか否か、判断が難しい場合もある。たとえば中央広場の東面にあるエウマキアによって寄進された建物は、ローマのアウグストゥスのフォーラムのアエネアスとロムルスの彫刻を備え、まさにアウグストゥス帝時代のプロパガンダに沿ったものであるが、エウマキアが自らと息子のM.ヌミストリウス・フロントの名を冠して建設し、コンコルディア・アウグスタ神とピエタス神に捧げられたとする奉献碑文はティベリウスの治世の初期がふさわしく、その協調（concord）と子から母親への献身（ピエタス）にもつながるその道徳性は、皇帝と彼の母親リヴィアとの間が親密な関係にあることがとくに強調された時期、おそらく後22〜24年の間と考えても良い。アウグストゥス帝後の時代は、19世紀の模写に見られる第三様式の壁画に描かれた建築の細部にうかがうことができる[9]。中央広場の北東の角に位置し、中央食料市場であったマケルムは正確な建設年代を特定できないが、その表現形式からユリウス-クラウディウス朝時代に属

することは間違いない。一般的にラレス信仰にかかわる神殿と呼ばれるが、ザンカーによって皇帝信仰の聖域の可能性を指摘されているその南側の建物はもっと後で、その都市の最後の数年間のうちに付加されたものと見られる[10]。

　したがって、中央広場周辺における記念建造物の整備は帝政期初期まで続いており、その他の建物、たとえばアポロの神域の北側の野菜市場や南辺の3棟の都市政庁などは、この時期に今残る形に整備されたと考えて良い。驚くべきことに、その整備が示す断片的かつ漸次的な特徴で、連続する建物正面は一直線上に並ばずに凸凹し、平面は微妙に軸線をずらしている。時々の有力な政務官がお互いに張りあって、この都市のもっとも重要な場所の都市景観に自らの足跡を残そうとした結果として、全体構想が個々の建物が示すイニシアチブの単なる一部に過ぎなくなってしまっているのである。

　やがて時代が流れるにつれ、この異種が混合した建築体を統合する力が働くことになる。前80年代の碑文によれば[11]、広場を巡る列柱廊を建設しようとする動きは以前からあったが、南端部から開始されたもののまったく進捗していなかった。帝政期に入って、もとの計画が火山性の凝灰岩で進められていたのを、高価な石灰岩で置き換えたうえ、その工事は一気に完成された（口絵9）。同様の高級化は広場の舗装にも施された。それにともなって記念像の設置が急増し、それまでは無計画なやり方で配置されていたのが、騎馬像は西側の列柱廊の前に、立像は東辺いっぱいに、また南面には記念像の一団の台座が左右対称に据えつけられた状態となった。とくに重要な人物、おそらくアウグストゥスや有力家系の一族の彫像が置かれた。そのなかでもザンカーは、北辺の中央軸に対応する台座

には皇帝崇拝のための祭壇が飾られたと考えるが[12]、あるいは皇帝のうちの一人の彫像の可能性もあろう。ユピテル神殿の両脇は記念門のためのスペースとして意識されたようであるが（図23、37参照）、後の時期、おそらく後23〜29年、右側の門はマケルムの前面の列柱廊をはっきり見せるため、より後退した位置に建てられたものに取って代わられた。その北方にある小さなアーチは、おそらくカリギュラ帝の治世（後37〜41年）のもので、メルクリウス通りの入り口に建設され、ティベリウス帝の門の奥の列柱廊付き街路のアイストップとして機能している。

中央広場や主要道路のモニュメンタル化は、帝政初期の諸都市に共通するトレンドに一致する。軸線性を有する中央広場の計画、列柱廊に規定される空間、高級な建築資材の使用など、すべてが新たな都市景観には欠かせないものだった。カエサルやアウグストゥスのフォーラムから始まり、それらは北部イタリアの新たな植民市や属州へ広がり、また既存の都市に対しても規範として受け止められた。

帝政初期のポンペイにおける一般建築の発展は、前の時代でもそうであったように、前2世紀あるいはそれ以前から続く住宅の構造的な変化のなかにその手がかりを読み取ることができる。後の改変によって関連する証拠が破壊されてしまうことによる厄介さはつきまとうのだが、やはり時代の区切りを示すのはそうした変化に関連する内部装飾の新しい流行である。アウグストゥス帝およびユリウス-クラウディウス朝時代には上階を増設する傾向を見出すことができる。上階への入り口が道路側に独立して設けられようが、1階の住宅内部に設けられようが、伝統的なアトリウム住宅における平

面構成や調度品の変化が、それぞれの部屋の社会的機能が変わっていく様子に何か反映されているかもしれないのである。

上階の付加は合理的に考えれば、人口の増加にともなってスペースが必要になった結果と考えて良い。すなわち、地上階に十分な部屋を取りきれずに、家主たちが上方向への増築に追い込まれたのである。アトリウム形式はけっして上方向への拡張に適してはいないのだが、それはアトリウム住宅の内部に集合住宅が組み込まれたことを意味する。彼らは地上階の屋根を低くしたり、アトリウムの屋根に高窓を設けたり、何とも不器用な妥協を繰り返し、常に断片的・漸次的な改築を行った。そんな場合は、家族が増えたためであるとか、とくに考えられるのは自由を獲得した奴隷の家族を住まわせるため、おそらく必要に迫られて仕方なくやったとしか見えない。同様の環境は当時の別の現象を説明するのにも役立つ。住宅の道路側の部屋を独立店舗に改築するのがそれである。これらの店舗が出入り口によってアトリウムとつながっている以上は、自由民あるいはその他の扶養家族を通じて、背後の住宅の家主によって経営されていたと考えて良いだろう。しかしその出入り口の封鎖は、同じ自由民であったとしても、彼らは土地の使用の対価を支払う独立経営者になったと見なせるだろう。

しかしながら、スペースを要求する圧力は都市全体で均一に現れたようには見えない。発掘成果から判断する限りでは、東方の地区では住宅の規模は抑えられたままか、あるいは縮小されている。カンプスの建設のために個人住宅が移転された可能性についてはすでに述べた。それにつけ加え、第Ⅱ区や第Ⅰ区東端の小「ホフマン型」住宅のいくつかは隣家に占有され、ワイン園や商業菜園とし

て住宅は撤去されている[13]。概して南東地区は緑地が拡張しているように見える。この傾向は、中央や西部地区あるいはアボンダンツァ通りなどの主要街路に沿った地区における空間の集約的な使用と関連しているかもしれない。おそらく何らかの理由で南東部においては、家主は住宅の処分に迫られ都市の中心商業地区へ移住したものと思われる。しかしその見方を検証するには、当時の社会的あるいは経済的な状況についてのわれわれの知識はまだ限られたものでしかなく、今後の課題として残しておくのが最良の選択だろう。

　アトリウム型住宅の平面構成や内部装飾についての主な変化は、アトリウム自身の役割の変化にともなうものである。指導的立場にあった代々の当主を誇示する場所であり、先祖崇拝やサルタティオとよばれる隷属平民がパトロン（庇護者）に対して行う朝の訪問儀式のような習慣に代表される、伝統的な中央接客空間は徐々に名目上の役割を失い、たとえばワイン用の皮袋から傍らの鉢に水を注ぎこむサテュロスのような彫刻や噴泉、大理石による装飾が導入されていく[14]。アトリウム自体が、家主が物質的な豊かさを示すショーのような場所に変わり始めており、多くは元来そのホール空間がもつ飾らない威厳さにはまったくそぐわないばかりか、カラフルでかつ快活でさえある。落ち着いた色と経済的な床装飾の伝統的なアトリウムをもつ「パクイウス・プロクルスの家」や「イノシシの家」でも単に幾何学的な文様だけでなく、図像を含めた目を引くような白黒のくっきりしたモザイクに置き換えられた（図30）。かつての文脈から考えると、その効果はギョッとするものだし、保守的な訪問者はショックさえ受けたであろう。

　アトリウムが見せびらかすように扱われるようになり、ペリスタ

初期帝政期

図30 P.パクイウス・プロクルスの家（Ⅰ.7.1）の内部（アトリウムにはモザイク床（紀元前1世紀末期または紀元1世紀初期）がある。このような派手な床装飾は、それまでずっと平穏なものだったこの空間と正反対のものである。写真：R.J. Ling 100/10）

イルからも見通せる接客空間がより重要視されることになる。アトリウムから見てタブリヌムや他の居室群を単に後ろに向けて配置するよりは、ペリスタイル側やさらにその背後の列柱廊から意図的に分離した特別の区画がつくられはじめた。この区画は、両側に左右対称の小室を従える巨大な祝祭用の居室や接客室を特徴づけている。J.-A.ディックマンによれば、その大居室は旧式のアトリウムの機能を代替したものであり、パトロネージの本質や住宅所有者の類型に微妙な変化が起こったことを示す、ともっともらしく説明される(15)。より私的な空間として、そして食堂での選ばれた訪問者だ

けに対する接客用空間として、大きく変質する社会のなかで庇護者とともにあったアトリウムの正式なる会見の場所としての意味は失われたのである。この変化は、旧式の家族制度の崩壊とともに、自力でのし上がってきた新しい階層が政治的に勢力を増してきたことと表裏一体であり、彼らにとって祖先を祭ることにこだわりもなく、アトリウムが担ってきた古い役割にもあまり意味はないのである。公式の訪問と相互の義務の履行を伴う伝統的な庇護者と隷属平民との関係にとらわれることなく、彼らは富裕者の郊外別荘での新たなライフスタイルを開拓していった。そこで贈り物を交換したり、晩餐会に招き合ったりすることで知遇を得て、やがて愛顧が求められ、「交友関係」の輪のなかに入っていったのである。もっとも晩餐会は、招待者がゲストに対していかに気前よく娯楽を与え、装飾品の豪華さをひけらかすためのものではあったが。

　この社会変化によって、ポンペイの家主たちの間に広まる郊外私有地の雰囲気を醸し出す傾向も説明できる。都市の文脈のなかに、縮小した形で別荘を何とかして再現したいという熱望は、けっして実物の別荘は所有できないが、より上を目指す新しい階層がもつ野心のまさに反映でもある[16]。別荘の模造であることを示すもっとも明らかなしるしは、彫刻や池泉で賑やかに飾られた観賞用庭園である。オプロンティスの壮麗な大邸宅のように本物の別荘には、木々に縁取られた巨大なプールや並木道の両脇に並ぶ実物大の彫刻などにスペースが割かれ、まさにベルサイユ宮殿やニンフェンブルグ宮殿の古代版である。ポンペイの都市部ではこれらが「安物」として再現された。「金箔のキューピットの家」や「ヴェッティの家」などのように比較的小さなペリスタイル庭園にさえ、低木や草花の

初期帝政期

図31 「D.オクタヴィウス・クアルティオの家」または「ロレイウス・ティブルティヌスの家」として知られる家（Ⅱ.2.2）の庭（装飾されたあずまやと泉水。写真：Alinari 43280）

中央に、彫刻群は小さなブロンズのキューピットたちの群れに縮小され、大理石の水盤や円柱、動物の小彫刻や円盤のつり下げ飾りなどすべてが配置された（図74）。一般的な水の演出は泉水が噴水窟のなかのステップ上を流れ落ちたり、イルカの口からふき出したり、水盤へ流れ込んだりといった具合である。「D.オクタヴィウス・クアルティオの家」は、一つか二つの貴重な例外として触れておかねばならない。そこでは、所々に橋が架けられた水路とパヴィリオン、

そして日陰の散策路に縁取られた景観をつくり出している（図31）。

われわれにとっては狭苦しくて分別のないように見える庭園であっても、それを手に入れるためには相当な経済的な投資が必要なのであり、当時の持ち主にとっては重要なステイタス・シンボルであった。そこには単なるブロンズや大理石の「芸術作品」を購入するためのコストだけではなく、たとえば噴水は常に水道管から水を吸い上げているのであり、まさに公共サービス機関に対して常にある種の恒常的な負担を強いるのである。個人で水道を引くのがいかに贅沢であったかは、いくつかの大邸宅でさえ個人用の水道が見当たらず、水道の建設以前からそうであったように、いぜんとして雨水に頼っていることからも明らかである。

鑑賞用庭園は、錯視の技法、とくに周壁の絵画やペリスタイルの列柱間の腰壁と低木が一般的に用いられるようになり、それらが大理石製の水盤に映し出される。小型の住宅での裏庭よりも少し大きいだけの限られたスペースが、この方法によって視覚的に広く格調高く見えるのである。ある場合には壁に風景画や港の絵が描き込まれたが、別荘のオーナーたち（前2世紀の初めの小プリニウスや実際に役割を終えた西部や南部の市壁を越えて「都市内別荘」をつくり出していった人々のように）が窓から楽しんだであろう本物の眺めの稚拙なまねごとに過ぎなかった。人気のある主題はパラデイソス、すなわちエキゾチックな動物たちが棲む風景（口絵10）で、明確に引用しているのはヘレニズム時代の王たちの領地を象徴するようなサファリパークのイメージであり、それを古代ローマ時代のイタリア半島における別荘の庭園を使って模倣しているのである。これらすべてには、ポンペイの住宅所有者たちに、実際にはけっして

初期帝政期

図32 アウグストゥスの守護神を祀る神殿のレンガ仕上げが施された壁（大理石の化粧張りで装飾するために下塗りされたモルタルが残っている。写真：R.J. Ling 68/7A)

実現することのない贅沢で特権的な文化を共有しようとする意識が読み取れる。庭園とその飾りつけは常にデザインされ、そして最高の効果が得られることが意識された。接客室はそれ自体の内部を見せるように、広い間口の扉が取りつけられた。とくに目を引く要素として、たとえば噴水が食堂の貴賓席からも住宅の玄関からも、計画的に視線の先にくるように設置された（図63）。

　建築材や技術の点でも、帝政初期は住宅や庭園の飾りつけと同様により高価で見栄えの良いものが選ばれる傾向が認められる。円柱やドア枠だけではなく、レンガによる外装はより一般的になり、ときにはゲニウス・アウグストゥス神殿（図32）やファーラム北側の

記念門（図23）のように正面全体がレンガで仕上げられることもあった。さらに重要なのは大理石の薄板の使用である。前1世紀中のピサの北にあるルーニの採石場の操業開始は、それまでエーゲ海からの輸入に頼っていた緻密な白大理石がイタリア半島内で容易に手に入るようになったことを意味する。このことがローマ建築の歴史を変えたといってもよい。アウグストゥス自身が日干しレンガから大理石の都市へと変貌させたと自慢しているのは、いささか誇張気味ではあるにしても、より威信を示す必要のある建物の列柱やエンタブレチュアが大理石（石灰岩ではなく）によってつくられ、少なくとも主要な壁には銘板とともに大理石の薄板が張られた。スケールは小さいが、同様のことがイタリア半島や西方の属州の諸都市において寄進者により実行された。ポンペイにおいては、ゲニウス・アウグストゥス神殿のレンガ壁は大理石のコーティングによって隠され[17]、アウグストゥスの祭壇（図44）のレリーフが同じ大理石板に刻まれた。こうした大理石供給の安定化が、ポンペイにおいても住宅や庭園での大理石製の小彫刻の急激な普及もうまく説明してくれる。

　帝政初期には単に白だけでなく色つきの大理石も使用が始まった。アウグストゥス帝の勝利によって安定した状況がもたらされ、彼の改革によって生まれた中央官僚支配によって、地中海地域のあらゆる場所からもち込まれたエキゾチックな素材の流通が促されたのである。皇帝のための建設事業に色とりどりの大理石を使いたいという欲求が、ティベリウス帝の頃には多数の中央政府直轄の採石場を生み出した。さらにそのような素材の使用が皇帝用だけではなく、一般建築や公共建築用としても帝国全体へ広がっていくのを止

めることはできなかった。チュニジアのシャムトウ産の黄色やピンクのジャロ・アンティコ石、小アジアのドキミウム産の紫の縞状のパヴォナツェット石、また同じ小アジアのテオス産の紫、黒そして白色のアフリカーノ石、そして有名なエジプトのモンス・ポルフィリテス（ジェベル・ドカーン）産の赤紫色の斑岩、これらのほかにも多くの石材がポンペイにもち込まれた。今もその証拠の多くが舗床に残されている。好まれた技法は色つき大理石の小片をモルタルやモザイクの床の表面に撒き散らしたように配置するもので、その多くは明らかに公共建築の壁の表装パネル用に切り出した後の残片であった。しかし、時間が経つにつれ、エンブレマータと呼ばれる縁取りの部分、あるいは床面全体をさまざまな色の石片を丹念に切り取り幾何学模様に組み合わせた床張りの方法が増えていく。この「セクタイル（sectile）」法と呼ばれる技法は、やがて贅沢さの象徴となり、主に公共建築に限って使われるようになった。個人の住宅や別荘で使われた場合でも、その一般的な役割は主要接客室の特権性を高めることであった。

　帝政初期においては、いわゆる死者のための建築がよりモニュメンタル化されることによって、さらに発展を遂げた。ギリシアやローマ都市と同様に、ポンペイでも墓地は門外に広がっていた[18]。発掘されているもののなかでは北西の門の外側の墓群、これらはヘルクラネウム通りに沿って並ぶのだが、その道路は別名ヴィア・デイ・セポルクリ（墓地通り）とも呼ばれる。また、ヌケリア門の外側にも城壁に並行して走る道沿いに墓が並ぶ。ヴェスヴィウス門の外側にもいくつかの墓が発見されているし、ノーラやスアビアエ門の外にも確認されているが、ここでは墓地のなかのいくつかにしか、

まだ発掘の手がつけられていない。

ローマ植民都市化以前は、遺体は石製あるいは素焼きのタイル製の櫃に納められるか、または単に土中に埋められるなど、埋葬は比較的簡素であった。植民者の登場によって、いわば葬祭が死者を処理する普通の方法になり、モニュメンタルな墓が建設され始めた。碑文には、前を通過する人にこれ見よがしに物故者の名前が刻まれていたが、多くの場合は喧伝というほどのものではなく、単なる墓の主を示しているに過ぎなかった。もっとも古いものとして知られるモニュメントの一つで、これにぴったりの例はヘルクラネウム門の外側にあるM.ポルキウスの墓であり、ポルキウスは植民都市の指導者の一人と見られ、小劇場と円形闘技場の建設者に名を連ねている。もう一つはガルランドの墓で、外周壁の装飾に由来する名である（これがその墓の主の名前か否かは不明）。

最初の墓建設のブームが訪れたのはアウグストゥス帝時代に間違いなく、今も残る碑文によれば、この時代の注目すべき特徴は有力な市民には都市政府自体が公有地から埋葬のための用地を譲渡している点である。われわれはその実態を詳しく知ることができる。それは問題の土地の多くがポメリウムと呼ばれる城壁のすぐ外側の幅30.5m（100ローマ・フィート）の帯状の土地に位置し[19]、この地域の発掘がもっとも完全に終了しているからである。そこには法律によっても規定された伝統、すなわちローマ都市のポメリウムに墓を建ててはならないという決まりがあったが、ポンペイにおいては、地方参事会がその都市にとくに顕著な貢献をした人々を讃えるモニュメントのためのスペースとして使おうとするなど、この禁忌は共和制後期には弱まってしまった。そうしたモニュメントの集合体が、

ヘルクラネウム、ノーラ、スタビアエの各市門の外側に現れたのである。

これらの記念碑のなかで、スコラと呼ばれる半円形のベンチをもつポンペイ独特の形式があり、アウグストゥスやティベリウス帝時代とはまったく相いれない特徴である。火山性の凝灰岩から削り出したもので、両端には翼獣の足を模った肘掛けがつき、ローマ市民化を記念した細かな経緯を示す碑文を飾りつけている。それは近代における寄贈ベンチをさらに入念に仕上げたようなもので、個人の名誉を讃えることと公共への福祉の二重の目的をもっていた。ゲニウス・アウグストゥス神殿の建設者であるマンミアによる寄贈と布告されたスコラ（図33）は、ヘルクラネウム門の外側にある一対の一方で、現在の観光客にも休憩場所を提供し続けている。ゲーテを含む数多くの著名な観光客は、そこに座してソレント半島の眺めを堪能した。フォルトゥーナ・アウグスタの神殿の建設者であるM.トゥリリスがスアビアエ門外に同様のベンチを寄贈している。そうしたスコラが常に墓としての役割を果たしたか否かは定かではないが、死者がベンチに囲まれた半円形のスペースのなかに埋葬されているかもしれないし、あるいはその背後の円柱や彫刻の下かもしれないが、ある場合には記念物はどこか別の場所に埋葬された人物の単なる記念碑であったようだ。

その墓地が都市政府によって与えられたものにせよ、自身があるいは残された親族が購入したものにせよ、残存する墓を見る限りでは、それらは多数の主要建築形式に何らかの原形を求めようとしている。より共通する形式のなかに祭壇式の墓がある。そこでは、モニュメント風の祭壇の形をした構造物が高い基壇の上に載ってい

図33　墓場の道にあるマンミアのスコラ（紀元1世紀初期。後方にはイスタキディの霊廟と呼ばれるそれより後につくられた記念碑の3本の円柱が復元されている。写真：German Archaeological Institute Rome 77.2170）

る。その祭壇が中空でなければその下の地面が埋葬の場所であろうし、そうでない場合には内部の石室（一般的には側面、あるいは明らかに数は少ないが背面にある扉から入る）に骨壺をおさめる壁龕をもつ。それぞれの壁龕には家主の家族や庇護民たちが葬られた。より意欲的なものに二階建てのモニュメントがある。そこでは、高い基壇が、それが埋葬用の石室をもつ場合ともたない場合があるが、

上部の円柱付き構築物や円形構築物を支える。別の形式では、中央のアーチ付きの深い凹部が基壇部を際立たせている。現在知りうる墓のなかでも最大のものはエウマキアの墓である。彼女の名前を冠した中央広場周辺の建物を見れば、その際の出費の巨額さは容易に想像できるが、彼女は広々としたテラスの上に建てられたアプス（半円形に張り出した部分）を前面にもつ墓に眠っている。その前面は円柱と彫像を収める壁龕とが交互に配され、記念噴水付きの建造物と似たような効果を生み出している。

　ほとんどの場合、今まで取り上げてきた記念墓は独立の構造物であるが、ある場合には併設されたもの、たとえば側面が接していたり、壁に囲まれているものもあり、そこでは後に追加された埋葬者は地中に葬られた。ある家族は単に周壁があるだけの墓地を選んでおり、そこでは高級に見せるため正面壁の上に三角破風を載せているものの、建築的には平凡な仕上がりである。地下に埋葬された場合には、サルノ川流域に特徴的な肩と頭部のように見えるひょうたん型の墓石を用いて、その場所を示した（図34）。もしかすると、それに名前を刻むことで、死者の魂がその石版に封じ込められると考えたのかもしれない。

　埋葬にかかわる建造物が豪華であるかそうでないかは、本質的にはその一族の名によるものだが、そうした豪華な墓を建てるだけの財力のある一族すべてがそれを選択したわけではない。とくに新興の有力一族はこうした選択をせずに、より効果的で目立つ追悼の方法として中央広場での彫像に目をつけた[20]。大規模な墓の主のあるものは地方の上流社会には属さず、しきりに自らの成功をひけらかすような裕福な自由人と見られる。貧しい一族は、いうまでもな

図34　縦長の半身形をした墓石（L.バルビディウス・コムニスの墓地（ヌケリア門の外の共同墓地）。写真：Ward-Perkins collection）

く、たとえば小型の壁龕付きの墓碑のように簡素なモニュメントによって葬るしかなかった。奴隷やその他の庇護民は主人やパトロンによって設けられた共同墓室や墓地に最後の居場所を求めた。死後埋葬のための費用を負担してくれるような家族のいない人々のために、都市政府は共同墓地も設けた。その一つがノーラ門の外側にあることが知られているが、それは同じポメリウム内の「偉人や善人」のための記念碑の傍らにあり、皮肉にもまったく別の形でポメリウムを占有しているのだ[21]。

　後期の埋葬建築の特徴の一つに、墓であることをこれ見よがしに示す傾向が強まることがあげられる。ポンペイの新興富裕層、いわゆるニュー・リッチたちが自宅を噴水やモザイク、庭園彫刻で飾っ

たように、同じ人々が自らの墓を絵画やレリーフで飾りつけたのである。そうした問題の記念物の多くは、その都市の最後の数年間に属すため次章で扱うべきだが、いくつかの点はここで触れておいた方が都合が良い。典型的な例はネイヴォレイア・テュケーによって墓地通りに建てられた記念物で、彼女自身あるいは彼女の夫である有力な自由人でありアウグスターリス（皇帝崇拝を信奉する団体の一員）でもあるC.ムナティウス・ファウストゥスのためのものである。頂部の祭壇は長い追悼文と中段の深い浮彫りの双方によってファウストゥスの貢献と名誉を記念している。碑文の下方にファウストゥスが購入した小麦などの穀物の分配を受け取る男女・子供の姿が見え（図35）、左方には二連の記念劇場席（ビセリウム）の象徴があり、その図案がわれわれに伝えるのは、その席は参事会が彼の惜しみない公共への貢献を認めて与えたものだということである。右側には一艘の船のレリーフがあり、間違いなく海上交易によってファウストゥスに富がもたらされたことを象徴している。同様の記念物が、別の自由人でアウグスターリスであり、やはりビセリウムの称号を得たC.カルベンティウス・クイエトゥスを讃えている。ここでは、そのビセリウムは祭壇の正面に描かれ、側面には敬けんな皇帝崇拝者としてのクイエトゥスにかかわる花環が飾られている。

こうしたすべての絵画や彫刻による描写が強調するものは、そこに記念されている人物の人生であり業績なのであり、現在のわれわれが期待するような精神的な背景は何も存在しない。N.フェスティウス・アンピリアトゥスの墓と思われる別の例では、墓を飾る漆喰レリーフが剣闘士たちのショーでの出し物を記念しており、被葬者はそのスポンサーであった[22]。執務室で命を落としたと思われる

図35 墓場通りにあるネイヴォレイア・テュケーの墓の頂にある祭壇に施されたレリーフのディテール（奉納の碑文の上にある半身像はネイヴォレイア・テュケーの夫、C.ムナティウス・ファウストゥスと思われる。下には行列をなしている男女そして子供のバスケットに、奴隷が穀物または小麦粉を入れているシーンが描かれている。これは紀元60年頃にファウストゥスが行った施しのことだと考えられる。写真：German Archaeological Institute Rome 77.2085）

若き造営官C.ヴェストリウス・プリスクスの記念碑では自宅の戸口に座り裁判を行うか、あるいは隷属平民に接見する様子、さらに酒宴で友人と接待する彼自身の絵が描かれている。さらには円形闘技

場で繰り広げられたショーの様子であるとか、家族用の銀器が描かれている（口絵11）[23]。プリスクスの墓では壁画は石室の中で外からは見ることができない。一般の通行者は外周壁の角の小塔や頂部祭壇の型通りバッカス風の人物を描いた漆喰レリーフのみを眺めたことであろう。しかし、いかなる場合でも市民あるいはその家族の関心事は、明らかに自身の経歴と市民としての責任をいかに果たしたかであった。碑文は被葬者の名前、立場、名誉そしてときには個人の年齢（とくに若くして亡くなった場合には、実現していたであろう功績）、またときには墓を建立した未亡人や両親の名前もある。これらにはまったく宗教的な信心深さがなく、ポンペイ以外のローマ世界において時に出合う胸をつき刺すような墓碑文を暗示するようなものは多くはない。

　建築や建築的な外装から内部装飾へ目を向けてみると、アウグストゥスの治世には第二様式に見られる透視図的に表現される大建築から、上品に抑制の効いた第三様式へと変化したことを記さねばならない。列柱形式の構成の名残は引き続き壁の中央と上部に確認されるものの、それらはひょろ長のプロポーションに縮められており、その他は透視図法としては非合理的でないとするなら、おざなりとしかいいようがない（口絵12）。とくに目を引くのは中央のパヴィリオンすなわちイーディクラで、そこでは多色彩のエンタブラチャーを支える一対の円柱で、基本的には白色だが、若干のノド飾りや赤や青、紫の装飾模様に彩られている。この建物はそのヴォリュームから考えてまったくリアリティを感じられないため、この建物の描画は装飾の主要なモチーフのフレームの機能しか与えられておらず、全体が一枚のピクチャー・パネルとなっているのである。中央

の絵（口絵13）は多くの点で第三様式を定義づける要素を備える。一般的にはギリシア神話から主題をとる形式を成し、多くの場合、縮小された人物と突き出したようなごつごつした山々とねじれた木々をもつ風景を背景にしながら、いわゆるギリシアにおけるある特定の古人を想起させるような意図が明らかに見える。それらはもともと木版の上に描かれ、共和制後期に金持ちのコレクターによってギリシアから輸入されたものなのである。その絵画の構成は有名な傑作の数々からうまく引用されたもののように見えるし、これらのレプリカをつくり出したフレスコ画家たちは、結局はラフなスケッチや工房の伝統のなかで描き起こしており、自由に設定や色彩を変え、あるいは新たな登場人物をつけ加えたりして、もとの構成を別物にしてしまったりもしている。そうした変更は、商工業者のパトロンにとって大した関心事ではなく、大事なことは効果的に彼らが意図したことを完全に伝えることのできる、一つの絵画ギャラリーだということである。神話的な絵は貴族趣味的な壮麗さを纏うための見せかけであり、同時に家主が古典神話に精通していることを誇示するものであり、それがその世代の文化性・芸術性の証明でもあった。

　真ん中に陣取る絵画を装飾するための枠組みは、常に従属的なものである。第二様式に不可欠の遠近法による演出は、赤や黒あるいは高価な青や緑の顔料も時には使いながら、広い面積を平滑に着彩する方法に取って代わられた（口絵31）。そこに見られるように、そうした塗分けは細部に縮小された構成要素（ハート型、竪琴、鳥などなど）が精妙に描かれ、目を見張るばかりに多彩に仕上げられる。しかし、時間が過ぎるにつれ、再び古き三次元効果が復調して

くる。建築的な要素は、いぜんとして細身で現実性は乏しいものの、より大きくよりわかりやすい透視法で描かれるようになる。そこでは主たる装飾域のなかでの区画の枠に、奥に引っ込んだ円柱を用いた窓のような開口をいくつもはめ込み、その結果、中央の画面は徐々に小さくなり長方形というよりもほとんど正方形に近くなってしまう。絵画の内側には図解的な光景が描かれ、むしろ静かで視覚効果的には二次元的である。一方、風景のなかに描かれる場合には、それはよりドラマチックで彩色豊かになり、光と影の力強い動きと強烈なコントラストが生まれる。この変化がポンペイ絵画の最後の段階である第四様式の誕生を意味するのだが、詳しくは次章にゆずる。

第5章

最後の日々

　後50年頃、迫り来る悲劇の前触れはほとんどなかった。ローマでは、後41年、甥のカリギュラの暗殺によってまったく予期せぬ皇位を得たすでに老齢の皇帝クラウディウスが、虚弱な体質のうえに支離滅裂な考え方を示したものの、結局は安定した強力な政府の上に君臨した。ポンペイにおいては、自由民の家系を含めた新興一族の台頭、都市の一部での住宅需要の増加、社会構造の変化が目立ってきたが、明らかに既存の秩序を脅かすような危機ではけっしてなかった。ただ15年に満たない在位のなかで、すべてが変化していた。

　彼の姪でもあるアグリッピーナとのクラウディウス帝の破滅的な結婚は、彼自身の滅亡の種を蒔いたことになった。後54年の毒殺（彼の妻によるといわれる）によって、彼女の連れ子が皇位を引き継ぐことになる、何と彼女は16歳の連れ子ネロを再婚相手の養子に迎えさせていたのだ。新皇帝は日々の政務をまったく理解しないか、あるいは興味を示さなかった。ただ、有能かつ信頼できる政務官僚の手にすべてをまかせる沈黙の期間が過ぎていくうちに、やがてその性格から良い面が失われていった。後59年の母の殺害を契機に、こびへつらう取巻きや、ときには悪事もいとわない連中が権力を握るにつれ、彼の奇行が目立つようになり、上流階級のなかには陰謀

と恐怖政治が蔓延することになる。後68年には、ついに軍隊が蜂起しネロは廃位に追い込まれ、ユリウス-クラウディウス朝は廃絶し、再び内乱の幕が斬って落とされる。

　ネロの治世は、ポンペイの平穏な日常生活にも混乱の影を落としている。カンパニアの一小都市にも、名もない人々によって起こされた当時の重大ニュースが伝えられている。まずは後59年の円形闘技場での暴動、次にその3年後に起こった破滅的な地震後の混乱である。

　円形闘技場での暴動は、歴史家のタキトゥスによっても記述されている[1]。剣闘士のショーの合間に、その暴動は地元のサポーターとヌケリアからのビジターの間に勃発し、とくにヌケリア人に相当な死者と負傷者を出して終息した。すべての状況は明らかではないが、政治的な要素がからんでいたことは容易に考えうる。というのは、その事件の収拾が皇帝に付託されているからである。皇帝は元老院に裁定を依頼し、その結果下された裁可には、タキトゥスが「非合法の結社」と呼んだミステリアスな団体の解散と、先の元老院議員でもあった試合の主催者の追放も含まれている。より深刻なのはポンペイの円形闘技場が10年間の閉鎖措置となったことで、その都市から人気のエンターテイメントが奪われてしまった。劇場の区画の近くにある一軒の住宅に残る有名な壁画は、その運命的な騒動を克明に伝えている。

　その地震は62年の2月5日にポンペイを襲った。その惨状を再びタキトゥスの記述のなかに見ることができるが、自然現象としては、雄弁家であり著述家でもあったネロの教師のL.アンネウス・セネカによる記述がより詳細である[2]。彼の説明によれば、ポンペイの多

くの部分が壊滅状態で、より軽微だったけれどもヘルクラネウムやヌケリアにも被害が及んでいるし、ナポリにもある程度の損害があったであろう。ポンペイにおける被害は突出しており、多数の建物が崩壊するか深刻な被害を受け、再建や修復の必要がない建物はほとんど見当たらなかった。異質な材料や廃棄物が使われてる緊急の修繕箇所は今でもあらゆる場所に見られる。後の時代にはあまり見られないが、この際に好んで用いられた建設技法にオプス・ヴィットートゥム・ミクストゥムあるいはオプス・リスタートゥムと呼ばれる方法がある。それは、乱石積みの壁芯の表面を、レンガと小さな石製ブロック（主にサルノ石、凝灰岩、クルーマ）を交互に積んで仕上げるものである。修復作業はリスタートゥムかあるいはレンガだけで積まれるのが通例であるが、その特徴として壁に広がる亀裂を修繕したり（図36）、崩れやすい壁の角部を補強したりする（口絵14）のに使われることがある。再建についての銘文の記録は乏しいが、イシス神殿の銘文によると、その建物が地震によって倒壊したため、銘文の寄進者により再建される必要があったと伝えている。さらに生々しい例は、一対の奇妙なレリーフに見られる。一つは「L. カエキリウス・ユクンドゥスの家」の祭壇から発見されたもので、もう一つは出所がはっきりしない。ともに建物は違うがそれぞれに地震の被害を刻んでいる（図37）。

　ポンペイが地震の被害から完全に立ち直ることができなかったのは明らかで、単に顔料を混ぜるだけのためや制作途中の壁画のためとはいえないほどの山積みの建設用資材、モルタルや漆喰をつくるための原料が残されていることから、それから17年後の最後の滅亡の日にも都市のあらゆる場所で、まだ修繕が進行中だったのである。

図36　紀元62年に起きた地震でできた亀裂を修復するために用いられたレンガの継ぎ目（写真：R.J. Ling 86 bis/34）

最後の日々

図37　62年におきた地震を描いた一連のレリーフ：L.カエキリウス・ユクンドゥスの家（V.1.26。左にはカピトリウムとそれに隣り合うアーチ門の崩壊（図23参照）が、右にはいけにえの儀式が描かれている。13×86cm。写真：M. Thatcher (Ward-Perkins collection)）

花粉学的な分析によりⅠ.9.12の家では、いくつかの部屋には多湿な環境で生育しやすい植物が群生していたことが判明しており、それは屋根がいまだ葺き直されていなかったことを示しているのかもしれない[3]。さらに近年の連続する地震被害でも復興には数十年を要することもあり、地震による長引く荒廃と破壊という負の遺産がポンペイを悩ませていたのである。さらにその後も地震が続いた可能性があり、さらに状況を悪化させたかもしれない。後64年には、ネロが劇場で演奏を披露している最中にナポリを襲った地震が記録

されている（その建物はネロが立ち去った後崩壊した）⁽⁴⁾。プリニウスによる後79年の夏の出来事の記述には、常にその地域が度重なる微動に襲われていたことが記されているし、その多くは地震に先立つ数日間に起こっており⁽⁵⁾、その状況は現代の地震学者がヴェスヴィウス型火山の噴火の予兆として想定するものと一致する。とすれば後79年に施工中であった修繕は、後62年の地震の被害によるものではなく、その後の地震によるものとなる。

　しかしながら、一方でことさら破壊の広がりを誇張することにも注意しなければならない。ヴェッティ兄弟やメナンドロスの家の主人のようにポンペイの裕福な階層の人々は、贅沢な壁画を含めた家屋の完全な修築計画を実行することが可能であった。多くの支配者層の一族が都市の住宅を捨てて、その存在は推定に過ぎない郊外の別荘へ退去したというかつての古い見解には根拠がない⁽⁶⁾。政治生活は日常の活動と密接に関連しており、支配者層はいぜんとして市民生活のなかでその一般的な役割を果たしていた。おそらく疲弊した都市の窮状への同情から、10年にわたる剣闘競技の禁止が解かれたと思われる。また、後79年の前兆として後62年以降にそれに匹敵する被害をもたらした地震が別に起こったとする理由もなく、実際にプリニウスは地震前の微動はほとんど警告とは受け止められなかったといっている。噴火の際に行われていた修復のうちのいくつかは、直近の被害というよりもむしろ二次的な手入れかもしれない。地震の結果、応急処置として建設された壁体は困難な状況下での日常生活を保障するものには違いないが、やがてよりデザイン的で構造的にも信頼性の高いものにとって代わられていったのだろう。他方、後62年の地震にも耐えた壁体も幾年か過ぎるうちにゆっくり劣

化が進行する。いわゆるクリープ現象によってその対応が遅れたとすれば、大噴火の前夜まで続けられていた再建作業の説明もつく。

　同様の状況は都市の水道システムにも起こっていた。1931年、アメデオ・マイウーリ、そして近年には1990年代にサルバトーレ・ナッポによって行われた道路の歩道に沿った発掘によって、後79年にはそれらが機能していなかったことが判明した[7]。主に地表面やそれに近い浅い土中に断裂し切り離された鉛管が発見され、それらは長くとも 2、3ｍ以上は延びることはない。さらにその周りでは60〜90㎝幅、最大1.6ｍの深さの溝が間違いなく噴火の直前に掘られ、火山灰が降り積もっていることから、噴火の際にはまだ埋め戻されていなかったのである（図38）。多くの都市居住者が公共噴水に依存していたにもかかわらず、水道の復旧が17年のもの間放置されていたとは考えにくく、もし後62年の地震で水道管が破断していたとすれば、そうした被害の復旧は間違いなく最優先事業であったはずだ。おそらく実際に起こっていたことは、水道網はすでに後62年に復旧しており、しかもその際に鉛管が埋設されたのは土中浅いところで（たぶん修理の容易さのために地震の前から同様の状況であった）、この復旧作業は応急のものであり、後79年の工事はより深い位置に鉛管を埋め変える作業であったと考えられる。多くの工事用の溝が掘られ、作業員が既存の鉛管を再利用しながらより深く埋め戻していたのだが、ヴェスヴィウス火山の噴火によってその作業は永遠に未完となった。

　さらに同様の状況は公共建築物にも起こっていた。これまで住宅や一部の個人資金による復興は速やかに進められていたものの、都市の公共建築物の多くは噴火時には廃墟のままであったと理解され

図38 紀元79年の噴火のため中断した上水道工事（前方にはその頃掘られていた溝があり、火山礫で埋め尽くされている。後方には歩道（インスラⅦ.2の南側）に沿って置かれた2本の水道管がある。写真：S.C. Nappo）

てきた。しかし、ジョン・ドビンスやクルト・ワラットの独自の研究によって、少なくとも中央広場東面の建物については間違いであることが判明した[8]。こうした荒廃や未完の状況は、たとえば彫像が見当たらないこと、装飾用の大理石板が欠落していることから想像されてきたが、その原因は都市の埋没以降の回収業者や盗掘者などに帰するべきであろう。さらに、中央広場東面の建物は未完どころではなく、かなり大規模に修復されていた。さらに大理石板の合理的な使用により見かけ上の質はかえって向上し、東面の建物正面を連続的につなげることで統一感が得られるように熟慮されており、以前広場につながっていた最後の2本の東西道路もその痕跡を完全に塞がれている。ラレス神殿と呼ばれる建物はまったく新たに建設されたのかもしれない。というのは、内部の円形や矩形の凹部のつくり方がネロの黄金宮との共通する要素を思い起こさせるためであり、さらにわれわれの知る限りでは、この時期の建築としては不思議なほど前衛的な建築でもあるからである。

　地震後の建築の異質性は、その資金源にも関連している。地震後に大規模な公共建築物群を修復するために、少なくともポンペイ人に対して中央政府はいくらかの資金の拠出を求められたに違いない。ネロの死に続く内乱は後69年の12月のヴェスパシアヌス帝の即位によって終息し、彼は災害に苦しむ人々を含めた人民への福祉が皇帝の最大の関心事であるとする新たな政治的プロパガンダのもと、官僚による新たな能率主義の時代の幕を切って落としたのである。地震被害によるカンパニアの窮状は真っ先に彼の目にとまった。復興計画に先だって個人の浄財に期待する従来のやり方は明らかに現実的ではなく、それにともなって必要となる作業も膨大で、地方

の行政官たちに理不尽な負担を課すこととなった。そこで、以前後14年に小アジアの多くの都市を襲った地震災害の場合と同じように、おそらく直接皇帝より救いの手が差しのべられたのだろう。ヘルクラネウムでは後76年の一組の銘文の形式に、とくに皇帝の介在を示す証拠がある。すなわち、一つには「地震によって崩壊した」神々の母神殿（マグナ・マーテル）をヴェスパシアヌスが修復したことが記され、もう一つには非常に傷んではいるが、ゲニウス・ムニキピ・ヘルクラネイ（ヘルクラネウムの都市の精霊）の彫像に関連する同様の儀式を記念するものとして解読できるのである[9]。そうした証拠はポンペイには残されていないが、皇帝がポンペイに興味を示していたことはヘルクラネウム、ヴェスヴィウス、ヌケリア、海の各門の外側で発見された石板に記された文字よりうかがえる（図39）。そこにはヴェスパシアヌスが特別監督官であるT.スエディウス・クレメンスを派遣し、かつて私的に独立部族によって占拠されていた共同体のための公有地が、ついにポメリウムという古い都市壁の外側100ローマンフィートの幅で設けられる帯状の土地として認められたことが宣言されている[10]。もしポンペイにおける公共の土地所有を宣言する際に皇帝が実際的な役割を果たしたとすれば、地震後の再生事業にも貢献したことを強く示唆しているだろう。中央広場の建造物に加えて、再建計画において優先されたのがヴェヌスの神域であった。まだ一般的には後79年には建設現場であったといわれているが、今一度、未完に見える状態は部分的にせよ埋没後の石材略奪によるものであることも思い出す必要がある。しかしながら、ここには再建事業がもつある必然的な本質を示す重要な要素を見出さなければならない。すなわち古い聖域が新しい、しかも

最後の日々

> EX AVCTORITATE
> IMP CAESARIS
> VESPASIANI AVG
> LOCA PVBLICA A PRIVATIS
> POSSESSA T SVEDIVS
> CLEMENS TRIBVNVS CAVSIS
> COGNITIS ET MENSVRIS FACTIS
> REI PVBLICAE POMPEIANORVM
> RESTITVIT

図39　T.スエディウス・クレメンスが都市壁の外の不法占拠された公有地を取り戻したことを記録するヌケリア門の外にある碑文（紀元69年から79年の間。写真：J.B. Ward-Perkins）

より大規模な計画によって置き換えられているのである。中央の神殿が後1世紀半ばに拡張されているのは、新しい基礎部が第四様式の絵画をもつ皇帝の別荘と呼ばれる建物の部屋にくい込んでいることから明らかである。この拡張が起こった時期としてもっとも適当なのは、皇帝の別荘が放棄されていることを前提としているため地震後と考えられ、しかもポメリウム内に突き出した形となっているこの別荘は、スエディウス・クレメンスによって接収された財産の一つである可能性がある。こうしたすべての可能性を考慮すれば、噴火の際にはヴェヌス神殿のための再建計画が非常に活発に進められていたのではないかという別の図式が浮かび上がってくる。

最後にもう一つポンペイの公共建築の風景を変えたのが、地震後に頑丈に建設された中央浴場の建造物である。他の都市域内浴場と同様にスタビアーナ通りとノーラ通りという主要道路の交差点に配置され、既存のフォーラム浴場とスタビア浴場での需要の増加に応えたものであった。と同時に、すでに首都の巨大な帝国浴場に整備されつつあった温度管理ための最新の設備を備えた建築を導入したのである。壁体内暖房や窓ガラスの生産などの技術的な進展によって、新たな浴場の設計者は旧式の暗く内向きの建築を打破し、南西向きの窓に照らされるゆったりとした部屋が並ぶ空間に置き換えた。新しい浴場の敷地はおそらく強制収容ののち既存の住宅を廃棄し、一区画全体を手に入れることによって進められた。そうした劇的な再開発は、被害を受けたり荒廃したりした土地の多い地震直後であったからこそ容易に実現できたのかもしれないが、いずれにせよポンペイはけっして死に瀕した都市ではなく、後62年の災害から何とか立ち直ろうと努力奮闘する生きた都市であり、新型の都市施

設も積極的に受け入れようとしていたのである。もし噴火がなかったら、過去にそうしたように新たな世代の新しい要求を受け入れながらポンペイは発展を続けただろう。

ポンペイ最後の数年間は壁画の黄金期でもあった。クラウディウス帝の治世（後41〜54年）に発展した第四様式（口絵15）は、古代に考案された絵画装飾のなかでもっとも幻想的で陽気な形式である。広い意味では第二様式の建築的な透視法のリバイバルとして表現されているが、その時代の固く自信に満ちた構図に取って代わって、画家たちは第三様式のひょろ長のプロポーションとおとぎ話のような形式を使い続けながらも、暖かみのある金色で仕上げることによって、無限の空間と深みをもつはっと息をのむような光景を重ね合わせたのだ。中央の絵画が特徴の一つであることは間違いないが、その枠は比較的小さくて正方形であり（口絵16）、額縁で枠取ろうとするよりはむしろ着彩豊かなタペストリーを吊るしたかのように見せている（好まれる色は赤と黄色である）。お気に入りの構図は絵画を施した「タペストリー」をリズミカルな変化をつけて飾り、白地の上に描かれた見せかけの開口に透視図的な建築を覗かせるものである。別の表現としては壁全体が建築によるフレームワークをつくるために使われ、そのなかでまるでバロック演劇のステージ上の役者のように一団の人物がよく知られた神話の場面の数々を演じるものである。

これらの装飾のなかでもっともすばらしいものは、先行する時期の作品と比較してもあらゆる基準でけっして退廃しているわけではない。ヴェッティの家に見られるような地震後における多くの新しい絵画の質は例外的に優れており、家主たちは熟練した職人を雇う

だけの財力があり、その最高の人材と引替えに得るものも大きかったに違いなく、彼らは躊躇なくそれを行ったのである。本質的に修復や再装飾の住宅は質が落ちたり、あるものはまったくの出来の悪いものもあるのだが、大邸宅における再描画された絵を詳しく観察してみると、都市富裕層がその財産に対してまだまだ投資する用意があったことに気づくのである。こうした状況は、滅亡の直前まで続いた。まさに噴火が始まったとき、Ⅸ.12にある一軒の家では特別の接客室を飾るため画家たちのチームが作業中であった。彼らはフレスコ画を途中で投げ出してその場から逃れたために、絵具壺やその他の道具を捨てていった[11]。これ以上の活発な作品制作活動を物語る実例は見当たらないが、実は日常の仕事の一部に過ぎないその作業も、溶岩流のなかに突然の停止を迎えたのである。

第6章

都市生活

　これまでの章では噴火に至るポンペイの歴史を復原することを目標としてきた。これから最後の日々の都市生活を概観をしてみよう。埋没した状況の検討や過去の発掘が導き出した結果を参照するものの、ここでは単に後79年のタイムカプセルを開くということにできるだけ専念したい。なぜならポンペイの他に類を見ない重要性は、後1世紀の第三四半期の小さなイタリア半島のコミュニティにおける、当時の社会や経済についての貴重な情報源を提供している点にあるからである。

人口統計学

　噴火の際にどれくらいの人々がその都市に住んでいたのであろうか？[1]　これはこれまでたびたび問われてきた疑問であるが、まだ決定的な解答は得られていない。見積もりの幅は最小6000人より最大で2万人まである。いずれの計算にしても、まずは市壁の内側に住む人数を基準としているが、もっとも単純な計算法は1 ha当たりの仮定の人口から推論するものである。この基準にしたがって1898年にベロッホは1万5000人という結論に達した。一方、1977年にラ

ッセルは中世都市の比較可能なデータを用いて6400〜6700人という数字をはじき出した。しかし、そうした方法はポンペイの居住用建築物が均等とはほど遠い分布となっている問題に直面することになる。たとえば南西部の広いエリアは公共建築物や広場によって占められているし、そもそも都市全体の五分の二を占める未発掘部分には何が埋もれているか不明なのである。1950年代の第ⅠとⅡ区の発掘によれば、それまでに発掘された地区から予想された結果と異なり疎らな建物しか発見されず、インスラの多くの部分がワイン農園、商業農場やそれに類するものに占有されていた。したがって、明らかに人口密度は場所によって大きく異なるといえる。

　より科学的なアプローチは市内の住居ユニットの数から、それぞれに居住者の数を見積もって割り当てる方法である。しかし、この方法も実にさまざまな結果をもたらしている。フィオレッリは1872年当時に、発掘されていた部分から全体の住宅と店舗の数を概算し1800と推定した。その2、3年後、ニッセンはフィオレッリが地階のみを対象としたため、上階を含めなかったことから全体の部屋数を少なく見積もったとして、独断的に二倍の3600と修正した。しかし、東の住宅のより疎らな地区の発掘によって、その数字は減らされる必要がある。最近では、近年の成果を加味して、アンドリュー・ウォレス-ハドリル（1991）が1200から1300程度であったとしている。

　しかしながら、住宅の総数がわかったとしても、それが人口についての決定的な情報を与えてくれるわけではない。住居には1、2部屋のユニットから2000㎡を越える大邸宅まであり、それぞれの建物でどれくらいの密度で人が暮らしてたかはまったくわからないの

である。フィオレッリは彼が使ったサンプルの部屋数を概算し、1万2000人という数に達した。ニッセンは上階での居住を概数で算入しつつ、2万人に至った。この高いほうの数字が20世紀前半において一般的に受け入れられた数字となった。それには円形闘技場の収容人数が約2万人であったことも根拠としてあげられた。けれども、たとえ円形闘技場についての推計が正しかったとして（これも概算に過ぎず、全体の観客席を見物客1人に必要なスペースで割った仮想の数字である）、それが都市の人口と比較しうるものとは考えられない。すなわち、後59年の暴動が伝えるところでは、興行は明らかに単にその都市周辺の人々だけではなく、周辺都市からの観客も想定していた。1950年代以降の発掘にもとづく新しいデータを考慮した近年の人口推計では、その数字はぐっと低くなっている。エッシェバッハの新たな調査によれば、彼は全人口を8000に減らした。現在では8000から1万までが広く受け入れられている数字である。

さらに微調整を加えても、算術ともいえるその概算法はけっして満足できる方法ではない。エッシェバッハは部屋数をカウントせずに、都市内を占める住居面積（約40ha）の割合を計算し、単に一つの見解として1haにつき200名の居住者を適用しただけである。もし、より正確な数字を得ようとすれば、たとえば就寝人口を推計するなど、より洗練された方法が可能かもしれない。しかし、寝台の出土記録やその他の建築的な特徴から、とくにアルコーブや浅い凹みは寝台の存在をうかがわせるのだが、寝室を確定する試みもその成果は限定的である。というのは、多くの寝室であった可能性のある上階の部屋は完全に破壊されたり、不完全にしか情報を伝えていないし、地階であっても凹みのない寝室であったり、木製の寝台で

あれば、まったくその痕跡を残さない。さらに、奴隷などの多くの居住者の一部は床に敷いたマットレスの上で就寝していた。その状況は、その都市の最晩年のもろもろの事情を勘案すれば、さらに複雑な状況となる。後62年の破壊的な地震の影響や後79年の直前に起こったであろう一連の地震も、人口推計上大きな影響を及ぼしたであろう。たとえ大量の居住者がその都市から離れなかったとしても、すでに指摘されているように、いくつかの住宅は閉鎖されたり見捨てられたりしている一方で、地震後の復興計画のなかで建設業者や職人たちの流入がほぼ確実にあった。後79年時の人口推計値は何らかの意味はあるが平常のものではない。

　最後に、われわれも大まかではあるが見積もってみよう。2万人という古い数字を受け入れたとすると、公共建築物や居住用ではない建物を除き、平均して1 haにつき315人（127人/エーカー）の人口密度が必要になるが、これは非常に高い数字であり、まずはやはり8000〜1万という近年知れわたっている数字から始めるべきであろう。これはもちろんポンペイのテリトリウムの人口を含んでいない。サルノ川を挟んで南側、北側のヴェスヴィス火山の山麓、西方のヘルクラネウムのテリトリウムとの境界線、そして東方のヌケリアとの中間地点まで広がっていた地域を含めて約130km²の地域を想定できる。ベロッホによるカンパニア地方における180人/km²（都市部も含む）の平均的人口密度を使うと、2万3000人の総人口を推定でき、そのうち約半分以上が都市城外に住んでいたと見られる。この城内外の人口比は驚くべきものではなく、都市の南部や南西部で散発的に行われる発掘は、河岸地区や港湾地区の集中的な発展や広範囲に高級な別荘ではなくヴィラ・ルステカエ（villa rusticae）が

都市の北部や東部の郊外地に散在していたことを示している。これらの数字は確定的なものではないとしても、一つの可能性あるモデルとして受け入れられているだろう。

どれほど多くの人々が噴火で命を失ったのか、われわれは正確に知る由もないが、犠牲者数についてもさまざまな推論がなされており、フィオレッリの2000人という数字が広く受け入れられている。何らかの正確な推計を行うにしても、科学的な発掘開始から1世紀あるいはそれ以上経過した現在でも、人体の痕跡についてほとんど興味が示されないか、あるいは取り出されることさえも少ないという事実が状況を困難にしている。あるいは発掘区から発見された犠牲者が遺構を物語るサンプルとして標本化されたのかも定かではないのである。1970年代にノーラ門の外で発見された避難者の一団（ミセヌムにおける小プリニウスの彼自身の体験にもとづく記述と一致する）は、多くの人々が致命的な火砕流に襲われる前に郊外へと脱出していたことを示す。同様に相当な数の人々が、大プリニウスや彼の友人たちがそうであったように、海からの救出を期待して海岸へ向かって避難していたと思われる。ヘルクラネウムにおいては、1980年代の発掘によって、数百人が古代の海岸線に並ぶアーチ天井をもった空間に避難して犠牲となったのが発見されるまでは、人口の大半は避難したと考えられていた。同様のことがポンペイにも起こっていたかもしれない。

発掘日誌に記録された人骨の数を総計する1996年の試みは、少なくとも発掘地区内での信頼性の高い統計を提供してくれている[2]。これらの個体をパーミス（最大で2.6から2.8mまでの厚みがある）の最初の堆積層内で発見される崩壊する壁体に埋もれたり、あるい

は下敷きとなって死亡、また類似の状況で命を奪われたと思われる者と、より高い位置、すなわち火砕流によって堆積した火山灰の層で発見されたものに分類した。その結果、合計はそれぞれ394例（うち200例は単体で、194例は集団で）と650例（うち152例が単体、498例が集団）に達した。合計で1044体の新たに追加されるべき実例が悉皆調査を通じて明らかになり、それらはある例は骨格として、またある例は単なる骨の集まりとして記録されており、全遺体の総計は1150人分に上ると見られる。それにしても、多くの遺骨が無視されたり記録されなかったとすると、すべての数を含んではいないものの、これまで扱われてきたような数字よりははるかに正確な個体数調査といえる。そして、人々がどのようにして死んでいったかを伝えてくれる。早い段階での犠牲者のほとんどは住宅の内部で発見されている。一方で、火砕流によって死亡した犠牲者については、道路や戸外で発見される割合が高く、その多くは南部や東部の郊外の方向に向かっていた。この段階で18から20時間が噴火から経過しており、彼らは住宅のなかで事態が好転するのを待っても無駄だと判断したのである。

　この25年の間に、骨格についての科学的な研究が精力的に進められ[3]、病死や自然死ではない遺体であっても、年齢や性別の判定、あるいは彼らが抱えていた病理学的な問題の特定がかなり正確に行われるようになり、この時代の都市共同体の年代別構成を明らかにした。判別可能なデータから推定すると（図40）、男女別はほぼ1：1、平均年齢は25歳、中央値は40（男性41、女性39）である。高齢者についても60歳以上の例がかなりの割合で分布しているが、人口のうち約半数は（古代社会においてはごく自然であるが）子供や若

都市生活

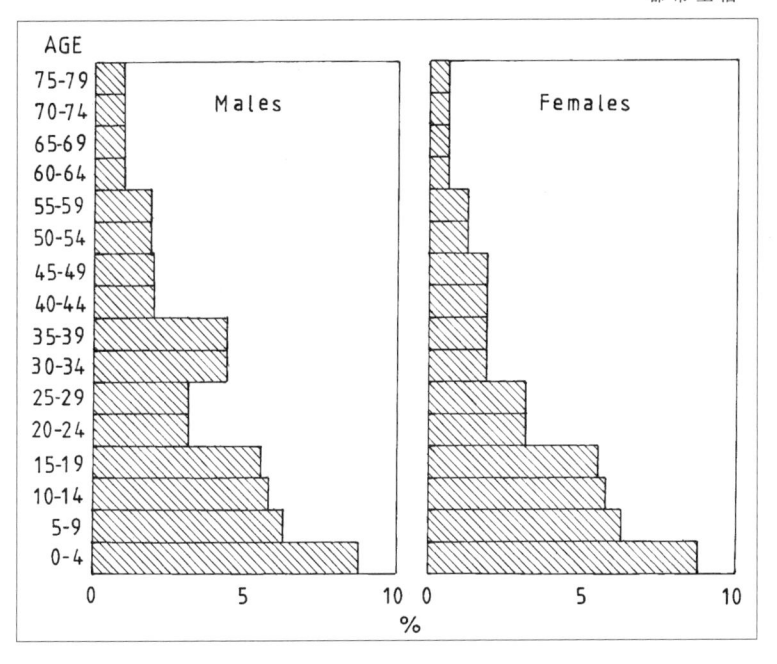

図40　噴火の犠牲者の年齢を示したグラフ（作図：R. J.リング。出典：M. and R. J. Henne-berg in Homo Faber: natura, scienza e tecnica nell'antica Pompei (1999)）

者であった。現在、子供の骨格がポンペイに標本として展示されている事実は、子供の例が少なくめずらしいからというよりは、以前の発掘者たちによって無視されてきたためというのが本当であろう。発掘日誌に記録された1044例のうち81例が幼児のものと特定されるが、ほとんど遺物は残されていない。同時にこの統計により、古代の一般的な年齢分布に比べて若年層が少ないことが判明し、より体力のあった人々は大災害の初期の段階ですでに市外へ避難していたことを強くうかがわせる。

さらに骨格の分析は、形態学、民族学、病理学の分野でも成果を

あげている。たとえば、成人男女の平均身長をを推計することも可能で、男性1.66m、女性1.53mである。また、DNAの分析から人口の民族構成も決定できる。人々の大多数は、予想どおりヨーロッパ系であるが、アフリカ系の個体の存在を示す証拠も見つかっている。病理学の領域では関節炎、虫歯、傷害（骨折の治癒も含む）などが確認され、少ないけれども変形性骨炎のような例もある。さらに、ポンペイ成人の 2 ％が脊椎破裂を患っていたことが判明している。現在も続けられている骨格標本の分析は、さらにこうした分野で新たな発見を提供するだろう。

市　　　政

　後79年当時、都市としてのポンペイはローマ国家の権力下にあり、ポンペイの市民であるということは同時にローマ市民であることと同義であった。しかし、ほかのすべての帝国都市と同様に独自の地方都市政府ももっていた。これがどのように機能していたかについての情報は、他のローマ都市の政体からの類推や文献に頼るしかない。コンスルのようなローマの主要行政官たちは常に二人一組で任命されていたが、彼らは権力の乱用を懸念した安全装置としてのデュアリズムを伝統的に信頼していた。さらにまたローマのコンスルのように、これらの行政官はたった 1 年間（7 月 1 日より 6 月30日）しか権力の座につけなかったし、その後数年間、一般的には 5 年間が過ぎるまでは再選されることもなかった。上級の二人官は都市参事会の議長を交互に務める、正式な称号（ドゥームヴィリ・イウレ・ディクンド）が意味するように、地方での巡回裁判の判事でも

あった。下級のそれは実質的に上級の二人官へとステップアップするための足がかりであり、道路維持や市場の監督、そして警察を受けもつ造営官という役職であった。この4名の政務官が市政に関する日々の仕事を監督し、5年ごとにクインケナーレス（クインケナーリスの複数形）として指名され、課税のための人口調査と財産登録を行う特別の職務があった。以前二人官を務めた経験のある者のみがふさわしいとされるクインケナーリスの職位は、地方政府における行政職の頂点であった。

　これらの政務官は、ローマにおいて対応する官職と同様に、その公務に対して公式には無報酬であり、都市に仕える者の名誉職であった。さらに、人件費（書記官やその他の補佐官）を含めた役職を務めるための費用を自ら負担することを期待されていただけでなく、彼らを支持する市民たちの利益のためにまで自らの懐を痛める必要があった。これらの費用には円形闘技場でのショーや人々への食料の施しや贈り物、そして最大規模のものとして公共建築があった。すでにこれまでの章で記したように、献呈碑文で自らの資産を拠出して実現した事業であるとその気前の良さの喧伝する二人官によって、多くの公共建築が建設され再興された（図41）。一つの結果として、地方の指導者は結局はもっとも裕福な市民のなかのさらにエリートから選ばれざるをえなかったし、彼らだけが市政を維持することができたのである。

　もちろん、地方所管の予算もあったし、多くの事業がそれによって執行されている。実は政務官が個人的な献身を叫ぶことは、逆に他の建物や公共サービスが都市政府の予算によって支えられていたことを示しているのである。そして、長期の安定した雇用が保証さ

図41 スタビア浴場で発見された碑文(ラコニクム(乾熱室)とデストゥリクタリウム(垢落としのための室)の新設と、ポルティコとパラエストラ(運動場)の改築を記録している。二頭政治官のP.ウウリウスとP.アニニウスが「競技や記念物のために彼らが合法的に費やした資金によって」とある。紀元前80年直後? Naples Museum 3826。写真: Ward-Perkins collection)

れていたかどうかには疑問があるものの、都市政府が直接雇用していた人々も存在するはずであるし、その一部は奴隷であったのかもしれない。都市政府はすぐれた功績をあげた市民を報償するための予算も有していた。二人官や造営官の墓碑銘は、地方参事会によって交付された葬儀費用に対する助成金の存在を伝えている。どれほどの資金が用立てられたかについては不明である。いくぶんかは議員の個人的な貢献に拠っている可能性もあるし、不動産の賃貸料による歳入や地方税の形式を採ることもあろう。豊かな地域の河口港や道路交通の拠点として機能していた都市では、港湾税や関税が重要な収入源であったろう。いずれにせよ何らかの方法で十分な歳入が確保されていたと思われる。

行政組織から独立して参事会が存在し、デクリオネスと呼ばれる政務官の経験のある者（造営官のポストを得た者は自動的に終身議員の資格を得た）から選ばれた80〜100名の有力な市民によって構成されていた。参事会の役割は、ローマの元老院や現在の議会と同様に政策上の一般的な争点を議論すべきところであり、手続き上はその決定によって制限を受ける政務官をコントロールする役目を果たしていた。この集団の権力を考えれば、その質を常に保証しておくことが重要なのはいうまでもない。議員は出自に左右されず、優れた人格と最低限必要な財産を有していなければならなかった。クインケナーレスの仕事の一つに財務上、道徳上、あるいはその他の理由で行政官としてふさわしくない人物を排除し、その代わりの新しいメンバーを据えることがあった。理屈からいっても常に新しい血を注入することは議会での議論を活発化するのに役立ったことは間違いないし、高官のポストに対する候補者が不足することはけっしてなかったのである。

　政務を全うするためにはあらゆるコストの負担があったのだが、先を争うようにこれらのポストが求められたということは、選挙キャンペーンの様子を伝える証拠からも明らかである[4]。例年の選挙は人々、正確には参政権をもつ一部の人々、いいかえれば出自が奴隷ではないか奴隷でも解放された者のなかの男性たちが自らの意見を発する場であった。そして、その投票権を行使させるために、主要な通りだけでなく、それ以外の多くの裏通りに面する壁が選挙ポスターのための掲示板となった。

　選挙ポスター、実際には土壁の漆喰や上塗りの「のろ」（砂の入らない上塗り用の漆喰）の上に直接書きこまれた掲示であったが、

都市における政治の様子を伝えるもっとも印象的な遺産である。その書き方はかなり統一的である。まず、大きな文字で候補者あるいは候補者たちの名前が書かれ、次に立候補している役職が続き、最後に決まり文句の"O.V.F."（oro vos faciatis、投票をお願いしますの意）がくる。多くの場合には選挙運動を行っている者の名前も"rogat"（〈支持を〉お願いします）という動詞とともに記される。ときには告知は筆記者の名前とともに終っていることもあり、この場合には特別のカリグラフィの専門家が助手を使って書いたことを意味する（さらに、ときには素人が何の助けも借りずに書いたことを自慢する場合もあるが）。その告知が含む情報は政治的な競争と選挙運動について多くのことを伝えてくれる。そこには近代的な意味での政党などは存在しないが、ある候補者たちは、2人で二人官や造営官の役職を目指すとか、さらには四つのポストを4人で目指すなど候補者名簿のような何らかの明らかな連合関係があった。その候補者の多くは、市民生活のなかで代々受け継がれた傑出した家系の出であり、支援者を結集させて選挙に臨むことを楽しんでいたようにも見える。おそらく自宅周辺に住んでいた人々の支援を結集することがとくに重要であったろうが、選出される可能性を高めようとすれば、ある一つのエリアに支持を限定しない方がよいだろう。なぜなら選挙結果は投票総数全体ではなく、獲得した選挙民の数で決まるからだ。他方、支援者たちは自らの居住地周辺で選挙運動に専念すればよかったのである。

　支持者は、常に個人とは限らずヴィキーニ（近隣者あるいは一般的には同一選挙区の住民の意）の集合であったり、職人のような特別の利益集団であったりした。表面上、これらすべてが盛大な民主

的な手続きを想起させるかもしれないが、実際の街角の選挙民がどれだけ政治そのものに興味をもっていたかについては疑問である。候補者に対する支持の部分については、たとえ名目上の後援者が異なっていても、どのポスターも似たり寄ったりで、選挙そのものが今日と大差なく、選挙運動は中央で統括されるものに過ぎないのである。そして多くの投票者は庇護関係や個人的なしがらみによって選んでしまう。いいかえれば、選挙ポスターは市民としての職務を全うするポンペイ人たちを呼び覚ますためにデザインされたものであり、それらは候補者たちがいかに熱心であるか、さらに有権者というよりも支持者全般の熱狂ぶりを伝えているのである。

都市へ流入する人々の増加が常に候補者の確実な供給源を保証し続けた。彼らは、新興の独立商人や製造業者、金融業者であり、ある者は自由民の出自であり、政務を担うことがポンペイ社会へのデビューを意味していたのである。その点では、後1世紀の中ごろまで二人官を務めたA.ウンブリクス・スカウルスがその例かもしれない。彼ととくにその父（息子より長生きをし、息子の墓を建立した）は、魚醤生産の巨大ビジネスを展開し、政治的なキャリアを積み重ねるための資金には困らなかったのだろう[5]。さらにはっきりしているのは、N.ポピディウス・アンプリアートゥスの例で、彼は後62年の地震で被害を被ったイシス神殿を彼の6歳の息子N.ポピディウス・ケルシヌスの名で修復し、その立派な行為に報いるため都市参事会は息子を一員に迎えている。したがって、おそらく自由民であった父親がチャレンジできなかった政務官を目指す道が息子には開かれたのである[6]。

選挙の目的に沿って、市民は居住している場所によって便宜上五

つの投票グループに分類された。これらのグループの名前は彼らが属した投票プログラムのなかに見ることができる。フォーレンセスは明らかに南西部の中央広場周辺部に住む人々で、ウルブラネンセスはウルブラーナ門（現在ではサルノ門と呼ばれている）の近くの南東と中央部東、サリニエンセスは古代にはサリスあるいはサリニエンシス門と呼ばれていたヘルクラネウム門の周辺地域、そして北東部のカンパネンセスは現在ノーラ門と呼ばれているカンパーナ門の地域である。最後にパガーニはテリトリウムの外縁部、すなわちパグス・アウグストゥス・フェリクス・スブウルバーヌスに住む人々を指す。

都市の行政上の建物は、第 1 章で指摘したように、広場の南端を取り囲むように集中配置されていた（図 4）。もっとも巨大で壮麗なのは南西角に位置するバジリカである。これは多くのローマ都市に見られる側廊付きの建築形式の早い例で、裁判所や各種の公的な集まりに対応するホールとして使われた。ポンペイ版のバジリカでは他の諸都市の例と異なり、メイン・エントランスは露天の玄関ホールに付属して短辺に置かれ、内部の広間を縁取る列柱のスクリーンに向かって 4 段の階段を登る。内部（図42、口絵 2）では、空間は 2 列のモニュメンタルな円柱列によって主廊と側廊に分割され、その柱列は短辺部では両端に通路を残すため直角に回り込み、内部全体の周縁を巡る。側壁を 2 層の半円付柱とし内部の列柱とそれぞれが対応することによって関連づけられている。採光は上階の半円付柱間のスペースに設けられた窓を通じて行われる。背後には 2 層の裁判官席があり、そこから二人官が正義を行い聴衆に演説したのである。この建物にはしばしば群衆が殺到したことが、数多くの多

都市生活

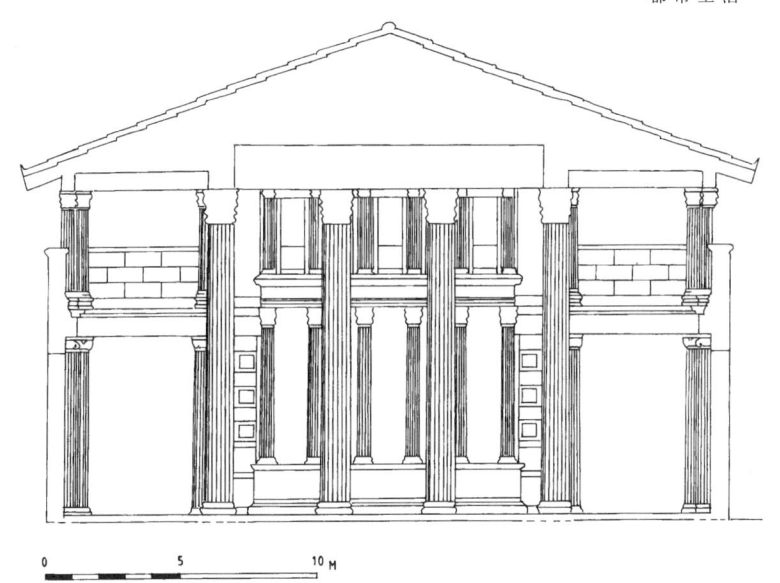

図42 バシリカの西側断面図（紀元前 2 世紀末期。作図：L.A. Ling。出典：K.F. Ohr, Das Basilika in Pompeji (1991)）

様な壁の漆喰の上に書かれた伝言によってわかるが、そのなかには前78年のコンスルの名があり、建設時期の下限を示すものもある。あまりにも落書きの数が多いため、別の公共建築の壁の走り書きには、それらの落書きの重みで壁が崩壊しないのは驚異的だと揶揄するものまである[7]。

広場の南端には三つの似たような大きさのホール建築が並び、おそらく官庁としての機能があったものと見なされているが、その具体的な役割については、研究者の間でも同意には至っていない。すべてレンガ仕上げのコンクリートによる大規模な再建であり、少なくとも最終段階は帝政期に属する。しかしながら、これら建物は古

149

い時期にはそれぞれの正面がセットバックしており、しかもそれらが一直線状ではなかった証拠が発見されており、もしかすると共通の計画のなかで建設されたものではないのかもしれない。一般的に、それらは東から西へ向かって格式が高くなると考えられ、まずは造営官の執務室、次に都市参事会議員のための部屋、そして二人官の部屋である。外側の部屋の奥の壁にアプス（凹部）を取りつけるのは、その部屋に人々が集まり、議事の進行を務める政務官たちが上席としてのアプスに腰掛けるという構図にピッタリである。しかし、棚を取りつけるのにふさわしい大きさの壁龕を規則的に並べた壁に囲まれた中央広間は、タブラリウムすなわち都市の公文書を保管する場所と解釈した方が似つかわしい。おそらく外側の部屋の一つは、バジリカで開催される大規模な集会に対して、行政官が主催する少人数の集会や委員会会合などに使われ、その他の部屋は参事会の会議室であったのだろう。

　最後の政務のための建造物は、広場の東側からバジリカを反対側に望んでいる。伝統的な意味での建造物ではなく、むしろ壁に囲まれた四角い広場で、もともとは広場やアボンダンツァ通りから、列柱の間を抜けて自由に出入りすることができた（西側に五つ、北側に四つ）。通りからの入場は仮設の遮蔽物によって規制されていた。それは歩道の外側の端に残された支柱を挿し込むための穴の存在によってわかる。これによって、この建物がおそらく各種の都市選挙が行われる投票用の空間、すなわちコミティウムであったと判断される。南側中央の凹部に置かれた法廷用具は、任期を終える一方の二人官である議事進行の政務官によって使われた。噴火の際、すべてか少なくとも西面の入り口のうちの二つと北面の入り口のうちの

一つが閉じられており、おそらく地震のダメージによって構造的に弱くなっていたためであろう。

宗　　教

ポンペイにおける宗教は、その他のすべての古代社会と同じように、異なる性格と異なる領域を司る多神教から成り、人々は個人的な好みやそのときの必要性に応じて、あるときにはある一人の神を、そしてまたあるときには別の神を信仰していたのかもしれない。

宗教的な信念や行事についての資料は、主に神殿や祭壇の遺構に頼るほかない。もっともスケールの大きなものは「公式な」神々を祀る大公共神殿であり、たいていは記念建造物の中心に据えられる。これらの下には、新たに皇帝家に関するカルト教団やグレコ・ローマン的な、あるいは移入された神々に関する、どちらかといえばやや中規模の神殿が続く。そして下位のスケールとしては、さまざまな神々を祀る路傍の小神殿や住宅内の祭壇があり、すべては個々の参拝者や奉献者によってデザインされていた。

公に認められた神々には、もっとも古くから確立している三角広場や中央広場の西側の区域にある神殿が祀る神々が含まれる。前者の神殿は低い基壇の上に建設され、ギリシア神殿に特徴的な列柱廊によってすべての側面を取り囲まれている（ペリスタイル）。幅広の皿形の輪郭をもつドリス式の柱頭の存在は、その神殿の起源が前6世紀の後半であることを示している[8]。もっとも信頼できる復元によれば、ペリスタイルの円柱の数は正面と背面で7本、両側面が11本で、6本×13本が規範となっている一般的なギリシア式とは一

致しない。しかし、可能な説明としては、神殿の内室（ケラ）に発見された彫刻の台座が中央からずれていることがあげられる。6本の円柱の中央柱間から眺められるために最適な神体像ではなく、奇数の正面柱に対応した並立する一対の像が存在したのかもしれない。その複数の神体像がどの神々を奉っていたのかは定かでないが、一方はミネルヴァ（アテナ）であったとするのが妥当で、その神殿には北側のアボンダンツァ通りで見つかったオスク語（ラテン語とギリシア語の双方のアルファベットが用いられる）のエイトゥンス碑文と非常に近い形式の名前が捧げられ、神殿の彫刻付きのメートープ（図13）が車輪をつくろうとして罰せられたイクシオンの神話がアテナとヘーパイストスとともに描かれ、アテネのヘーパイステウム（テセウムと呼ばれている）神殿のように、神殿が2人の工芸の神様に共有されていると見られるからである。しかし、前2世紀の修復の際のアンテフィックス（屋根の端瓦）にはミネルヴァと彼女の被保護者ヘラクレスが描かれ、異なる組合わせも想起させる。超人的な能力を示した伝説上の英雄ヘラクレスは、近隣のヘルクラネウムを創建したと伝えられるように、またその他のローマ世界と同様に、ポンペイでも人気の地域信仰神の一人であった。

　広場の西の地域は前6世紀にさかのぼる歴史をもつ。発掘によってこの時期を示すアテネやコリント製の黒絵の陶器が見つかっている（第2章参照）。しかし最後の状況では、二階建ての列柱廊（下層はイオニア式、上層はコリント式）に囲まれた中庭の軸線上に配置されたモニュメンタルな神殿となっており、これはずいぶん後の時代のものである。神殿そのものはイタリア式で、正面のモニュメンタルな階段の奥の高い基壇の上にそびえ建ち、その周りにはコリ

ント式の円柱による正背面6本、側面9本のペリスタイルが囲む。ケラの床は緑、白、灰色の菱形の石板によって立方体に見える透視図的効果をもつ素晴らしい作品で飾られ、この床は前2世紀後半から前1世紀初めであろうが、当時の施主を魅了したに違いない。その縁にはサムニウム時代の政務官の名前を付した奉献碑文がある[9]。この証拠から聖域の更新は前89年前に起こっていたことがわかるが、もしそうなら、後の時代にはさらに重要な変化が起こったはずである。ローマ植民市時代の早い時期に一つの新しい祭壇が落成し、アウグストゥス時代に西方の区画の壁の建設は大規模な再建を示唆している（第4章参照）。最後に、東面の広場からの入り口はもとは円柱の間から自由に出入りできたが、神殿の反対側の三つを除いてすべて閉鎖された。この神殿が祀る神はアポロであるが、床面の碑文中にある神の名とともにケラにデルフォイのアポロの聖なる「へそ石」（オムパロス）を象徴する卵形の凝灰岩ブロックが安置されていることから、それは間違いない。アポロと彼の妹のディアナのブロンズ像がその区画に立つ（口絵17）。

　「公式」な神に属する他の二つのモニュメンタルな神殿はユピテルとヴェヌスのものがある。広場の北端に位置するユピテル神殿（図23）は前2世紀の後半に建設されたと見られ、前80年のローマ植民者によって他のローマによる被征服地と同様にカピトリウム、すなわち国家三主神のユピテル、ユノー、そしてミネルヴァを祀る神殿に拡張された。この時代の神殿の特徴は、3方向を列柱のスクリーン（正面6本、側面4本）で囲まれた深いエントランス・ポーチと、内壁に沿って2層の列柱をもつポーチと同じくらい深いケラである。ケラの奥には三神を祀るための幅の広い基壇がある。初

期の第二様式による壁面装飾はスッラ時代を彷彿とさせる。建物全体は階段につながる高い基壇の上に建設され、階段の下方の部分には各段が小祭壇を取り囲むように並び、挙行される儀式を広場を埋め尽くす群衆からもよく見えるよう高くされているのがわかる。

　古都市の南西角部のテラス状の土地にあるヴェヌスの神域は、列柱廊付きの中庭に囲まれた軸線空間をもつという点で、アポロのそれと似ている。前80年かその直後の建設とされ、スッラが保護したヴェヌス・フェリクス女神はヴィーナス・ポンペイアーナという名のもと、新植民市の庇護者として受け入れられた。その神殿の神体像は現在は失われているが、豊かに衣をまとった女神を描いたさまざまなポンペイの壁画によって知られるイメージを反映していたのかもしれない。そこでは都市を擬人化した都市城壁の形の冠を戴き、さらにポンペイの海上交易との深い関連性をうかがわせるような船の舵が彼女の左手に添えられ、傍らの台座の上にはキューピットが描かれる。ブロンズの舵をかたどった念入りな奉納品や入浴するヴィーナスの大理石の小像の発見は、その神殿を司る神がその仮説が正確であることを保証しており、前2世紀の終りから前1世紀にかけての他の多くのギリシアやイタリア半島の神域がそうであるように、渓谷の眺めを確保するためポーティコが3面のみに限定された。しかし、この部分の基礎の崩壊によってその詳細を知ることは難しい。すでに指摘したように、地震後の後62年以降については大規模な復元工事が進められていたようである。実際にその神殿は初期の帝国が興味を示す存在であったようだ。その神域からの驚くべき出土物として、黄金のランプ（口絵18）があり、もしかすると後64年にネロが訪問し、これを下賜したのだという想像を喚起するのに十

分な存在である[10]。

　その他のグレコ–ローマンの神々で唯一市壁の内側で確認されるのは、もしユピテル・メイリキウスの神殿と呼ばれる建物の最近の再解釈を受け入れるとすれば、医術の神アエスクラピウスである[11]。劇場の北側、住宅街の真ん中の狭く限られた敷地に建つこの小さな祠堂は、前3世紀後半か前2世紀にさかのぼる可能性があるが、スッラ時代に疑似網目積みで再建されたようだ。そこから、おそらく後づけだけれどもミネルヴァの半身像をともなったアエスクラピウスとサルス（健康）の素焼きの像が発見されている。ほかにも都市域の外には少なくとも二つの神殿が知られている。海の神ネプチューンはいうまでもなく港周辺の地区において崇拝されたし、バッカス（ディオニソス）の神域が都市から南東側で発掘されている。後者は前3世紀から前2世紀へ移り変わる頃に建てられ、横たわるディオニソスとアフロディーテの像をもつペディメントに特徴づけられる。

　古いグレコ–ローマン的な神々と異なり、比較的新参の神にエジプトの女神イシスがある。彼女への信仰はギリシアによるエジプトの征服の後、前3世紀から前2世紀の間に地中海全体へ広がった。生命を与える者、家族の保護者、癒しと救いの女神である彼女は、他の神々を同一化して取り込むことによって、ほとんど万能の女神に近くなっていった。彼女の運命を変える力が参拝者の関心を引きつけ、とくに個人的な信仰として非常に魅力的でもあった。彼女への人気は成功者の階層だけではなく、女性や奴隷を含めた一般の人々にも広がっていった。彼女を祀る神殿（図43）はおそらくアウグストゥス帝か初期のユリウス-クラウディウス朝の時代の建設で

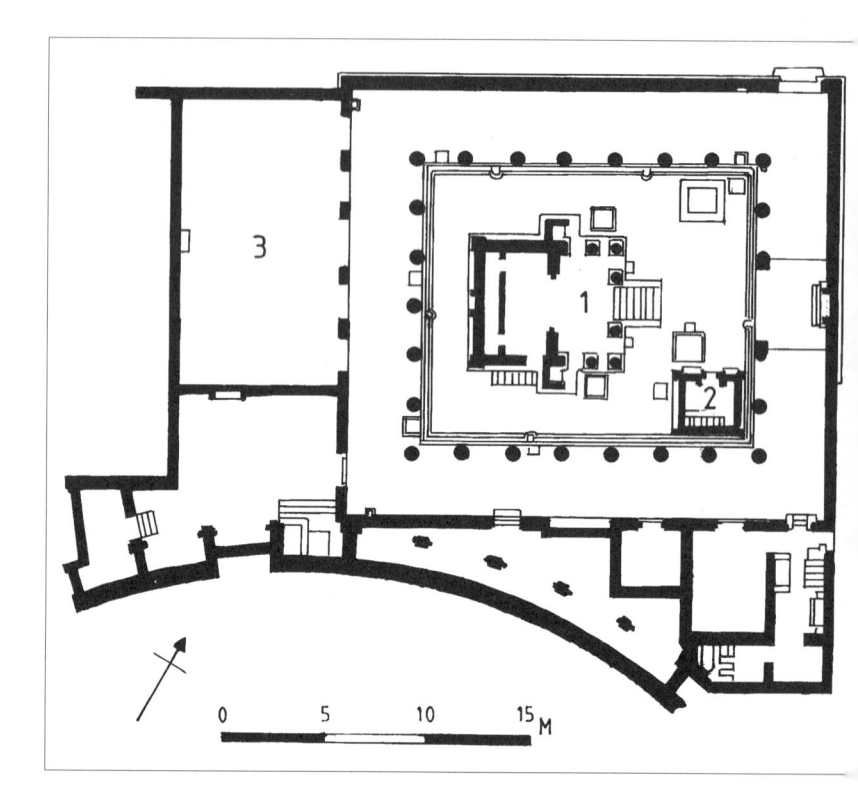

図43　イシス神殿の平面図（1：神殿　2：プルガトリウム　3：エックレシアステリオン。作図：L.A. Ling）

あろうが(12)、N.ポピディウス・ケルシヌスの碑文が示すように、後62年の地震後に修復されている。劇場の北側に敷地を構え、正面に各段を備える高い基壇の上に建設された神殿のみでなく、清めのための祠堂（プルガトリウム）を併設し、そこで参拝者はナイル川からといわれる聖なる水で清められたのである。敷地の背後にはエックレシアステリオンと呼ばれる女神や配偶者のオシリスの神話を

156

都市生活

物語る聖なる演劇が催されていたであろう大きな部屋がある。複合建造物全体はエジプトを主題とした絵画や漆喰のレリーフで飾られ、なかにはイシスの物語や聖なるミルクのための手おけ（シトラ）や魔よけのガラガラ音の鳴る打楽器（シストルム）を描いたものもある。また敷地には数多くの像が飾られ、そのなかにはN.ノルバヌス・ソレクスという男優のブロンズ製の胸像やイシスの古風な像もあり、ともに自由民によって奉献されたものである。その奉献文によれば、こうした像を安置することはデクリオーネス（植民地の元老院議員）によって是認されたもので、イシス信仰の個人的な特質にもかかわらず、その神殿は都市に属するものであったことになる。都市における利権は、なぜ参事会が喜んで6歳のケルシヌスをそのメンバーに加わえたかをみごとに説明してくれる。

　ポンペイ人の生活に最後に登場する宗教は皇帝にかかわるものである。ローマ帝国の東方属州ではヘレニズムの王たちを神と見なすことが慣習化していたが、それはローマ皇帝についても、たとえ存命中であろうと、神聖な存在として神と同一化することを容易にしたのである。だが、イタリア半島や西方地域においては非常に危険なことと受け止められた。とくにアウグストゥスは共和制懐古主義者や、また彼の養父であるユリウス・カエサルの名誉にも配慮して、直接的な崇拝を認めず、彼の精神や彼が庇護する帝国の繁栄そのものに対する献身を好んだ。フォルトゥーナ・アウグスタ神殿やゲニウス・アウグストゥス神殿については第4章で述べたとおりであり、フォーラム通りとノーラ通りがぶつかる角にM.トゥリウスによって建設された前者は、奥の深い列柱廊を前面にともなったケラをもつスタンダードな形式で、全体は高いポディウムの上にそびえ

157

る。一方、ユピテル神殿を思い出させる風変わりな特徴は、正面階段中央のプラットフォーム上に祭壇が置かれていることであり、それは階段を分断して両脇に別々のアプローチを形成している。ケラの奥の壁には 2 本のみの円柱を正面にもつアエディクラ（小神殿）がアプスのなかに据えられ、そのなかにフォルトゥーナ（運命の女神）の像が安置され、両脇の壁龕には一対の記念像が置かれる。その信仰はフォルトゥーナ・アウグスタ神に対するミニストリ（随員）（彼らはどうやら奴隷や自由民であったようだが）によって司られる。その団体、すなわち信仰自体は、最初のミニストリについて言及がなされた後 3 年の碑文までには成立していたと見られる[13]。

中央広場の東面に位置し、かつてわれわれがウェスパシアヌス帝の神殿という名称を使って説明していたゲニウス・アウグストゥス神殿は、中庭とその中央に祭壇、奥の壁に取りつくポディウムの上に建つ小さな祠堂をもつ、まったく異なる種類の建物である。62年の地震の後に修理されたと見られる痕跡の残る祭壇のレリーフには、アウグストゥスを連想させるイメージが満載されている（図44）。明らかにアウグストゥス時代を示す形式的特徴をもつ儀式の様子が際立っており、その儀式を遂行する者にアウグストゥスの風貌を示す特徴が見られる。一方、両脇に一対の月桂樹を付した樫の葉による王冠があり、これは明らかにアウグストゥスの尊号を得た前27年の出来事を示している[14]。

皇帝に対する信仰と結びつくかもしれない第三の建物は、パブリック・ラレスの神殿と呼ばれているものである[15]。中庭中央の祭壇と正面奥のアエディクラの構成はゲニウス・アウグストゥス神殿に類似しているものの、アエディクラの置かれる大きなアプス、ま

都市生活

図44 アウグストゥスの守護神を祀る神殿の祭壇に施されたいけにえの儀式のレリーフ（紀元7年直後。写真：M. Thatcher (Ward-Perkins collection)）

たその広い凹部と両脇の壁龕、そして表面を縁取りの角付き柱と丸付き柱が並ぶ幕壁がより複雑さを増し、他のポンペイにおける記念建造物には見られない落ち着かない流動的な印象を与えている。装飾はオプス・セクタイルによる床仕上げと壁面に張りつめられた大理石の薄板よって施された。この前衛的なスタイルは後1世紀の中頃を示しており、あるいは後62年の地震後かもしれない。もしこの建物が本当に皇帝に関する信仰に捧げられたとすれば、両側の壁龕には、イタリア半島や属州の都市に見られるように、ユリウス-クラウディウス朝の皇帝たちの像が据えられていたのかもしれない。

またポンペイにはほかにもさまざまな形式の公共神殿が見られる

が、信仰の対象は形式的な宗教建造物においてのみに限られるわけではなく、通りや家々においても信仰のための場所は見出せる(16)。ほとんどの場合、神的なものを表現した絵画や彫刻をともなう街角の祭壇は、さまざまな信仰が隅々にまで浸透していたことを示す。店舗や工房、住宅に見られる同様の祠堂も日々の生活を守護していたのである。これらの家庭内の祠堂において象徴される神的なものも、多くの場合バッカスやヴェヌス、そしてヘラクレスなどがとくに好まれ、公共神殿との違いはない。それ以外に触れられていないものに、商業の神として重要視されたマーキュリー（ヘルメス）がある。すべての家に共通する神にラレス・ファミリアーレス、すなわち家事の守護神たちがあり、住宅のパブリックな場所とともに台所で見つかる（図45）。彼らは短いチュニカ（2枚の布を使い肩口と両脇とを縫い合わせたひざ丈の着衣）をまとって組になり踊る姿で描かれ、通例では角杯（ライタン）から神酒鉢（パテラ）あるいはシトラへ献酒としてのワインを注いでいて、ほとんどの場合にパーテルファミリアーリス（家長）の庇護を象徴するトーガをまとった人物画に、災厄から一族を守る善意の精霊としての1匹ないし数匹の蛇の図を伴う（図46）。

　家族内信仰と関連して、ラレスはラレス・コンピータレス（辻々の神々）でもあり、その地区全体を守っているのである。前7年には彼らに対する信仰が皇帝そのものへの守護者へと結びついた、すなわちラレス・アウグスティとして知られる存在となった。この信仰を司ったのがマギストリとミニストリ・ヴィーキ（監督者と教区随員）であり、彼らは多くの場合、自由民のみかあるいは自由民か奴隷のいずれかであった。彼らが管理した街路脇の祠堂は、住宅内

図45 メナンドロスの家（Ⅰ.10.4）のアトリウムにある家庭用祠堂（62年から79年の間。写真：R.J. Ling (Pompeii Research Committee 1993-4/33)）

図46 ヴェッティの家（Ⅵ.15.1）の祠堂に描かれているラレス神と守護神の絵（紀元50から75年。写真：J.-P. Adam）

のそれと同じことがわかるようラレスの絵で飾られ、ときにはアウグストゥスのゲニウスを描いたのであろうトーガを身に着けた人物をともなっている。

　もちろん公式の宗教行事以外に、迷信や魔術的な礼拝に関連した

サブカルチャーの広大な世界が横たわってたことも事実である。その現れの一つは、あらゆるところに見られる凝灰岩やテラコッタでつくられた男根の象徴で、道路側の外壁や仕事場に飾られ、ある場合には車道の舗石に彫り込まれている。これらは悪霊を遠ざける幸運のお守りである（口絵19）。そのような護符は古代世界に共通して見られる。それらは幼児の高い死亡率のなかで各共同体が多産であること、また穀物とブドウの豊作によって共同体が繁栄することの重要性を反映している。

最後に、キリスト教が伝わっていた確固たる証拠は存在しない。第Ⅶ区の一軒の家に刻まれた十字のメッセージは、クリスチャンに関係するものといわれてきたが、新しい宗教に対する知識の一つを示すものに過ぎないかもしれないし、また後64年にローマで迫害された信者が噴火の際にすでにポンペイにまで達していたのかもしれない。しかし、それはその町に確固たる信奉者の存在を示していはいない[17]。

経済生活

ポンペイのメインストリートに並ぶ店舗や工房は都市内で活発に経済活動が行われていた証拠でもある。われわれは一般的にその形式や特徴からその敷地が商業用あるいは工業用であったかを見分けることができる。店舗は前面道路に対して幅広の間口をもち、その床に刻まれた溝は夜間に鎧戸を建て込むためのものである（図47）。工房はもちろん商品の販売窓口であるとともに貯水タンクや製粉器、釜、炉やそれに類するものの存在によって見分けることができ

図47　木製のシャッターが下ろされた商店の開口部（IX.7.10。写真：L.A. Ling）

るし、とくに何らかの作業や生産活動を示す特定の出土物があれば一目瞭然である。ある場合には、とくにアボンダンツァ通りの東延長部では、建物の正面にまさに商いに関係する壁画が残されていることもある。しかしながら不幸なことに、埋没後の破壊的な略奪者たちによって（ブルボン朝の発掘者もけっして例外ではない）、また近年の放置や風化によって、商業用あるいは工業用の施設のほとんどは遺物が乏しく、判断のための明確な根拠を欠いている状態である。そのユニットが店舗あるいは工房であったことは知られるのだが、どのような商品が売られたり、あるいは生産されていたのかはうかがい知れないのである。

店舗は本質的には都市住民の必要性に応えるためにある。全体的にその都市あるいは近郊で生産された商品が販売されていたが、特別品や贅沢品はより遠方から輸入されていたかもしれない。たとえば、多くの銅製容器はカプアのような銅製品工房で名高い中心都市で生産されていたかもしれないし、ガラス製品（口絵28）は、おそらく町の四分の一がガラス職人（クリヴス・ヴィトラリウス）街と名づけられるほど、ガラス工芸で有名なプテオリから輸入されたであろう。テラ・シジラータと呼ばれる光沢赤色の食器（多くは繰形付きの図像や文様で飾られ、初期帝政期に流行した）など（口絵20）、ほとんどのイタリア半島と西方の都市がそうであったように、アウグストゥス時代のポンペイも、北部イタリアのアレティウム（現在のアレッツォ）からの派手に飾り立てられた製品の恩恵にあずかったことであろう。しかし、ユリウス-クラウディウス朝期には操業を停止したアレティウムの工房の後では、より重要な生産地は再びプテオリとなるのである。ある容器は東地中海から輸入されたし、その都市の晩年には南部ガリアからの製品も現れる。この供給地の変遷に関する驚くべき証拠は、アボンダンツァ通りに面する一軒の家（Ⅷ. 5. 9）で発見された、届けられたばかりで未開封の南部ガリア製シジラータのための運送用木枠の中身がもたらしたものである[18]。

しかしながらポンペイも、ある生産品の分野ではその外にまで販路を広げるほど成功していた。もっとも重要なものはブドウと穀物の農場、とくに（現在もこの地域がそうであるように）果樹や野菜の栽培であった。この土地は肥沃で水はけの良い火山性の土壌と、この地方の温暖な気候が決定的な要因であった。さらに都市の立地も交通の結節点にあり、港を通じて海につながることも交易にとっ

ては好都合であった。

　ヴェスヴィウス地方でワインの生産が重要であったことを示す豊富な証拠がある。ストラボンはアウグストゥス時代に記された記述のなかで、「ワインに適した」土壌としてエトナ山のものと比較しているし、マルティアリスは後79年の噴火の前はいまだブドウは新緑だったと報告している（口絵21）[19]。ヴェスヴィウスのワインは農業誌家たちと並んで、プリニウスも「自然誌」のなかで頁を割くほど十分に知られた存在であった。ブドウのある品種は実際に「ポンペイアーナ」（シチリア島の一都市から名づけられたムルジェンティーナという名がより知られているが）と呼ばれていた。その地域で育つ別の品種に「ホル(r)コニア」があるが、これはときにポンペイの「ホル(l)コニア」一族の名前がなまったもの、あるいは引用されたものと考えられている。プリニウスによれば、ポンペイ産のワインはこの十年間進歩がなく、夕刻に深酒をすると翌日の半ばまで続くような二日酔いを起こすという。こうした問題にもかかわらず、そのワインは広く親しまれた。初期のアウグストゥス時代のワイン生産者であるL.エウマキウスのスタンプが刻印されたアンフォラが、ローマの外港であるオスティアだけではなく、遠くカルタゴやガリア、スペインでも発見されている。ワイン生産の広がりは、ポンペイ周辺の農場の発掘でほとんどすべての農場から、ワインの圧搾機（図48）と発酵用の大桶として地面に埋め込まれたドリウム（瓶）が並ぶ作業場が発見されることによって確認されている。たとえば、銀製品が出土したことで知られるボスコレアーレにある小規模のヴィラでは84のドリウムがあり、そのうち72がワイン用で、9万ℓの生産能力があったと見られるが、それには10から15ha（25

都市生活

図48 秘儀荘にある復元されたブドウ搾り器(雄羊の頭で装飾された梁をロープを張って引きおろし、ブドウの入った箱に圧力をかける。写真:R.J. Ling 100/20)

から37エーカー)の広さの農地(いくらかの穀物、野菜、果物の生産を考慮して)を所有していることが必要であっただろう。別の農業地では、近年の発掘により、単に農場用の建物だけではなく、周囲のブドウ園の一部も発見されている(図49)。また、すでに都市城壁の内側にも小さな商業用ワイン農園があったことが知られている[20]。

ポンペイで栽培される野菜、キャベツとタマネギの2種類は「ポンペイ産」と名がつくほどよく知られていたし、農業誌家のコルメッラはとくにタマネギを推奨している[21]。とくにそれを指し示す

167

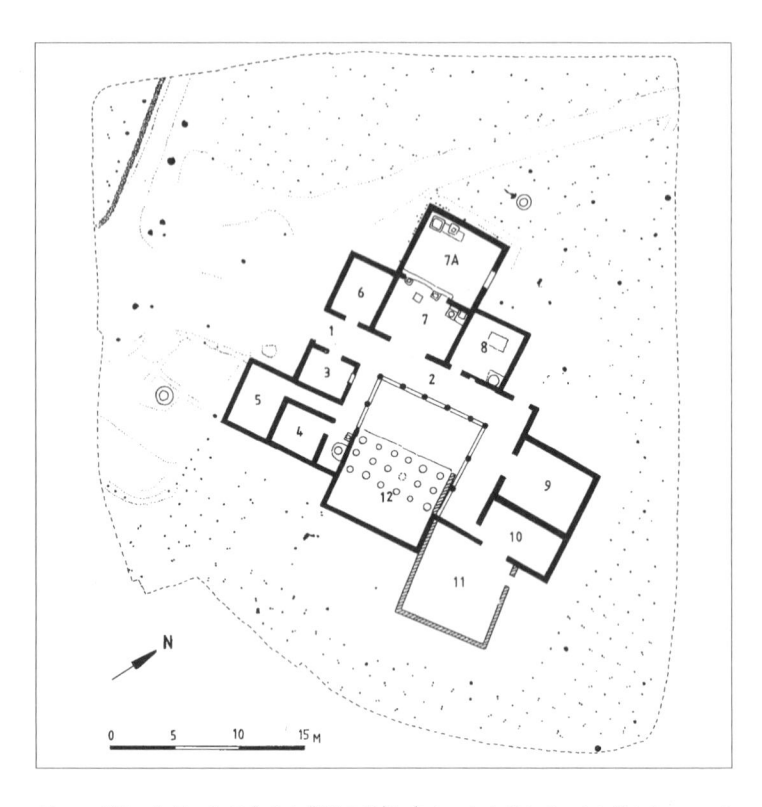

図49 ボスコレアーレにある小農園の発掘(1:エントランス 2:ポルティコ 3〜5:居室 6:商店 7〜7A:ワイン工房 8:台所 9:ダイニングルーム 10:干草貯蔵庫 11:脱穀場 12:発酵用の大桶がある庭。根があった穴が規則的に並んでいることから、ワイン園が周囲にあったと考えられる。大きな穴は木(4本のクルミ、モモ、2本のプラタナス、2本のマツ、14本のアーモンドまたはオリーブ)があったことを示唆する。作図:R.J. Ling。出典:S. De Caro, La villa rustica in località Villa Regina a Boscoreale (1994))

証拠はないものの、他の野菜もその地方で消費される以上に栽培されたと思われる。ポンペイに残るグラフィティやアンフォラのラベルに記されたもののなか、あるいはポンペイやヘルクラネウムで抽

出された炭化物から確認されもののなかにソラ豆、レンズ豆、ヒヨコ豆などの多様な豆科植物が見られる。都市的な環境のなかでは限られた土地から最大の効率を引き出すことが求められる。稠密に栽培することが可能な肥沃な土壌がそれを可能にしたことはいうまでもないが、結果としてブドウと果樹との間作として野菜が栽培されていたのである。

アーモンド、イチジク、ハシバミ、ウォールナッツ、サクランボ、リンゴ、ナシ、モモ、そしてザクロなどの果実が炭化物から確認されている。生き残った樹木や壁画に描かれたものから存在が推定されるその他の果実は、レモンとスモモである。オリーブは、現在のポンペイ周辺にはまれであるけれども、古代には広く栽培されていたことが知られている。そのオイルは調理用だけではなく、ランプの油としても使われた。ボスコレアーレの郊外ヴィラで発見されたドリウムのいくつかはオイル用だったと考えられる。ポンペイがその地方で販売する以上のオイルを生産していたか否かは不明だが、オイル圧搾機では有名であった。大カトーは彼の著書「農業論」において、彼が推奨するブランドのなかにとくにポンペイ産を加えている[22]。

ポンペイの名が知られるもう一つの産物（プリニウスはそれを帝国のもっとも絶賛すべきもの一つに加えている）は「海のフルーツ」である魚醬のガルムである[23]。一方でラテン語のリクアーメンとして知られるこの調味料は、日光のもとで長期間発酵させたさまざまな魚のエキスからつくられ、その品質に応じてワインのように等級別されていた。最高級品はガリ・フロス（ガルムの華）と呼ばれる贅沢品で、リクアーメン・オプティヌム（最高級リクアーメン）

とも呼ばれた。そのソースが調合されていた工房の一つがポンペイのⅠ.12.8で発掘され、町を代表する生産者であったA.ウンブリキウス・スカウルスの家はその西の端に位置する。彼の製品に対する誇りはその家のアトリウムのモザイクに見て取れる。そこではインプルヴィウムの角が"liqua(minis) flos"（リクアーメンの華）と "g(ari) f(los) scom(bri) Scauri"（サバからつくられたガルムの華スカウルス）とラベルされた瓶の絵によって飾られている。工房でのそのラベル付きの瓶は町のあちこちで発見されており、スカウルスが奴隷や自由民、そしておそらく家族を含めた多数の世帯間の販売ネットワークを築いていたことがわかる。彼の瓶はヘルクラネウムでも見つかっているし、南フランスのフォッスル-メール沖の難破船のなかでも発見されている。また、"gar(um) Pomepeianun" とラベルされたアンフォラはローマでも知られていた。すなわち間違いなく、一地方を越えて流通していたことになる。

　もう一つポンペイが自己消費する量を越えて生産していたと考えられる産物に羊毛製品がある。ウォルター・O・モーラーの研究によって、それが主要な産業の一つであり重要な収入源であったとされた。その見解はW.ヨングマンによって再考され、彼は糸を紡いだり織物を織ることが基本的には家庭内での作業であり、ポンペイの織物生産がけっして一地方産業としての規模を越えることはなかったと主張している[24]。おそらく真実はその中間のどこかにあるのであろうが、ヨングマンの慎重な評価がより真実に近いように思える。羊はその肉、乳、糞肥、そして羊毛のためにイタリア半島全域で飼養されていたし、ポンペイがその例外とは考えられない。実際にセネカは後62年の地震の際に「数百頭」の羊が死んだと報告し

ている。他方、サルノ平原やヴェスヴィス火山麓の肥沃な土地で育った草を食む大きな群々の存在は土地の不経済な利用ではあるが、ブドウ栽培や果樹園とは共存できたかもしれない。というのは、都市近郊のほとんどの農園は羊をもたず、より大規模な羊の放牧にはヴェスヴィウス火山のより急峻な谷が選ばれており、よりありうるとすれば、おそらくサルノ川の南あるいはより上流の谷にある石灰岩の山々であろう。このことはポンペイで加工される羊毛の大部分がヌケリアなどの周辺都市の領域からもち込まれていたことを意味する。さらに、ポンペイにおいて大量の羊織物が生産されていたとする仮説に対する主な反論として、織機などの生産設備の存在についての明確な証拠に欠ける点が指摘される。発掘された住宅では必ず錘が見つかるけれども、それは一つか二つに過ぎない。より集積している例としては3軒の家から50以上の錘が見つかっているが、それぞれの家の1ヵ所に集中しており、しかも縦糸用の錘はたった一つ（あるいは二つの可能性もある）見つかっているだけで、せいぜい小規模な家内生産であったことを示しており、それは他のあらゆる都市に見られるものである。とくに考慮しなければならないのは、今まで知られているなかではたった一つのグラフィティが1人のテクストール（紡績工）について記しているに過ぎないということである。もし、織物業が繁栄する産業の基盤を成していたとすれば、これにかかわる職工についての記述が碑文のなかにもっと現れてもよさそうなものである。

　羊毛を加工したり毛織物をクリーニングする工房が存在したことは確かだが、サービス産業の域を出るものではない。これまでに発見された関係施設のなかにはⅥ.8.20の毛織物縮充工房がある。そ

こには織物を踏みつけて搾るための土間区画、すすぎ洗いのためのタンク群、そして上階には物干し台があり、それらは工房用に転用された古い住宅のペリスタイルに据えつけられている。そのペリスタイルの独立柱からさまざまな工程を描いた絵画が見つかっている。とくに興味深いのは織物圧縮機と半球形の籐製のカゴで、硫黄

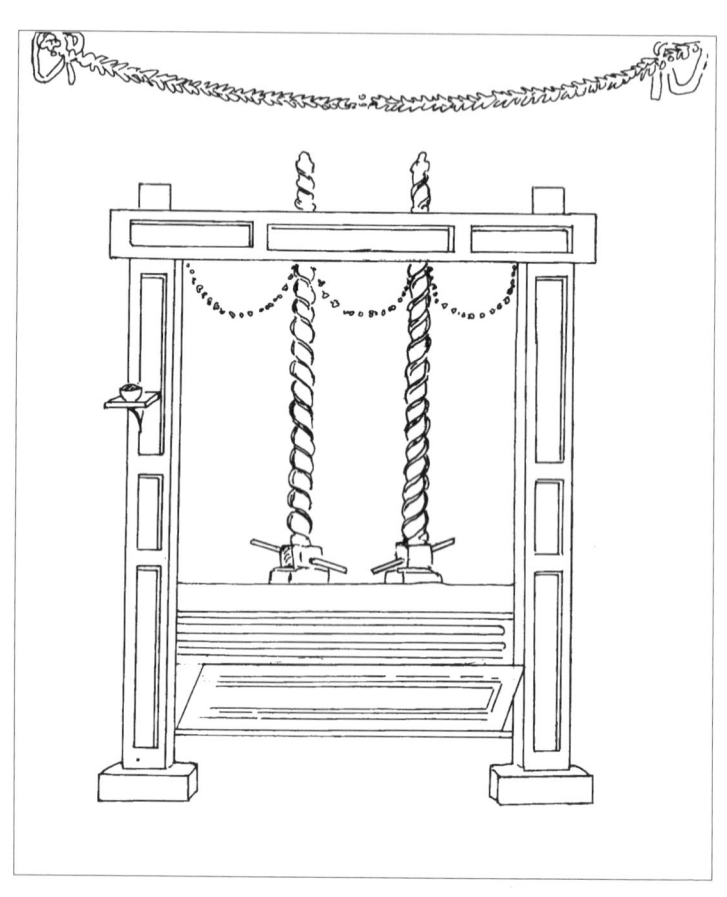

を含む蒸気によって晒すためにその上に衣類を広げたのである（図50）。アボンダンツァ通りに面する別のもっと小さな縮充工房（V.6.7）にはステファヌスの名が記され、踏みつけ圧搾のための土間区画、すすぎ洗いタンク（そのうちの一つはアトリウムのなかのインプルヴィウムを改築したもの）、そして道路面には縮充工の選

図50　毛織物縮充工房（VI.8.20）のペリスタイルの柱から見つかった絵（左：木製のプレス機。上：クリーニングの作業風景。一人の労働者がロープに掛けた布地を毛羽立て、別の労働者はカゴと漂白に使う硫黄の入ったバケツを運び、そして女性がメイドの手渡した衣服の一部を検査している。Naples Museum 9774。作図：L.A. Ling）

挙公約が高らかに記されている。さらに衣類の加工に関連すると見られる施設にⅠ.8.19の染色工場があり、染色のために使われていたと見られる小さな炉の上に置かれた四つの鉛製の釜によって確認できる。またヴェレクンドゥスの織物工場（Ⅸ.7.7）には、羊毛をすいたりフェルトをつくる職人たちを描いた看板がある。そこでは、きちんと名前が付されたヴェレクンドゥス自身が、公衆の面前に一枚の完成した外套を差し出している場面が描かれている。この最後の図はフェルト生産者たち（coactiliariiと記されているが、quactiliariの方言）の利益を訴える選挙広告によって損なわれてしまっている。そこに並ぶ 2、3 の扉には類似の公約が別に掲げられ、そのうちの一つは染色工（インフェクトーレス）が広告主である。

　これらすべての事柄がビジネスとして衣服のクリーニングや染色業が存在していたことを示しているものの、その都市の実質的な収入を支えるような産業の一部を形成していたとはいえない。モーラーが確認した施設の多くは間違いなく古着の修繕業であり、彼らは現在のドライ・クリーニング業に当たる仕事なのである。より重要なのはモーラーの事例のなかには、あまり意味を成さないグラフィティや単なる炉やタンクの存在など、とくに後者は織物とは関係のないさまざまな作業工程に使われた器具であり、あいまいな根拠にもとづくものも含まれているという点である。とりあえずわれわれはポンペイの衣料品生産はその都市内あるいはテリトリウム内での需要を満たすためだけの規模と考えるべきであり、大規模な輸出産業のなかの小さな歯車でさえなかったのである。

　その都市における他の多くの産業施設も明らかに一地方産業の規模であり、小麦粉をつくる製粉機やパンを焼く窯などによって判明

するパン屋もそうである。その良例としてⅦ.2.22（口絵22）がある。そこでは、床に玄武岩の舗石が敷き詰められ、その床石の間にはめ込まれている四つの製粉機は、二つの火山岩製部材を組み合わせた典型的な形式で、中空の砂時計のような形をした部材（カティルス）が円錐形の部材（メタ）の上に被さっていて、製粉機全体は丸い台座に載り、さらにその台座の周囲を縁が取り巻く。ロバに引かれたカティルスがメタの周りを回り、上部の中空部に流し込まれた小麦は上から下へ落ちるうちに、二つの部材の間で擦り合わされて小麦粉に挽かれ、底から出てきた小麦粉は下に並べられた鉢に集められる仕組みである。製粉機の右手には、壁に取りつくように木製の作業台を支える石の支柱が並び、その上で助手たちがパン生地をこねる。そして左手には床と一続きでなかに入って点火するためのアーチ形の入り口をもつドーム型のオーブンがあり、そこでパンが焼かれた。他の部屋は小麦袋やでき上がったパンの保管用として使われたが、この製パン所は特別で販売のための店舗を併設しない。おそらく、どこか他の場所（商店や市場取引など含めて）で販売するため製品を配達する、あるいは直接届けるような卸売り生産者であった。他の製パン所は対照的に自前で販売する製品を生産していて、ポンペイではよく知られたⅧ.3.30（図51）の絵画は、現在では公共に対する庇護として無料でパンが配給されている図だと考えられているが、当時のパン屋がどのようなものであったかをイメージとしてよく伝えており、そこでは丸いパンがカウンターや後の棚に山積みになっているのが見える。

　パン屋よりもはるかに多数存在するのがさまざまな飲食品の店である。それらは通常Ｌ字型に曲がっている特徴的なカンターによっ

図51　Ⅶ.3.30のタブリヌムから見つかったパンの配給を描いた絵（62×53cm。写真：E. de Maré）

て見分けることができ、L字の一方が道路面に沿って、入り口を塞ぐように横たわり、もう一方は店の奥に向かって折れ曲がって延びる。この配置によって、販売員は道路側と店舗側の双方の客を相手にできる。そのカウンターにはドリウムが埋め込まれ、多くの場合

都市生活

図52　備え付けのドリア（貯蔵用の壷）が組み込まれたL字型コーナーの上部（端には小さなストーブをはめ込んでいたと考えられる凹所がある。写真：L.A. Ling）

には店側のカウンターの奥端に小さなコンロがあり暖かい飲み物も客に出すことができた（図52）。ドリウムの中身はまれにしか残っていないが、観察によれば、おそらくは木の実、果実、野菜のようなものであったのだろう。普段われわれが"inn"や"tavern"と呼んでいる場所の入り口にもほぼ同じようなものがあり、しかも宿所を提供したり、ゲームやその他の余興のために奥の部屋を貸したりもする。裏に店主用の生活用区画をもつ単なる食料品店とこうした施設を見分けるためには、その建物がホスピティウム（inn）であること、カウポあるいはコーポ（パブの主人）が占有者であることを示す朱書きや、そこで行われていたことに関するグラフィティや

177

絵画から見分けるしかない。Ⅵ.10.1の宿屋にある興味深い一連の絵画には、酒杯を満たしながらテーブルでダイス遊びに興じて飲み食いする客が描かれている（図53）。また別の絵にはロバに引かれたワゴンでワインが到着する様子も見られる。ある宿屋は、現代のイギリスの宿屋が掲げる看板のような、個別の商標を描いているものもある。たとえばシッティウスのホスピティウムでは正面壁には象が描かれたし、エウクシヌスのカウポーナ（パブ、居酒屋）ではフェニックスであった。

図53　さいころ遊びをする人々（居酒屋(Ⅵ.10.1)にある絵。写真：German Archaeological Institute Rome 31.1751）

都市生活

図54　Ⅶ.15の角にある外壁から見つかった建設用具のレリーフ（下げ振り、ショベル、水準器、仕上げごてまたはこて板、石工用のハンマーの頭、のみが表されている。上には荒彫りされたDIOGENES STRVCTOR（"建設者ディオゲネス"）という碑文がある。34.5×63.5cm。Pompeii Antiquarium 2254。写真：R.J. Ling 77/20）

　他の恒常的に必要なサービス産業は建設（図54）、壁画、そしてその他装飾関係であった。いうまでもなく、後62年の地震によって修復の不必要な建物は一件もなかったという状況において、そのニーズは至急であった。

　最後にわれわれは売春について触れなければならない。これまで、その需要と供給の関係においてその広がりが誇張されてきた。この傾向は最近の出版物にも顕著であり、ある例では市内の大部分に散在する41の売春宿のカタログを含んでいて、それは目に余るほどであり、やり過ぎの感すらある[25]。それらが売春宿だとする根拠の多くは、実際には近辺の街角に見られるエロティックな、あるいはポルノグラフィカルなグラフィティなど、まったくあいまいな証拠

にもとづくもので、排除しなければならないものばかりである。ある宿屋は疑いもなく密会の場所として提供されたが、明らかにルパナリア（売春宿）として認められるような設備はほとんど見当たらない。一つの明らかな例外はスタビア浴場の裏通りにあるもので（Ⅶ.12.18-20）、一列に並ぶ小さな個室の各扉のすぐそばに組積造の据えつけのベッドがあり、そこには性交をする男女の絵が描かれている。これらの絵はその部屋のなかで得られる快感を宣伝するものに過ぎず、実際に壁々の多数のグラフィティのなかに歓喜の表現が残されている。

　その都市における経済生活を示すさらなる史料が、商人たちに供された公共建築物のなかに見出せる。もっとも重要なものはマケルム、あるいは食料品市場であり、中央広場の北西角に位置する中庭をもつ建物である（図55）。中庭の中央には流水を巡らせた円形の付属施設があり、発掘の際にウロコや骨が見つかっていることから、魚を洗うために使われたようである。南辺に沿って商店が並び、北側と西側では外の街路に向かって商店街が間口を開く。果実や木の実、穀物などが出土していることから、扱われた商品が想像される。南東の角では一室が肉と魚販売に割り当てられており、東の側壁にはユリウス-クラウディウス朝時代に再建された皇帝崇拝のための神殿がある[26]。

　中央広場の反対側には前面を8本のレンガ造の円柱に支えられたアーケードがあり、フォルム・オリトリウムすなわち穀物と乾燥野菜の市場と考えられている。その根拠は、すぐ近くの南側に隣接した凹部に計量台が据えつけられていることで、それは上下二つの石灰岩の板から成り、下方には九つ、上方には三つのカップ状の穴が

図55　マケルムの内部（写真 R.J.Ling 112/36）

あり、そのすべてに標準の容積が表記されていて、商人が小麦などが正しい量なのかをチェックできる仕組みになっていた。サムニウム時代からの古い計量法はアウグストゥス時代に新しく統一され、その穴もそれに応じて削り直されたようである。

　最後に多くの人々に商業用に利用されたもう一つの建物はエウマキアの建物で、中央広場とアボンダンツァ通りの北面がつくり出す角地に建つ。この堂々とした建造物は三つの主な要素からなり、寄進者エウマキアの奉献文のなかに一覧化されている。すなわち、広く深いポーチと玄関ホール（カルキディクム）、列柱付き中庭（ポルティクス）、そして地下廊あるいはクリプトポルティコ（クリプ

タ）である。商業用であるという主張の根拠は、奥の回廊に立つエウマキアの像が毛織物の縮充工たちによって置かれたことを記録するもう一つの碑文にある。これはその建物が縮充工の同業者組合会館あるいは衣類の交易所であるという推測をかき立てるのである。とすれば、地下回廊は保管庫に、中庭は原料のクリーニングとすすぎ洗いに、そしてステップを通じて前面開け放ちの高段につながる玄関ホールは競りの場所として使われたと想像は広がる。しかし、縮充工が石像によってエウマキアを讃えたという事実と建物の機能とは何の関係もなく、さらに織物産業あるいは他のいかなる形態の生産業、交易業との関連を明らかに示す何の建築的あるいはその他の特徴もない。その建物が奴隷市場であったという最近の提案も同様に実証するのは難しい[27]。エウマキアを「公共の巫女」と認め、彼女のカルキディクム、クリプタ、そしてポルティクスを帝国中央のイデオロギーと結びついたコンコルディア・アウグスタとそれに対する敬意という概念に捧げたとするその奉献碑文の意図を考えると、この建物は商業用とは考えられず、市民用あるいは宗教用であっただろう。カルキディクムでの石像と碑文の存在は明らかにローマのアウグストゥス広場の図像的なプログラムに触発されたものであり、同様の図像的プログラムを採用している。中央広場の奥には、大規模なアプスにおそらくコンコルディアの石像が据えられていたのだろう。われわれはその建物に特定の役割を与えることはできないが、宗教的な儀式の挙行に使われたか、あるいはある種の商取引の契約の場として使われたのではないかと推測はできる。これらの目的ではないとすれば、ローマの共有アーケードのように、人々が休息したり陽射しや雨から逃れるための避難所、あるいは今は失わ

れてしまった芸術作品を鑑賞する場所だったのかもしれない。

社会生活

　居酒屋や売春宿などの肉感的な娯楽を別とすると、ポンペイには三つの主たる社会活動あった。すなわち、公共浴場へ行くこと、劇場での演劇観賞、そして円形闘技場でのショーの観戦である。

　公共浴場はその公衆衛生という重要性から、ローマや無数の他の都市と同様に、ポンペイでも都市生活の主要な役割を果たしていた。より裕福な市民の一部は自宅に浴場をもっていたが、大部分の人々はそうした恩恵には浴せず、実際に公共浴場へ通うことが必要だった。こうした理由から入浴料は最低に抑えられ、たとえ貧民であっても締め出されることはなかった。このことは、浴場が何物にも変え難い一つの社会生活の中心であったことを意味し、そこに集う人々は自由に時間を過ごし、最新のゴシップ情報を交換したのである。

　入浴方法は後のトルコ風呂のそれに受け継がれていて、温度別（冷、温そして熱）の部屋が入浴者に提供され、汗を流すことによって毛穴を掃除した後、熱い風呂に身を沈めたり、冷たい風呂に飛び込んだりすることができる。そこには厳密で難しいルールはないけれども、一般的な段取りはまずもっとも熱い湯に浸かり汗で汚れを浮かせておいて、やや熱い風呂で身体をすすぐ。そして冷えた部屋にもどって冷たい水に飛び込んで爽快感を味わう。さらに、若者やさらに元気な平民たちは、明らかにギリシアのギムナジウムの影響を受けている併設のパレストラで走ったり、レスリングをしたり、

またボールゲームなどの運動をすることもできた（59〜60頁参照）。

ポンペイの浴場はイタリア半島における入浴に関する技術について、その始まりから帝政期の完成に至る発展を追うことを可能にしてくれる。最初期の設備の実体はポンペイ中央に位置するスタビア浴場からうかがい知ることができる（図56）[28]。そこではハンス・エッシェバッハの発掘によって、前4世紀にさかのぼるギリシアスタイルの坐浴のための一連の部屋が見つかっている。そしてローマタイプの複合建築物へと最初に発展するのが前2世紀であり、熱浴

図56　スタビア浴場のパラエストラ（運動場）（写真 R.J.Ling 113/9）

室のユニットが二つ、一つは男性用、一つは女性用が背中合わせに火炉を挟んで並び、パレストラがそれに沿って配置される。この初期の段階ではポンペイには水道の設備はなく、水は井戸から汲み上げられ、地下の貯水槽、屋上の受水槽などに溜められた。

ローマ植民都市の建設によって、スタビア浴場には円形の乾燥熱室（ラコニクム）と運動の後に汗をこすり落として身体をきれいにする部屋（デストゥリクタリウム）が設備に加わった。しかし、その特徴ももはや旧式となり、不満が生じたことや植民都市化によって入浴への需要が急速に増加したことから、あらたな複合施設、フォーラム浴場の建設が決定された（図24）。ここでは初めからラコニクムが付設され、おそらくはすでに水道も完備しており、隣接するインスラの巨大なタンクに集水された。それは店舗やカウンターバーも併設した複合建築であり、間違いなくそこからの家賃がその設備を維持管理するために使われた。技術的な発展から見れば、熱浴室（カルダリウム）に床下と壁体内の暖房システム（中空の壁をつくる技術はおそらくテグラエによってすでに完成していた）が完備され、ついにローマ時代のイタリア半島における標準的なレベルに達したといえるが、しかし温浴室（テピダリウム）は、少なくとも男性用区画ではいぜんとして金属製の炭火鉢に頼っており、後79年の段階でもまだこの部屋の唯一の暖房設備であった。

スタビアエとフォーラムの両浴場が機能し続けた実質150年の間には、流行の変化や技術の進歩にともなってさまざまな改装も行われた。アウグストゥス時代には、それらの浴場は新たに建設された水道供給システムに連結された。同時に、火鉢と上下する青銅の円盤によって円錐形ドームの中央開口部から供給される空気を循環さ

せるという煩わしい暖房システムを使っていたラコニクムを改築して、プール浴槽のある冷浴室（フリギダリウム）とした。スタビア浴場は、以前は個人住宅で占められていた土地を合筆して西方へ拡張され、新しく取得された土地は屋外のスイミングプールが建設された。しかし、旧式の浴場は残されたままで、熱を逃がさないよう大きな窓が設けられずに、採光が芳しくなかった。フリギダリウムの中央開口部からの天空光と、各部屋にある小さな同様の天窓からの光を除いて、他に光源はなかった。この状況は帝政期に入って暖房技術の改良や窓ガラスの普及によって変化し始めた。ユリウス-クラウディウス朝期と考えられる比較的小規模の郊外浴場に、すでに新しい技術が導入されていた。後62年の地震後に建設が開始され、結局未完となった中央浴場は完全な帝国スタイルの浴場が予定されており、午後の西日を取り入れられるよう南西向きの大窓から採光されている[29]。これらの窓は金属製あるいは木製の窓枠にガラス板が嵌め込まれ、中空レンガを採用した壁体内の新しい熱伝導のシステムによる輻射熱が十分な暖房効率をもたらし、窓ガラスを不要にするほどであった。これらの未完成の浴室におけるさらなる変化は、男性用と女性用に分けられた区画が存在しないことである。中央浴場が両性へのサービス提供を意図していたとすると、その使用について、その配置計画が碑文から明らかとなっているポルトガルのヴィパッシャの炭坑集落の浴場[30]のように、女性は午前中（夜明けからその7時間後まで、たとえば午後1時頃）に使用し、男性は午後（夜明けから8時間後から日没まで）といった具合に結論づけなければならない。

　しかし、中央浴場は実際にサービスを提供することはなく、晩期

のポンペイにおける入浴法の基本的な段取りはフォーラム浴場やスタビア浴場からうかがい知るほかはない。後62年の地震による被害の後、完全に復旧されたフォーラム浴場を例にとると（図24）、男性用の区画には円形のフリギダリウムと、テピダリウムからカルダリウムへつながる部分に脱衣所（アポディテリウム）がある。アポディテリウムには壁に沿って入浴者が腰掛けられるベンチがあるが、衣服を保管するための壁龕が見当たらない。それらは、木製の棚に置き換えられたと考えて間違いなく、現在でも固定していたクギ穴を確認することができる。それとは対照的にテピダリウムにはテラモネス（男像柱）のテラコッタの浮彫りの間に配された壁龕が残されており、彼らの折り曲げられた腕はヴォールトの起拱（アーチの始まる位置）の部分でコーニスを支えているように見える（図57）。このヴォールトは地震後と年代判定される彩色の漆喰で飾られている。カルダリウムは標準的な形式にしたがって、一端を大理石製の手鉢（ラブルム）を収めたアプス、他端には隣接する火炉室（プラエフルニウム）のボイラーからの熱水が供給される矩形のバスタブが配置される。ヴォールトは、入浴者に滴が落ちないよう側壁に水滴を流すための溝切りのついた漆喰仕上げとなっている。プラエフルニウムを挟んで反対側に配置され、入り口も別の道路に面している女性用の浴場は男性用と類似しているが、冷水のプール浴槽は独立した部屋にではなく、脱衣室と同じ部屋に併設されるなど、小型で簡略化されている。最後に列柱廊で囲まれたパレストラは男性用のアポディテリウムから通路を通じて連結され、また周りの街路に対しても東側と西側に別々の入り口をもつ。

　後79年には明らかに全面開業はしていなかったけれども、同様の

図57　衣服を置くための壁龕とその間にあるテラモネス（支持している男性像）があるフォーラム浴場のタピダリウムのディテール（上にはスタッコでできたヴォールト装飾の残骸がある。写真：Ward-Perkins collection）

配置がスタビア浴場においても繰り返されている。その都市にはほかにも入浴を伴わない肉体的な運動のための施設があり、それは運動施設に対するギリシア性を色濃く残している。サムニウム人のパレストラと呼ばれる施設には、ギリシアのギムナジア（ギムナジウムの複数形）の一般的な象徴であるポリクリトゥスの槍持ちの像の模刻が置かれ（図58）、その典型例ではあるが広さが限られており、

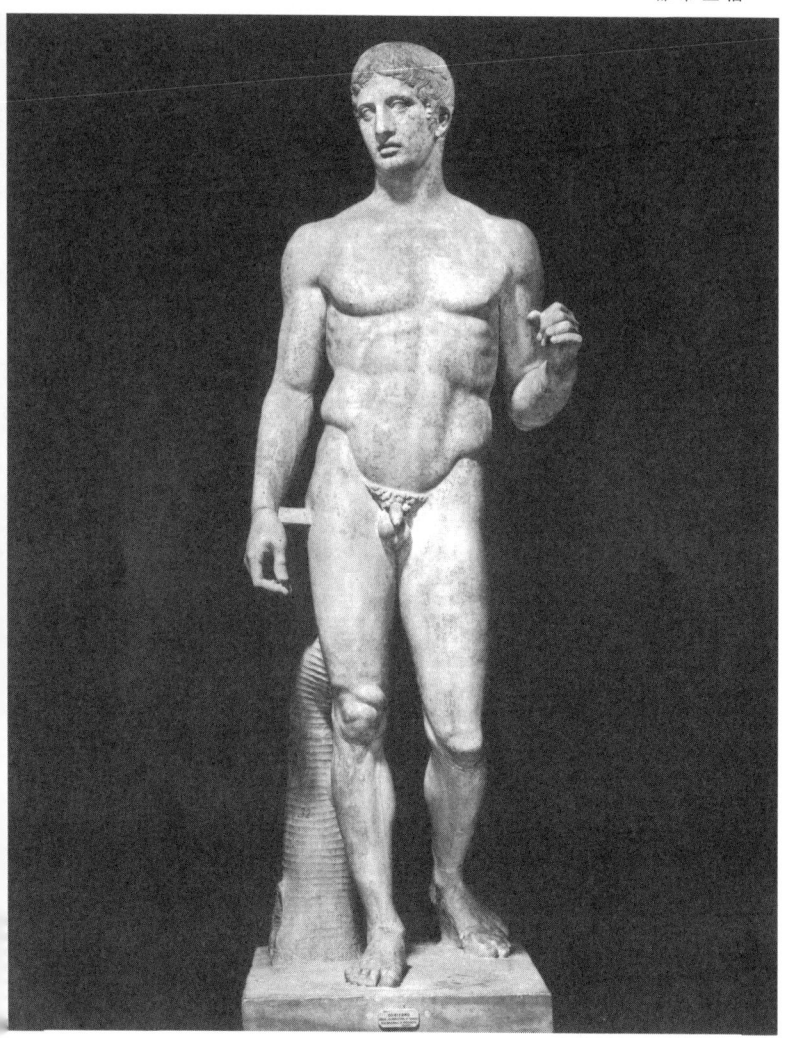

図58 サムニート・パラエストラから見つかったドリュフォロス（槍をもつ人）の像（このような紀元前5世紀の有名なブロンズ像を複製したものが、ギリシア様式のジムナジアに通常は飾られた。高さ2.12m。Naples Museum 6011。写真：University of Manchester, Art History collection (Anderson 23079)）

すでに第2章で指摘したように、大規模な列柱廊付きのフル・スケール版のヘレニズム式劇場が広場の裏に計画されていたのかもしれない。さらにサムニウム時代には三角広場は徒競走に使われていた可能性もある。というのは東側の列柱に隣接してトラックのように見える線が引かれているからである[31]。しかし、これらの初期の運動場はアウグストゥス時代に建設された大パレストラ（口絵8）に比べれば小さなものであった。円形闘技場の隣に位置する六つのインスラと等しい大きさをもち、中庭の三辺は長大な列柱廊（北側と南側は36本、西側は48本）に囲まれ、残り一辺も壁によって閉じられる。おそらくこの施設は一義的には皇帝によって創設された若年の軍団兵士の訓練のためであり、副次的には一般民衆の娯楽に供されたのかもしれない。

　ポンペイ人に可能な第二の主要な社会活動は劇場に訪れることである。前2世紀に最初の劇場が建設されたとき、「小劇場」あるいは「室内劇場」と区別するために、一般的には「大劇場」と呼ばれているポンペイ劇場（図59、口絵23）は、現在のものより小さく、半円より若干大きいオーディトリアム（カヴェア）は舞台からは独立していた。後の改修を経て、とくにアウグストゥス時代に（第4章参照）、背後に列席を増設するため周囲を巡るようにヴォールト天井付きの通路（クリプタ）を建設し、カヴェアはより高く広く拡張された。一方、両サイドのカヴェアと舞台との間の通路上には屋根が架けられ、近代劇場のボックス・シートに似た特別観覧席（トゥリブナーリア）を含めた拡張スペースが確保された。おそらくアウグストゥス時代の改修では古い火山性凝灰岩製の座席が大理石製に取り換えられ、最終的にはそのオーディトリアムは、20列の座席

都市生活

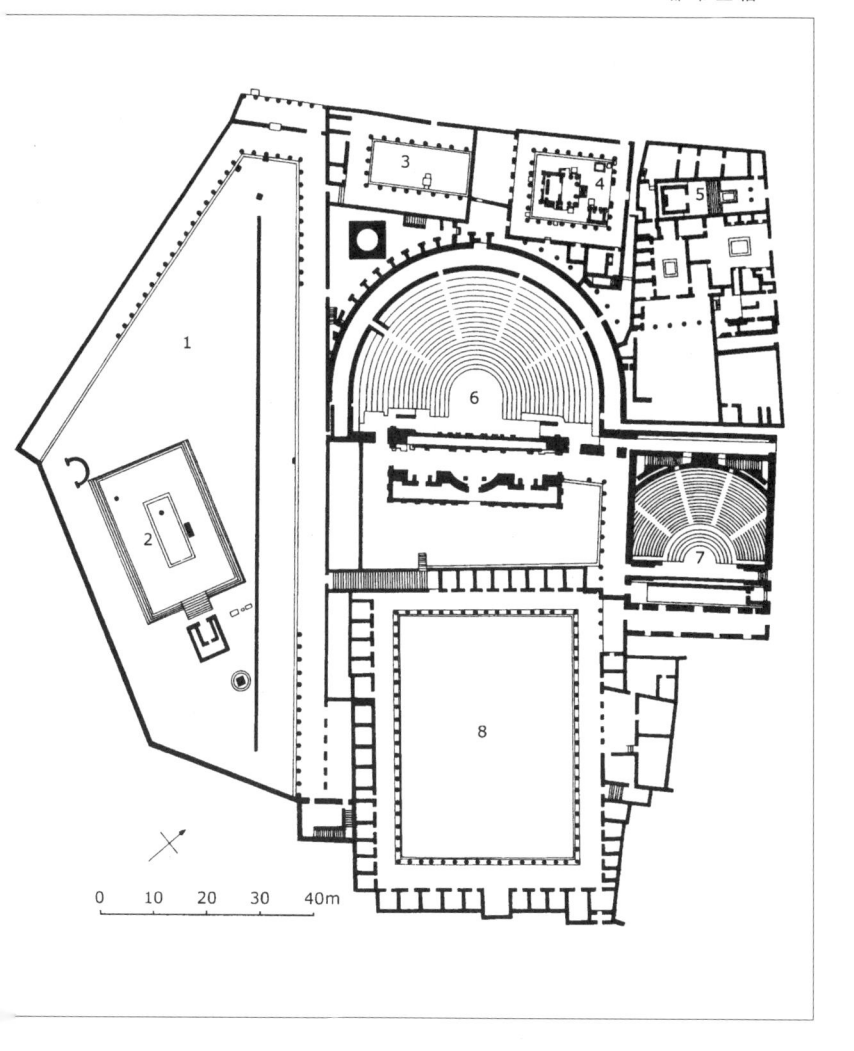

図59 劇場広場の平面図（1：三角広場　2：ミネルヴァとヘラクレスの神殿（ドリス神殿）　3：サムニウム人のパレストラ　4：イシス神殿　5：アエスクラピウス神殿（?）　6：大劇場　7：（屋根付き）小劇場　8：剣闘士の控え室（公式のギムナジウム?）。出典：J.B. Ward-Perkins and A. Claridge、Pompeii AD 79 (1976)）

を備える近代劇場の円形桟敷に対応するメディア・カヴェアと呼ばれる中央部分と、近代劇場のギャラリーに対応するスンマ・カヴェアと呼ばれる背後の4列の上席の部分から構成される。メディア・カヴェア（スンマ・カヴェアの実体は不明である）では、6列の階段通路が背後のクリプタに通じていて、座席を五つのくさび形の区画（クネイ）に分割している。オーディトリアムの底部には近代劇場でいうところのストール（舞台前一等席、米語ではオーケストラ）の位置に、ローマ植民都市元老院議員や政府高官のための名誉座席（ビセッリア）である4列の幅広だが浅い段（イマ・カヴェア）があった。

その舞台は高さ1m、手前から奥まで6.60mで、前面近くに幕（シパリウム）を取りつけるための器具があった。その幕は演劇が始まると上から下へ降ろされ、終わると下から上へ引き上げられるのである。背後には細長い舞台装置の前面に2段構成で円柱と石像で飾られた堂々たる壁面が建ち上がっており、これも同様にアウグストゥス時代の改修の結果である。その主たる特徴は中央のアプス状のくぼみとその両側の内角形のくぼみであり、それぞれにギリシア・ローマ劇場の背景に見られる三つの舞台への入り口がある。

その劇場でどのような演目が開催されたかについての直接的な証拠は見つかっていない。しかし、間違いなくファブラエ・アテッラーナエと呼ばれるイタリア半島起源の笑劇が含まれていたであろう。それは、マッカス（道化師）やバッコ（大きな口の武骨者）、パッパス（常に言葉巧みにだまされる老人）そしてドッセナス（大食漢）などのお決まりの登場者で構成される。笑劇がさらに変化した形式のいわゆる「身振り狂言」、あるいは神話的な主題を舞踏で

都市生活

図60 喜劇の一場面の絵(左側の玄関にいる人物は老兵役の仮面を被っている。32×65cm。百年祭の家(IX.8.6)のアトリウム(現在では判別しがたい)。写真：German Archaeological Institute Rome 53.633)

再現する演芸の「無言劇」だったかもしれない。しかし、「劇場パネルの家」や「百年祭の家」(図60)などのポンペイ住宅の壁画に描かれている劇場を含む光景、あるいはエウリピデスや「メナンドロスの家」と呼ばれる家に描かれたメナンドロスなどの悲劇や喜劇作家の肖像画(口絵24)、さらにポンペイでは壁画だけではなく装飾用の彫刻でも好まれるモチーフである劇場用のマスクから判断すると、演目のレパートリーの主要な部分はあいかわらずギリシア演

193

劇であったようである。少なくとも、こうした古典的な舞台に対して教育レベルの高いファン層があったのであろう。

　植民地化後の最初の数年間に建設された小劇場（第3章参照）の機能は不明な点が多い。この建物は舞台に向かって外殻にオーディトリアムを配する大劇場の形式をそのまま踏襲しているが、座席が置かれる半円形の斜面は劇場全体を包みこむ矩形のホールを支える壁によってその両端を切り落とされている。背後の両隅にある階段を通じて座席の上列へアクセスする。現在の遺跡を写した写真を眺めると、全体としてまったくの相似形であるにもかかわらず、その二つのローマ時代の姿はまったく異なる。大劇場は露天であり、カヴェアのカーブするラインがそのデザインを決定しているが、小劇場は対照的に覆い屋根をもつ矩形の建物であった。また、その大きさも目立って異なる。大劇場は3500から5000人の観劇者を収容したと見積られるが、小劇場の収容能力は1000から1500を超えることはない。

　一般的にギリシア的な文脈では室内の小劇場はオデイアと分類され、音楽鑑賞や詩の吟唱のためのホールとされる。しかし、少なくとも小アジアの西海岸に位置するヘレニズム時代の二つの都市プリエネとミレトゥスでは議会の場所として同様の形式を採用していた。最近の研究（第3章参照）では、ポンペイの室内劇場はローマ植民者の集会場であったと考えられている。しかしながら、それには他に帰することのできない機能、すなわち特別な眺めを提供するはずの大劇場を彷彿とさせるイマ・カヴェアとトゥリブナーリアの取扱いが問題となる。あるいは、あるときは政治的その他の集会に使われ、あるときは大劇場に掛けられる演目に比べてより窮屈なな

かで余興が開催されたという二重の使用が結論づけられるかもしれない。さらに、屋根付きという事実は全天候型で年間を通じて使用可能なことも意味する。したがって、ある機会にはその位置関係から雨で中止された大劇場の演目を小規模化された形で開催するための代用劇場として使われたのかもしれない。

　ポンペイ人に可能な第三の主要な社会活動、そしてもっとも人気があったのは円形闘技場でのショーの観戦である[32]。ショーには主に2種類あり、まずは剣闘士どうしの戦い（口絵25）で、それぞれの戦士を特徴づけるために異なる武具をつけている。もう一つは狩猟家たち（ヴェナトーレス）と野生動物との対決である。そのイベントはありとあらゆる限りのパターンで開催され、ほとんどの場合2、3日あるいはさらに長く続いた。それらは選挙キャンペーンのように街角に描かれたポスターで喧伝された。興味深いのは、これらのポスターに選挙の際に支持を訴えたのと同じ有力市民が名を連ねていることであり、彼らは余興を提供することで公的な義務を果たし、市民の喝采を背景に将来の支持をも確実なものにしようとしているのである。典型的な例では、「Cn. アッレイウス・マイウス、クインケナーリス（クインケナーレスの単数形）が30組の剣闘士とそれに代わる補欠の戦士も用意し、ポンペイにおいて11月の24、25、26日に対戦させる。狩猟ゲームもあり。クインケナーリスのマイウス万歳」というのがある。ときにスポンサーは、果物や現金を配るなどのさらなる催し物でイベントを盛り上げることもあった。よく行われたのはヴェラ（日陰をつくる天幕）やスパルシオーネス（水や香水を振りかけること）のサービスで、午後の陽射しによる熱気を和らげ大いに感謝されたに違いない。

最高の剣闘士たちはいわゆる芸人であって、町から町へと旅をした。養成学校あるいはルーディ（もっとも有名なのはカプアに置かれた帝国設立のものであった）に集められ、ラニスティー（単数形はラニスタ）と呼ばれる興行主によって管理され、おそらくそこから地方のスポンサーのもとへ送り出されるか、彼らに代わってショーに出場するための契約を結ぶ。その他の剣闘士たちは個人で営業するか、それぞれに主人をもつかであったが、そのなかのある者たちは明らかにポンペイを本拠地としていた。その都市の北部のある家は、一時多数の剣闘士が占拠したことを示すグラフィティから「剣闘士の宿営舎」と呼ばれている。劇場の裏手の四面列柱廊庭は最後の数年間に、少なくとも部分的に明らかに剣闘士の宿営舎へ改造されていた。そこでは、エクセドラの南面の壁に剣闘士の武具が描かれ、そのとなりの部屋からは実際の装備として、ヘルメット（口絵26）、楯、すね当て（口絵27）、肩当て、剣、一対の短剣が保管されていたのが見つかっている。

　もちろん、剣闘士には生命の危険が多く、アリーナで戦った際にはいつ命を奪われるかもしれない。こうした理由から剣闘士の多くは、そのために徴収された奴隷や犯罪者であったが、一方で人生の望みを失い、そのショーを世間からの絶賛を勝ち取るための手段と見なした脱落者や落ちこぼれたちも存在した（そして、おそらく究極的には最後までうまくやれば、その競技から引退する際に十分な富を得ることができた）。しかし悪くすると、ポンペイの円形闘技場の決闘は、確実に対決者のどちらかの死をもって終了する。優秀な剣闘士は価値ある商品でもあった。破れた主人公の一人を処分するか否かについて最終的に判断を下せるのは観戦客であり、当然の

ように死を宣告するかもしれないし、恩情を示して次の機会を期待してくれるかもしれない。確かに何人かの剣闘士たちは常に出場していたし、現代のフットボール選手やポップスターのようにタレント化していた。それを示すかもしれない証拠に、剣闘士についてのグラフィティがある。「トラキア人」のケラドゥスについては"puellarum decus"あるいは"suspirium puellarum"(「栄光」あるいは「少女たちの心をときめかす者」)と記し、クレセンス・ザ・"retiarius"(網と三叉のやすを使って戦う剣闘士)を"paparum nocturnarum…medicus"(真夜中の人気者……われわれを癒す方)と表現している。

その都市の東端に位置する円形闘技場は純粋にローマ式の娯楽施設としては最古の実例である(図6、図61)。それは、現代の運動競技場に見られるような連続する斜面上に並ぶ座席に囲まれた長円形のアリーナという共通した形式を示す。しかし、コロッセウムや後の円形闘技場と異なり、観客席は内部に通路網や階段をもつコンクリート製の下部構造には支えられておらず、単に土盛りの上に構築されている。南と東側では古い都市城壁の塁壁と一体化していて、反対側はアリーナを周囲の道路面よりも6m以上も掘り下げたときの排土をうまく積み上げて利用している。外部からアリーナへの主たるアクセス方法は両端にある斜トンネルで、車両の通行のために玄武岩の舗石で敷き詰められていた。北側の一つはいわゆるポルタ・トリウムファーリスと考えられ、それを通じて剣闘士たちや野生の猛獣を入場させた。南側にあるものは城壁にぶつからないように内部で直角に曲がっていて、いわゆるポルタ・リビティネンシス(死への門)と呼ばれ人間や動物の死体が運び出された。野生動物からの危害を恐れて、観戦客はアリーナから高い手すり壁(それに

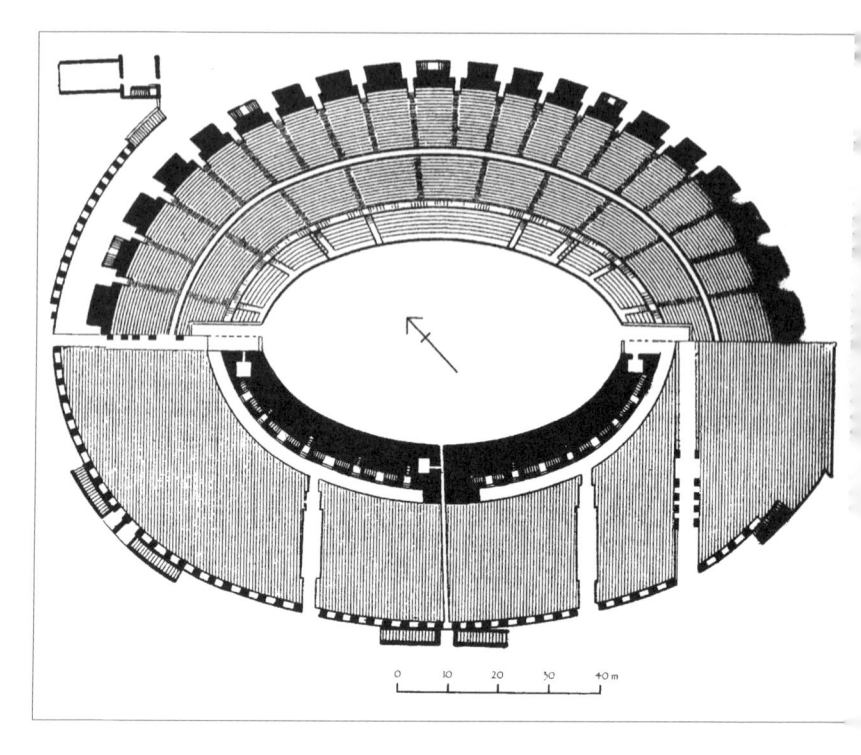

図61　円形闘技場（紀元前70年頃）の平面図（出典：A. Mau, Pompeji in Leben und Kunst（1908））

は円形闘技場の光景が描かれていた）によって隔てられ、低い位置の座席には斜トンネルの末端と西側からの一対の通路につながるヴォールト天井の廊下を通じて出入りできた。この廊下からは観戦客をイマ・カヴェアへ通す入り口が規則的に並んでおり、その先の階段通路はメディア・カヴェアへと続いていた。最上階の座席には直通の外部階段があり、その二対は北西区画の観客席をカバーしており、その建物のもっとも目立つ特徴をつくり出している（図62）。

都市生活

図62　円形闘技場（紀元前70年頃）の（西側）外観のディテール（上段席につながる階段室がある。写真：R.J. Ling）

　階段付きの斜路の下にはアーチ付きの凹部が並び、それらは斜路に沿って徐々に背を高くしている。また、別のアーチ付き凹部が主構造部の周りにも一列に巡っており、これら凹部間の支柱には主な構造的な役割として、観客席の土盛りを固め幕壁を支える控壁としての機能を果たすとともに、上部の観客席の群衆を外に流し出すためのテラス通路部分を支えている。より世俗的な用途として、この凹部は造営官の許可を得ればショーの開催される日には屋台を出して商売のできる場所として提供されていた。

　劇場のなかに目を移すと、地方元老院議員たちは長手方向の中段両側にイマ・カヴェアに専用の予約席をもっていた。有力な市民で

もある彼らは、自らがそのショーの興行主であると同時に観戦している様子が人々の目に留まることも必要だったのである。彼らは建物の改修のための資金提供についても、その役割を誇示した。最初の建設者についての碑文だけではなく、さらに2人の二人官、C. クスピウス・パンサ親子の石像が、後62年の地震後の修復に対して資金を供出した功績により北側のトンネル入り口に置かれている。また、長年にわたり少しずつ、おそらく以前は木製であったと思われるメディアとスンマ・カヴェアの座席を石製に交換するための資金提供が、傑出した功績として名前が碑文に記された市民もいた[33]。これは現代でも劇場が個人にスポンサー・シートを与えることがあるのを思い出させる。それが円形闘技場への正真正銘の献身からか、あるいは単なる自己宣伝のためのいずれにしても、そのショーの人気とそれらが社会生活に果たした役割の重要性を証明している。

家 庭 生 活

住宅の形式やそれらがどのように機能したかについては、これまでの章で十分に語られてきた。ここでは、その都市の一般的な家庭生活について観察してみたい。

　もっとも有名で見た目にも明らかなポンペイ住宅の特徴はアトリウム（図63、図30参照）である。この中央広間は屋根中央に特徴的な開口部（コンプルヴィウム）をもち、建坪120㎡を少し越えるような質素な世帯から、インスラ全体ではないにしてもほとんどを占めるようなダブル・アトリウムをもつ大邸宅に至るまで、すべての種類の住居に見られる。また、前面中央に置かれた入り口通路から

図63　アトリウム型住宅の内部を見る（玄関通路は特徴的な開口屋根をもつアトリウムにつながる。背後にはタブリヌム、その奥にはモザイクで装飾された噴水のある小さな庭がある。小噴水の家(Ⅵ.8.23)。写真 R.J. Ling 100/2）

奥中央のタブリヌムを走る軸に対して、左右に同じ翼室を配するなど左右対称性を示す傾向があるが（図15）、その典型に近い実例がどれくらいの数なのかは取るに足らない些細なことである。「サルストの家」と「外科医の家」は近年の教科書で常に図示され、事実上、中核部に明らかに左右対称性の存在を認め得るたった二つの実例である。たいていはアトリウムの左側の部屋が右側のそれらとはバランスが取れていないものである（もちろん、後の改変かもしれないけれども）。しかし、多くの場合は一方あるいは両側の部屋は同時に建設されたものなのである。タブリヌムについても、たとえば「ヴェッティの家」では除かれたか、あるいは初めからなかったのかもしれない。

　理想へのこだわりから離れてみると、住宅のレイアウトは可能な敷地の大きさや形から合理的に条件づけられていることに気づくものである。驚くべきことはアトリウムが結構面積を取るにもかかわらず、小規模な住宅にまで何とか組み込もうとする苦心の跡が認められる点である。家主たちの壮大な思い入れを実現するために、敷地の三分の一に達するその面積を犠牲にする覚悟をするのである。一つの確実な要素はコンプルヴィウムの役割である。それはインプルヴィウムと対になって家族が使う水を貯めておく機能である。しかし、すべてのコンプルヴィウムが雨水を受けるためにデザインされたとは思えず、むしろ地下に貯水槽をもたない多くのインプルヴィウムは主として装飾用なのである。やはりアトリウムは伝統的な形式と見るべきである。小規模の住宅にも、大邸宅の高尚な広間を想起させるものとして、一つのステイタスシンボルが求められた。それは毎朝のサルタティオの儀式を行い、隷属平民たちが強力なパ

トロンに対して敬意を払う場所であったのだ。

　より大規模な住宅では、面積は差し迫った問題ではなく、アトリウムは壮観に飾り立てられた部屋に囲まれており、しばしばペリスタイル（一つではなく二つの場合もあり）や、さらに背後に部屋群をしたがえることになる。すでにそうした大邸宅が示す社会構造については前章で解説した。アトリウムに焦点を絞ると住宅の前面はより公式な接見の間に使われ、ペリタイル部分は家主がより親密な社交仲間や友人を招いてもてなす場所であった。しかし、たとえその内部であっても、住宅は現在考えられるような意味での真にプライベートなものではなかった。われわれには驚くべき頻度で人々が出入りしており、この状況はポンペイの家族関係のまさに本質と密接に結びついている[34]。近代的な意味での家族というより、むしろ「家いっぱいの人」といういい方がふさわしい。すなわち、家主とその直近の家族と奴隷に加えて、ウォレス-ハドリルの表現を用いれば、「被扶養者、自由民、職工、友人、間借り人など常に変化する多様な人々の集まり」であった。滞在している人々の数はいつも変化していたが、それが家族の実体であったのである。

　その住宅の部屋数は収容人数をうまく説明してくれる。ある住宅は地上階だけで20、30、40あるいはそれ以上の部屋を有し、それに加えてその広がりや配置は不明であるが、ほとんどの場合上階にも個室群があった。実際に上階を設ける理由の一つに、身内の被扶養者や他の寄宿者の急増があるのかもれない。ただし、すべての部屋が常に使われていたわけではない。よく指摘される一つの現象として、食堂や応接室が二つ置かれる場合がある。そこで、一年のうちの異なる時節に何度も接待に供されていた古代の著述家たちの言葉

を信用するとすれば、冬の食堂は午後の陽射しを浴びられるように南西向きで、春と秋の食堂は東向き、夏用は暑い季節に室温を適度に維持するために北向きとされた。さらに、家族はディナーパーティの規模やゲストの社会的地位に応じて部屋を取り替えたとされる。あるいは、単に模様替えをしただけかもしれないが。異なる食堂は異なる色彩の内装と異なる主題の壁画で飾られていた。プルタルコスによってその生涯を詳しく記されたローマの有力者ルクルスは、とくに名誉あるゲスト一行を接待するために「アポロ」の間を選ぶよう奴隷に告げている[35]。その部屋はおそらくアポロに関連する壁画で飾られているはずで、彼はその機会に適切な食堂を選んだのである。このエピソードはローマでの話だが、同様の選択はポンペイの大邸宅でも行われていたはずである。

部屋の多様な用途についての当然の結論として、部屋には常に専用の家具が置かれていたわけではないと思われる。なぜならイス、ダイニング・カウチやテーブルが必要に応じて運び出された事実があるからである[36]。一般的に、考古学調査による出土物によると、われわれが近年慣れ親しんでいるより、はるかに少ない程度にしか家具は発見されず、ある部屋は使用されていないときにはまったく家具がない状態であった。このことは、部屋が基本的に多機能であったことを結論づけている。床の図柄や壁画装飾がベッドやダイニング・カウチを置いた場所を示していたとしても、その部屋が寝室や食堂としてのみ使用されたと推論することは危険である。「クラフトマン（職人）の家」（I.10.7）の一室では、床のパターンがトリクリニウムに見られる一般的なπ型の配置を示しており、噴火の際には確かに食堂として使われていたが、たった一つのカウチが置

かれていただけであり、寝室としても使われていた可能性がある。つまり、たった一つのカウチの存在をもって、いかなる部屋も四隅までの全空間を寝室と名づける必要はないのである。ラテン語のクビクルムはよく寝室と訳されるけれども、文献からは単に人々が眠る部屋という意味だけではなく、日中に休息したり学んだり、親しい友人と談笑する部屋でもあった。また逆にすべての居住者がベッドの上で寝ていたわけでもないので、ましてや寝室用としてデザインされた部屋とはいえない。とくに奴隷は床にマットレスを敷いて寝たであろうし、それは主人の寝室の扉近くや家のあらゆる場所であった。その配置はまったく決まってはいなかったのである。

アトリウム住宅は都市住宅のたった一つの類型ではない。「ホフマン型住宅」と呼ばれる別の類型（図14）があり、そこではアトリウムの場所は交差広間（あるいは中庭）になっている。そこにはけっして2、3室構成程度の規模を越えない多くの小さなユニットが存在する。多数の商業施設が最後に残されたこのカテゴリーに該当し、それらは単に店舗あるいは工房と背後の一つないし二つの居室、あるいは内部の梯子や階段を通じた中二階をともなうこともあった。その他の居住空間はすべて上階にあり、共同住宅が中に収まっていて、建物の内部からあるいは前面道路に直接つながっている階段からアプローチできたのである（図64）。

所有関係や賃貸関係の詳細は、現代のほとんどの都市と同じく疑いようもなく複雑かつ多様であり、ほとんどは失われてしまった。ローマ法にもとづけば、すべての上階はその地上階の所有者に権利が与えられるため、上階の共同住宅の居住者は間違いなく間借り人か、その建物あるいはさらに向かい側にある土地付き建物も所有す

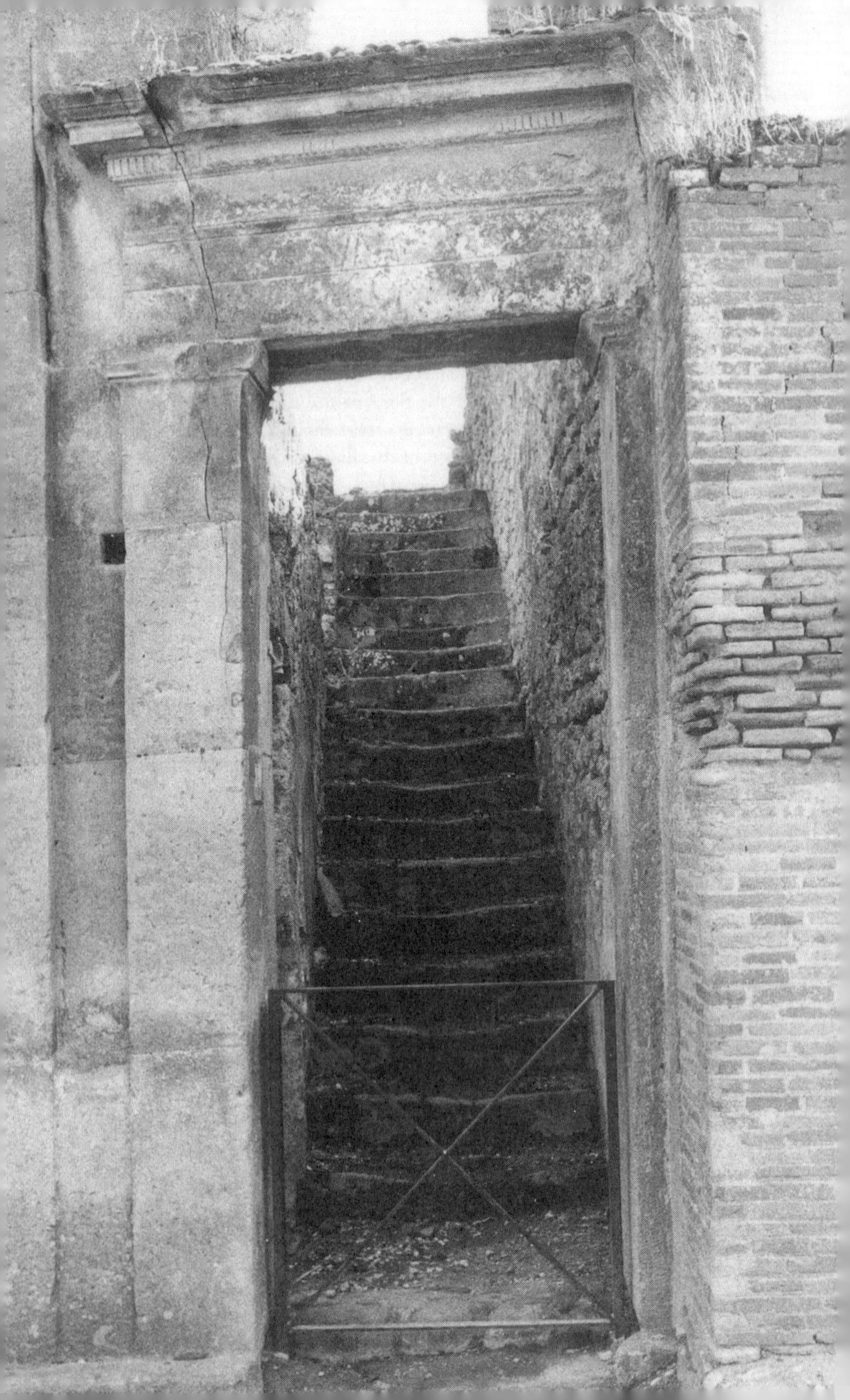

るような人物の扶養家族であった。同様に、大アトリウム住宅の周縁にそってクラスター状に集まっている多くの店舗や小規模居住ユニットは、いずれかの一人の所有者の財産であり、それらをさまざまな占有者に貸し出していたと考えられるかもしれない。ポンペイ人がすでにこうした行為を実践した確証は、街頭に描かれた告知の形式をとる二つの宣伝文から得られている[37]。最初は、インスラⅥ.6を指すと思われる以下の文章、「Cn. アッレイウス・ニギディウス・マイウスの所有であるインスラ・アッリアーナ・ポッリアーナを7月1日より貸し出す。となりの店舗は中二階付き、上階にはすばらしい共同住宅、そして一軒家（あるいは複数家）。賃貸希望者はプリムス、Cn. アッレイウス・ニギディウス・マイウスの奴隷まで申し出ること」である。このインスラはおそらくいったんアッリウス・ポッリオに所有されたが、後79年までに町を代表する有力者のCn. アッレイウス・ニギディウス・マイウスのものとなり、「パンサの家」と呼ばれるそのインスラの中央を占める住宅に住んでいたのかもしれない。第二の宣伝文は、Ⅱ.2の壁から見つかったもので、ユリア・フェリクスのプラエディアにある浴室と周辺諸室のユニット一つ、いくつかの店舗、中二階、そして上階の共同住宅を広告している。ここでは賃貸契約期間は8月13日からの5年となっている。どちらの場合も、インスラ全体を所有するのはたった一人で、周囲の使わない部分を貸し出すことによって自らの資産に投資をしている。しかし、この状況がすべてのインスラで起こっていたことを意味するものではない。ほとんどの場合、異なる居住者によって

図64　上階に直接つながる階段室をもつ玄関（Ⅷ.3.10。写真：R.J. Ling 113/33）

個別にプランニングされたであろうことを強く連想させるブロック内部の不規則な地割があり、一人の所有者ではなく、多数の個別の所有者や占有者が存在したことを強く示唆している。

　最後に言及しておかなければならないことは、インテリア装飾についてである。想像を超える関心が床、壁そして天井装飾に注がれてきた。現代社会のリノリウム、カーペット、パターン模様の壁紙などと同じで、ポンペイ人たちも、後期共和制時代や初期帝政時代の他のすべてのローマ都市の住人と同じように、好んで芸術性を見せつけるために特注品としての装飾で飾り立てた。色つきの石片やテッセラをモルタルにはめ込んだ床の図柄、あるときには幾何学模様や図像のモザイクであった（図19、図30、口絵4）。壁はフレスコ画の技法を用いて半乾きのプラスターに描き込んだ図案で飾られた（口絵1、3、6、10、12、15、31）。天井もまたフレスコ画で飾られ、あるいは漆喰のレリーフが使われることもあった。少なくとも滅亡のときまで続くこの贅沢趣味は、すべての社会階層に共通するものであった。確かにあらゆる部屋が大がかりな流儀で飾られたわけではないが、大邸宅では床表面の広大なエリアがモザイクで埋められ、すべての主要な居間や接客の間の壁は多彩色の図画のなかに建築的な要素を表現したり、神話世界や風景、平穏な生活を描いたりしている（口絵13、16）。さらに、ポンペイ様式とも呼べる図案として、簡素なモルタル床や白地の壁だけの多くの目立たない部屋にも、水平帯や直線を引くだけの枠模様が描かれている。より貧困な住宅では、さすがに主たる応接間や就寝専用の部屋にのみに目立つような絵画は限られており、それ以外には見当たらない。しかし重要なのはすべての家主がそうした装飾を欲しがったということ

である。

　もちろん、その質には広いばらつきがあり、最高の作品はやはりより大きな家で見つかり、より小規模な住宅（あるいは裕福な家でも、やや優先度の落ちる部屋）では、手抜きではないがやや見劣りがする。そうした違いはまさに予算の違いであり、より有能な芸術家は平均的な職人よりも、より多くの代価を請求するのである。程度のよい品質の作品でも、明らかに図柄の大胆さに応じて給金に段階があった。神話世界を描いた念入りな多彩色の絵画は最高級で、風景や平穏な風景、あるいはぼかし背景の半身像をともなったより簡単な図柄は、使われる色彩が抑えられ、ややコストは落ちる。それでも、そうした装飾にはかなりの出費が必要で、制作期間中は日常生活にも多大な支障をきたした。この社会的な要請が家主たちにそのような不便を強いたという事実は、多くのことを語ってくれる。西洋の歴史のなかで、そこまでして家庭に美しいインテリアを求めた社会は存在しないのである。

都市構造

　地震や噴火につながる連続する地震の影響で、後79年にポンペイの都市機能が通常であったとはいい難い。都市の守護女神であるヴェヌスの神殿は最後まで使用不能のままであったし、数えきれない住宅が修復や再建途中であった。そして水道施設も完全に機能していなかった。こうした状況のなかで都市組織、すなわち都市生活を形づくる建物や街路網、そして水道と排水施設がどのように配備されていたかを概観するには、もし後62年の地震が起こらなかったら

という仮定のもとに別のシナリオを再構成しなければならない。

　まず都市内での建物の分布である[38]。そこには南西部における都市施設や宗教施設の集中に珍しい特徴が見出せる。すでに見てきたように、その現象はその土地の地形的・歴史的な特徴によるもので、中央広場を含む、もとの都市核は河口と海岸道路を望む斜面地の頂部に置かれたのである。そして北や東に居住区が拡張した後も公生活の中心であり続けた。さらなる大規模な公共建造物は、特別な要件を満たすために別の場所に配置された。大小の劇場は都市中南部の自然の勾配地を利用し、円形闘技場はすでに存在していた東隅の城壁内側の土盛りを巧みに利用し、さらに東隅はゲームが開催される日に引き寄せられてくる群衆をうまくさばくためにも都合が良かった。そのカンプス（軍事教練用の広場）は円形闘技場の隣に置かれ、おそらくそこが選ばれたのは、そう建物が建て込んでおらず、用地の収容にも莫大な費用を必要とせず、広大な比較的平坦な土地を確保できる好適の場所だったからである。公共浴場は最大限の人々が恩恵を享受できる場所に置かれた。最初のスタビア浴場は、アボンダンツァ通りとスタビアーナ通りが交差するまさに都市交通の中枢に置かれ、都市の南東部の人々にサービスを提供した。フォーラム浴場は中央広場のすぐ北に位置し、北西部の人々を対象とし、中央浴場はスタビアーナ通りとノーラ通りの交差点に位置し、北部と北西部の地区の人々のため新たに建設された（竣工していれば）。郊外浴場は、マリーナ門の外側に位置し、港湾地区や河岸地区の住人を想定していたのかもしれない。

　また別の種類の建物、店舗や工房は、あえて驚くことでもないが、大通り、とくにアボンダンツァ通り、スタビアーナ通りと浴場通り

と呼ばれるデクマヌスの北部分、そしてフォルトゥーナ通り、ノーラ通りに集中していた。中央広場に面して常設の店舗は存在しなかったが（グラフィティや絵画中の光景によれば、仮設の露店が周囲の列柱廊に張りつくように設けられている）、すぐ北側の地区には、それを埋め合わせても余りあるほどの文字どおりショッピングセンターがあり、そこではマケルムやフォルトゥーナ浴場の街路面にそって専用のユニットが建ち並んでいた。その商業地区から東へ向かって延びるアウグスターリ通りにも店舗が建ち並び、アボンダンツァ通りから三角広場と劇場地区へつながる劇場通りに沿っても別の商店街があった。これらすべての街路は相当な数の歩行者の通行が見込まれるルートでもある。現代都市と同じように商品販売はもっとも顧客を引きつける場所に自然に集まってくるものである。

　残りのエリアは住宅地区と考えてよい。もちろん東方の未発掘地区にどれくらいの量が埋もれているかは不明だが、未発掘地区の周辺を見回してみても、とくに重要な公共建築物や産業集積地の存在をうかがわせるものはない。これは九つのうち六つの地区（Ⅰ, Ⅲ, Ⅳ, Ⅴ, ⅥとⅨ）が圧倒的に居住地区として占有されていたことを示す。Ⅶ, Ⅷ区の中央広場と劇場という二つの公共建築の集中地区の間や周辺部分にも住宅の集積地がある。第Ⅱ区のみがそのほとんどがカンプスや円形闘技場に占められているため、住宅用スペースがより限られた状況となっている。

　居住地区間にも、いくつかの点で大きな違いあった。建物の密度は東へ向かうほど疎らで、第Ⅰ～Ⅱ区ではかつての住宅の多くが、その後ワイン農園や庭園に置き換わっている。中央広場東側の古い区画では、豪華な大邸宅と対照的な中・小規模の住宅や工房が比較

的高い割合で存在している。とくに後者は第Ⅵ区とスタビアーナ通りの東側近く、すなわち第Ⅰ、ⅨとⅤ区の西側部分に集中し、一方、魅力的な住宅群が都市の西側と南側の周縁部に沿って帯状に並んでいる。ただ都市内部に貧困層の居住地区があり、中央から離れた場所に裕福な近隣居住者が住むという考えは誤りであろう。ここには近代都市におけるゾーニングのようなものは存在しない。いわゆる「古都市」には、比較的大きく、よく整備された多くの住宅が含まれるが、他方、その周囲に小さくつつましやかな居住群が至る所に見受けられる。ポンペイにおいて、またさらに十分に居住パターンが識別できるほど保存状態のよい古代地中海世界のその他の都市においても同様に、いわゆるエリート階層の人々が貧しい近隣者とぴったりと寄り添って生活している様子に驚かされずにはいられない。再三にわたって述べたように、インスラが一人の裕福な住居に占有されていることは知られている。そこには天井の高いアトリウム（あるいは複数のアトリア）、広々としてたペリスタイル、そして贅沢な壁画があった。しかし、小住宅群、店舗、工房、そして1、2室の共同住宅を内包し、そのうちのいくつかは、すでに見てきたようにその所有者の店子が居住していたことも知られている。これは特別な状況ではなく、よくある光景だったのである。

次に道路について見てみよう。道路はもちろん都市機能にとっては生命線であり、ある地区と別の地区、あるいは城内と郊外とを行き来するためには必要不可欠なものである。道路交通には車両と歩行者の双方があった（図65）。前者は駄獣に引かれた主に二輪や四輪の荷車で、多角形の玄武岩舗石を固く（ときにはデコボコでも）がっちりと敷き詰めた路面をもつ車道があった。後者は一段上がっ

都市生活

図65　ポンペイの道路（アボンダンツァ通り）のディテール（歩行者用の飛び石と車輪のついた乗り物がその間をうまく通り抜けるための溝がある。写真：R.J. Ling 112/14）

た側歩道があり、小石、モルタルあるいはタタキ土で固められていた。側道の舗装の管理は、明らかにそれに面する個別の家主の責任であった。それは、舗装の状態が所有者の変わり目で変化していることからわかる。一方、変化しない車道は間違いなく公共機関によって管理されていた。舗装を維持管理する工程には長い時間が必要であったようである。ある舗石には、後期共和制時代と判定されるような文字が彫り込まれていることもある。また第Ⅰ, Ⅱ区では（もし未発掘で道路面が出ていないのでなければ）脇道のほとんど

は後79年時にも未舗装であった。舗装されている場合でも、道路は深いぬかるみとなっていたはずで、飛び石を使った横断歩道が規則的に配されている。

　他の道路と比べどれくらい重要であるか、あるいはどの程度の交通量があったかについては道幅から推論することができる。アボンダンツァ通り、スタビアーナ通りやノーラ通りなどのとくに主要な大通りは所々で8.5m（28フィート）に達し、多くの脇道の二倍の幅である。他のフォーラム通りやイシス神殿通りなどのルートはさらに広かった（最大で9.5m）。また、すべての道路が車両の通行ができたわけでもなく、交通量はさまざまな障壁によって規制されていた[39]。たとえば、「迷宮の家」の東側に沿って走る道路はその南端を保護柱によって塞がれているし、アボンダンツァ通りに南から通じる脇道のほとんどは障害物によって通過が禁じられている。また、中央浴場の背壁の張出しよってインスラⅨ.4と5の間の道路は車両の通行には狭すぎる状態となっている。さらに驚くことにアボンダンツァ通りの西部分は、歩行者空間である中央広場とつながる西側からも、また東側からもスタビアーナ通りとの交差地点で車両が越えることのできないような段差（50㎝）によって区切られて、進入禁止となっている。残された進入方法は北側のエウマキアの路地と南側の劇場通りを使うしかない。こうした、また他の部分も含めた交通量は、車道に削り込まれた（あるいは刻まれた）轍の痕跡から読み取ることができる。この目に見える轍の状態と規制をする公共機関側の施策が、どれくらい乖離していたについては議論が必要なところである。しかしある場合には、明らかに以前はつながっていた道路を塞ぐような処置が取られていることもあるし、あるい

は交差点での衝突を避けるために御者に片側通行を強制している場合もある。ポンペイの交通の状況や規制についての全体像は不明な点が残され、今後研究を進める必要がある分野の一つである。

　第三は給水と排水である(40)。ポンペイの最後の数年間までにポンペイでは、アヴェリーノ山東側の丘陵地にあるセリーノからナポリ、プテオリに向けて走る水道橋の支流を通じて供給される水道は当たり前のようになっていた。水はまずヴェスヴィウス門に隣接して市内でもっとも高所に位置する屋根付きの配水所のカステルム・アクアエ（図66）に到着し、そこで青銅製の格子網と沈殿槽によってろ過され、南面にある三つの送水管から放流される。ヴィトルヴィウスの記述にもとづいてよく主張されるのは、送水管の一つは公共噴水用、二つ目は公共浴場とその他の公共施設用、そして三つ目が個人住宅用であり、それは何らかの理由で供給を減らす必要がある場合に、それぞれについて供水を調節あるいは停止することができたという解説である。しかし、都市全体を通じて三つの並行する給水システムを維持することは桁外れに複雑で、おそらく実現は困難であっただろう。おそらく三分岐は市内の三つの地域に対応する主導管であり、地域別の給水システムだったのであろう。

　水は重力にのみ頼って都市全体に供給された。現在の海水面から約42.5m（140フィート）の海抜に位置するカステルム・アクアエから、スアビアエ門近くの都市の標高のもっとも低い地点まで35m（115フィート）の落差があり、南東、南西方面の周縁部まででも15〜30mあった。これは安定した供給のためには十分な数字であり、内径15あるいは16.5cm（6あるいは6.5インチ）、1.5cm（0.5インチ）の厚みをもつ太い鉛製の導水管が側道の下を走り、水圧を調節する

図66　ヴェスヴィウス門の内側にあるカステルム・アクアエ（分水場）を南東から見る（南側の壁面の足元にある三つの穴にはパイプが通っていて、そこから都市へ水を供給する。写真：J.B. Ward-Perkins）

ために規則的に配された水道塔の頂部にいったん引き上げられた後、より細い規格の水道管を通じて近辺の住宅に配水される。少なくとも14基確認されているこれらの塔は、都市景観を構成する一つの特徴となっている（図29）。高さは6m（20フィート）にも達し、小さな凝灰岩ブロックでつくられたその塔の側面には水を上に流す管と下に流す管を収めるための縦溝が残っており、頂部には鉛製の65cm（2フィート2インチ）四方で深さ56cm（1フィート10インチ）

都市生活

図67 アブンダンティアーのレリーフが施された公共泉水(メインストリートであるアボンダンツァ通りの名前の由来となった。写真:L.A. Ling)

の貯水タンクが載っていた。

　給水システムの主な目的は公共噴水の維持にあった[41]。近辺の住民にもアクセスしやすいように多くの街角に置かれた噴水は四角の水盤をもち、よく見かけるものは火山岩の石板からつくられている。側面の一つに置かれた石柱の噴出口から水が流れ出ている。その石柱には、雄鳥(図7)や新しくつくられた道路の名前から採られたアブンダンティアー(擬人化された豊饒の神)の像など、何らかの象徴が刻まれている(図67)。われわれが知りうるのは40例のみであるが、未発掘地域にもおそらく六つ程度の噴水が埋もれているだろう。ほとんどの住人はその玄関から50m(16フィート)以内

に噴水があるものの、より人口密度の疎らな東部地区ではその配置はやや規則性に欠ける。

噴水の次に重要な水の受給者は公共施設で、とくに需要が大きいのは浴場であった。そこでは、巨大な受水槽の水が水道からの水の供給が途絶えた際には緊急の代替水として利用された。スタビア浴場の屋根上のタンクは、水が隣接する井戸から汲み上げられていた時代からの生き残りで、3万8500ℓ（ほぼ8500ガロン）の水を蓄えられたと考えられている。フォーラム浴場で使われていたものは、道を隔てた西側に位置していたが、43万ℓ（ほぼ9万5000ガロン）の貯水能力があったと推計されている。

こうした公共の水需要と比較して、一般生活者の優先度は低かった。いくつかの住宅では水道が庭園の泉水、とくに壁龕につくられた噴水あるいは噴水彫刻などに利用されたが、ある場合にはそうした泉水のために水道水は大量に消費されたに違いない。たとえば「ヴェッティの家」の庭園は14の噴泉を誇り、ユリア・フェリクスとD. オクタヴィウス・クアルティオの庭園には手の込んだ噴水パビリオンと長い水路まであった（図31）。しかし、大多数の住居は主導管とはつながれていなかった。ヴィトルヴィウスやフロンティヌス（彼はローマの水道システムついての論文を書いている）[42]からその存在を確認することができる高価な水道代の支払いは、水道の普及を妨げたのである。水道を必要しなかったのは、そうした家々が結局は需要のほとんどを従来の集水方法である雨水を地下水槽に貯める方法を選んだからである。

水道の供給は都市機能のもっとも重要な側面の一つである。それには他の都市サービスとは比べ物にならないほど洗練された技術が

含まれ、おそらく必要な建設資材（鉛管、タンク、配水槽、青銅の蛇口、バルブ、フィルターなど）や維持管理にも相当の予算が必要であっただろう。その供給規模は統計的に推計することができる。市内への1日の水の供給量は648万ℓ（142万5430ガロン）にも達する。城外の水道橋を除いても数キロの長さに達する水道管のネットワークは、この水をさまざまな方面に供給することを要求されたのである。システムを正常に保ち供給を制御することが地方政府の主な重責の一つであったことは間違いない。

　最後に取り上げなければならないのは排水である。噴水、公共施設、そして家々から溢れた水はいずれかへ処理されなければならない。加えて現在のポンペイを訪れる観光客の多くがよく身にしみて経験するように、その都市はよく局地的な豪雨に見舞われるため、その雨水の処理の方策が必要である。その回答は道路を利用することであった。噴水から溢れた水は道路を流れ、住宅やその他の建物の地下貯水槽に貯めきれなかった雨水は、地下の排水溝を通じて道路の縁石に開いた穴から道路へ排出される。大多数の道路には急な勾配がつけられていて重力が水を流し去ってくれる、また道路に溜まった汚物を一掃することもできる。最後には、水は排水溝あるいは下水管に集められ、城外へと排出される。下水管の集水口はいくつか計画的に配置されていて、たとえばアボンダンツァ通りとスタビアーナ通りの交差点や中央広場の南側や西側から流れ出る道路（学校通りや海の道）上のいくつかの地点である。

　雨水は便所の流水にも使われた。住宅の内部では集水はテラコッタのチューブやシリンダー状のアンフォラを連結した縦樋を通じて行われ、屋根から直接水を引いていた。しかしながら便所からの汚

物は普通は主下水管に流されるわけではなく、道路下の深い汚水溜めに排出された。最近の発掘によれば、これらの四つがつながったものがインスラIX.12の東の細い路地から発見されており、これらは噴火の際には汲み上げている途中であったようである[43]。

要　　約

　結果としてポンペイは、われわれに初期ローマ帝政時代のイタリア半島の南の小都市における都市行政、宗教上の習慣、経済活動、余興、家庭生活を伝えてくれる。それは異なる種類の建物の配置計画、道路システムの運用、水道の供給、そして雨水やその他廃棄物の処理という観点において、都市をどのように機能させるのかを明らかにしてくれる。そのすべてに加えて、発掘によって出土する一見するとがらくたの山に過ぎないものやグラフィティなどの資料から、何とかその意味をすくい上げることによって、実は多くのことを学ぶことができる。金の宝石はポンペイ人がいかに自身を飾り立てることが好きであったか、ガラスや金属の器は夕食のテーブルを飾ったものであったし（口絵28，29）、骨や象牙のゲーム用の駒は彼らがボードゲームを楽しんだことの証しであり（口絵30）、グラフィティは数多くの諍いや口論の内容、あるいは商品の値段まで教えてくれる、など無限に続くのである。ポンペイはローマ時代の生活についての、けっして尽きることのない知識の宝庫である。ここで後79年に突然の大災害によって破壊された世界の描写を終えて、次に再発見と発掘の歴史を追うことにしたい。

第7章

噴火後のポンペイ

　ポンペイとヘルクラネウムの滅亡は、これまでローマ世界が経験したことのない最悪の自然災害であったため、後の世界にも深い傷跡を残した。後の古代ローマの著述家たちが頻繁にそれについて言及するのはそのためである。たとえば、その出来事の100年後、哲人皇帝マルクス・アウレリウスは物事の無常の実例として、この二つの都市の結末を引用している[1]。

　噴火直後の余波のなかでも、救出作業が行われたことは確実である。後80年にカンパニアに滞在していたティトゥス帝がその状況を視察したことが知られている。文献資料によれば、もとのコンスル職にあった者から抽選で2名を選んで、地域復興委員として活動するよう任命し、被災都市の復旧に向けて、相続者がいないすべての犠牲者の財産を献上させることを認めたという。さらに彼自身も財政的な援助を与えている。

　徹底的に破壊された地域の周辺部にも多くの救援が行われたことは想像に難くない、すなわち、その地域は損害を被ってはいたがけっして消え去ったわけではなく、避難者の流出にうまく対処しなければならなかった（ナポリの一角はヘルクラネウムからの脱出者にちなんだ名前がつけられた）。埋もれた都市そのものにはすでに遺

体救出の望みはなく、唯一できることは財産と資材の回収であった。ヘルクラネウムはあまりにも深く埋没したため、もとの地上面には到達できないほどであったが、しかしポンペイでは背の高い建物上部は火山灰の地表の上にまだ見えていたため、人々は街路網を簡単に追うことができたし、広場などの公共空間の位置も探し出すことができ、生存者は掘り返す場所を的確に見つけ出した。現在でも都市全域に大理石、金属、芸術品、またあらゆる価値のある品物の回収作業や盗掘の明らかな痕跡が残っている。広場の石像はすべて失われ、信じられないことではあるが、後79年に進行中であった復旧作業のその最中に店頭に並べられたという。価値の高い青銅品はリサイクルのために回収されるということは十分にありうる話である。同様にポンペイの神殿のすべての神像（カピトリウムの2片のかけらとアエスクラピウス神殿のテラコッタ製の複数の神像を除いて）はもち出された。さらに中央広場の石灰岩の舗石や周辺の建物の大理石製の外装材も失われており、これもそれらの建物が噴火前に改装のために施工待ちの状態であったということではなく、どこか別の場所で使われるために回収されたと考えるのがふさわしいのである。

　ポンペイの数多くの住宅や他の建築物には、略奪品を探すため後に掘り抜かれた謎めいた穴がある（図68）。ある場合には2、3世紀あるいは4世紀に属する遺物が見つかることもあり、こうした遺跡荒らしが噴火後も長い間続いていたことを示している。さらに初期キリスト教時代や中世に侵入した形跡もある。こうした破壊的行為が発見物の分布を検討する際の撹乱要素となっている（すでに地震の影響や噴火そのものによって撹乱されているけれども）。多くの

図68 「恋人たちの家」(Ⅰ.10.11) にある穴 (写真：J.B. Ward-Perkins)

品物が完全に遺跡から引き離されたり、あるいは他の物は別の場所に移動されたりしたため、もとの場所がもつコンテキストから分離してしまっているのである。この問題はとくに閉じた室内空間において深刻である。なぜなら、これらはパーミスによって埋め尽くされていないため、盗掘者が作業をする際に、地滑りなどの危険から守るシェルターの役割を果たし、もっとも略奪の被害が激しいので

ある。しかし、アトリアや庭園のような屋外空間は、火山性の堆積物により深く、しかも不安定に埋まっているため、比較的略奪行為を免れている。

中世には火山性堆積物は徐々に風化し耕作に適した土へと変化し、地表に現れていた建物は建設資材としてもち去られ、ポンペイという場所はオリーブ畑やワイン農園の下に消えていった。埋もれた都市の記憶だけが「la Civita（ラ・キヴィタ、ザ・シティ）と呼ばれた場所として民間の伝承のなかに生き続けた。最初の再発見となる大きな出来事は、1592年から1600年の間のサルノ川からトーレ・アヌンツィアータの軍需工場への水道の埋設時に起こった。建築家ドメニコ・フォンターナによって設計されたこの水道の建設は、ヴェスヴィウス山南麓の火山性の突出部の等高線に沿うように進められたが、キヴィタの丘ではそうはいかなかった。地下深くで古代の住宅群を貫通することになったのである。しかし、コインや碑文の発見にもかかわらず、フォンターナが偶然に失われた都市の遺構を発見したことは広く認識されることはなかった。

この発見は、その後いくつか続くものの最初である。1689年には水源探索の試掘によってさらに碑文が発見され、そのうちの一つは具体的にポンペイについて言及していた。当時の歴史家の一人はキヴィタの場所がポンペイであることを正確に見抜いていたが、その後、懐疑的な意見の多いなかで、1693年に埋もれた建物の保存状態のよい遺構を直接観察したジュゼッペ・マックリーニによって同様の見解が導かれている[2]。

本当の意味で埋もれた都市が再び出現するきっかけとなったのは、比較的容易にアクセスできるポンペイではなく、深く埋もれた

ヘルクラネウムであった。1709年に小自作農の一人が井戸のために縦穴を掘っていた際に、白色や色つきの大理石で飾られた古代の建物に偶然ぶつかったのだ。この発見のニュースはナポリと南イタリアを支配していたオーストリア帝国軍の騎兵将校エルブフ公の注意を引き、彼は即座にその自作農の土地を購入し、彼が建設を計画していた別荘を飾るための材料の発掘にとりかかった。7年にわたる探索作業のなかで、もとの井戸から放射状にトンネルを掘るという方法で、エルブフ公は驚くべき建築装飾品と彫刻を彫り出した。とくに掛け布を優美にまとった3体の大理石女性像は、彼のパトロンでウィーンのサヴォイ皇子のウジェーヌ（彼は結局はドレスデンで没するが）への贈り物としてイタリア国外へと密輸された。

　このすぐ後、ナポリ王国はスペインのフェリペⅤ世の統治下となり、彼はブルボン家の彼の最年長の息子シャルルに統治をまかせた。新たな王はエルブフ公の発見を知ると、1738年に井戸の探索を再開し、実際の指揮を一人のスペイン人技師のロック・ヨアキン・デ・アルクビエーレに任せた。調査中の建物が劇場であることを示す碑文の破片を発見するなど、すぐに著しい成果が現れ、さらなる碑文の発見によって、それがヘルクラネウムの劇場と判明するまでにはそう時間はかからなかった[3]。発掘作業はさらに活気づき、その劇場ではブロンズの騎馬像など、驚くべき発見が続いた。さらに劇的な発見は、近くの新たな発掘現場である豪華な別荘で起こった。そこは青銅や大理石の彫刻で埋め尽くされていたのである（図69）。パピルス荘と呼ばれるその別荘は、1752年にそこで発見された書簡庫から名づけられた。

　ヘルクラネウムでの発掘は、もとの地表面の深さとそれを閉じこ

めている火山性土砂の固さのため、費用と労働力のかさむ作業であった。明かりの不足、あるいはトンネルでの落盤や有毒ガスによる窒息死の危険もあったが、すべては新たな偉業を達成するために越えなければならない困難であった。続いて1748年に、国王はいまだに壁が残り偶然の発見も続いているキヴィタでの作業開始を宣言したのである。発掘者はすぐに壁画や金銀のコインをともなった最初の犠牲者の遺骨を発見した。さらに発掘はあちこちでほとんど無作為に始められ、円形闘技場やヘルクラネウム門の外側のキケロ荘と呼ばれる建物に達した。一方、1755年から1757年にはユリア・フェリクスのプラエディアでの大規模発掘が行われた。しかし、誰もキヴィタの場所がポンペイであることを確認できなかった（アルクビエーレはそこをスタビアエであると主張していた）。やがて1763年に転機が訪れ、ヘルクラネウム門の外側すぐの発掘でT. スエディウス・クレメンスの委員会を記録した碑文を刻んだ石版が発見された。それには不法に占拠された土地の「ポンペイの共同体」（rei publicae Pomepianorum）へ返還する委員会と記されていた[4]。それ以降、キヴィタは疑いもなくポンペイとなったのである。

　人々の関心はヘルクラネウムからポンペイへと完全に移り、ヘルクラネウムでの作業は1765年に途中放棄され、より注目を受けやすいポンペイに集まった。そこで、発掘によって建造物から初めて火山性の堆積物が完全に取り除かれ、古代の遺跡が目の前に現れた。新たな国王であるフェルディナンドⅣ世は1759年未成年で王位を継承したため、考古学的な懸案事項はすべて宰相のベルナルド・タヌッチの手に委ねた。この間、建築物が連続して白日のもとに曝されることになる。1764年にイシス神殿（図70）、1765年に大劇場と三

図69 ヘルクラネウムにある「パピルス荘」から見つかったブロンズの半身像（ヘレニズム王のセレウコスⅠ世(紀元前281年死去)の肖像にもとづいていると考えられる。高さ55cm。Naples Museum 5590。写真：Getty Research Library, Wim Swaan collection 96.p.21）

図70　イシス神殿の発掘（ウィリアム・ハミルトン卿による手彩色の版画。Campi Phlegraei. Observations on the Volcanoes of the Two Sicilies (1776), pl. XLI）

角広場、1771年に墓地通りにある「ディオメデスの別荘」と呼ばれる建物、ここでは半地下廊のなかで折り重なって死亡している20体の遺体が発見され、センセーションを巻き起こしたのである。

　こうしてポンペイの発掘は着実に進められることとなったが、初期の発掘者たちの技量は現在求められるものにはとうてい及ばなかった。基本的には宝物、とくに金銀の品々や美術品の探索が彼らを作業に駆り立てていたのである。壁画は壁から剥がされ、ヘルクラネウム近郊のポルティチにある王宮を飾るためにもち去られ（1779年には後に国立博物館となったナポリ王宮へ移された）、古代の建築物はかなり乱暴に扱われ、保存や補強処置も施されないままバラ

バラになるまで放置された。余分に剥ぎ取られた壁画はブラックマーケットへ流れるのを防ぐために、わざと粉々に打ち砕かれることもしばしばあった。トレンチの場所は、そこでどれだけ偉大な発見ができるかによって左右され、掘削作業員は金目のものが尽きれば調査をする必要がなくなったと判断して、すぐさまその現場を放棄しつつ、次から次へと場所を変えた。この混乱の最中、1750年から1764年までアルクビエーレの助手でヘルクラネウムの地下発掘現場の細密な図面を描きあげたスイス人技師のカール・ウェーバーには、特別な賛辞が与えられてしかるべきであろう。その作業は、網の目のようにつながるトンネルのなかで建築物の図面を描きあげる困難を考えれば、並大抵の努力では完成しない。同様にポンペイのユリア・フェリクスのプラエディア（図71）やスタビアエの別荘の複合体の図面も細密に仕上げている。出土地点を見つける鍵となる彫像やその他の重要な出土物の添付リストは、現在でも考古学者たちがその現場を再調査する際に非常に重要な助けとなる。ウェーバーのお手本は後任のフランチェスコ・ラ・ヴィーガにも受け継がれ、彼は最初のポンペイとヘルクラネウムの地図を準備していた（後にわかったことだが）。

　初期のブルボン王朝の時代、もったいぶる意味もあって発掘の成果は外部に対して秘匿された。かつてのグランドツアーの一部として北部や西部ヨーロッパからナポリにやって来た幾人かの訪問者は、王宮へ入場を許されない限りは発見物を見ることさえできなかった。たとえ博物館や発掘現場への立入りが許可されても、厳重な監視下に限られた。存命中のもっとも偉大な古代美術史の研究家J.J.ヴィンケルマンでさえ、非常に限定された訪問しか許されず、

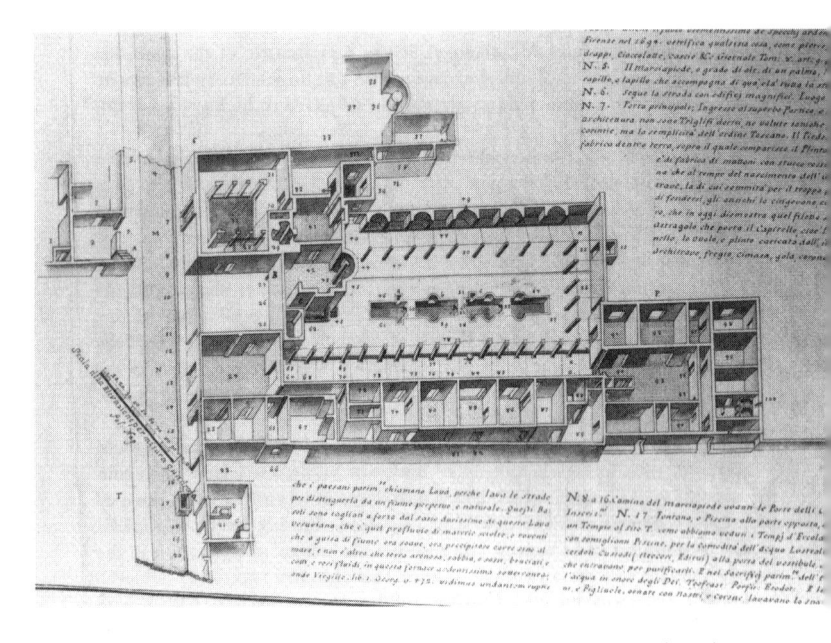

図71　カール・ウェーバーが描いたユリア・フェリクスのプラエディア（Ⅱ.4.3）のアイソノメトリック図による復元。写真：C.C. Parslow (courtesy of Archaeological Superintendency Naples))

ノートやスケッチを取ることも禁じられた。彼の発掘現場や発見物の記録は、世界の関心を引きつけることに重要な役割を果たしたのだが、記憶を頼りに記されたものなのである。ブルボン王家は、時代を通じて後の発掘者と同様にそれらの版権を有しており、ついにヘルクラネウム王立考古学アカデミーの監修で1757年から1779年にかけて「エルコラーノの古代美術」(Le Antichita di Ercolano)（エルコラーノはヘルクラネウムのイタリア名）と題された豪華な彫版印刷の７巻セットが出版された。これらの出版物の内容が、結果として絵画、彫像そしてブロンズ製品に集中していることはまさに時代

性を反映しており、個別の考察にのみ集中し、深い知識に裏打ちされてはいるが、全般的に不毛な議論に終始している。

その「古代美術」は、埋もれた都市からの発見物を広く一般の人々に知らしめる効果をもたらし、新たに観光客が押し寄せるきっかけとなった。1787年にゲーテは、画家のティッシュバインとハッケルトをともなって最初のポンペイ訪問を行い、そのなかでも「多くの災害が世の中には存在するが、これほど後世の人々に喜びを与えたものはかつてなかったろう」という言葉は記憶にとどめられるべきであろう(5)。一方でヘルクラネウム門を通じて市内へと続く道にそって発掘が進められ、ラ・ヴィーガは「外科医の家」と「サルストの家」の二つの典型的なアトリウム住宅を掘り出した。しかし、遠いフランスでの出来事が発掘計画にも暗い影を落とすことになる。1789年のフランス革命はヨーロッパの王侯たちに革命に対する恐怖心を植えつけたが、ナポリ王もその例外ではなく、それに続く10年間のうちにナポレオンによる征服がそれを現実化してしまった。

1798年から1799年までの最初の一時的な占拠の後、フランスは1805年にナポリ王国を統治下におさめ、フェルディナンドⅣ世はシチリア島へと追放された。フランスの支配のもと、それまでの数年間は非常に停滞していたポンペイの発掘がにわかに活気を帯びることになる。新たな王、ナポレオンの弟ジョーゼフ・ボナパルトはラ・ヴェーガの計画を引き継ぎ、島状に点在する発掘区を都市の西部で一つの面としてつなげることにした。この目標は、最終的には1808年にジョーゼフの後継者となった妹のカロリーヌや夫のヨアキム・ムラーたちによって実現され、彼らはこれまで以上に情熱を注ぎ、発掘を一大国家事業へと格上げし、惜しみなく莫大な資金を投

入したのである。彼らは市壁を検出することに努力を傾け、1812年以降は中央広場とその周辺建物にも手を広げた。同時にカロリーヌ女王が庇護したフランス人建築家シャルル・フランソワ・マゾワが残した「ポンペイ遺跡」全4巻は、この時期に発掘された建物の解説付き実測図面集で、現在でも古代都市の記録として画期的な著作である。

　1814年のブルボン王朝の復興後は、復帰したフェルディナンドがそれほど積極的ではなく、また発掘に投資する財力ももたなかったため、一時的に勢いは衰えるが重要な発見は続いた。1824年のフォーラム浴場、また「悲劇詩人の家」の驚くほど素晴らしい一連の神話を描いた壁画は同年に発見された。そして、もっとも劇的な発見は1830年から1832年の広大な「ファウヌスの家」であり、目映いばかりの第一様式の壁画装飾とモザイクの図像、そしてそのなかにあの有名なアレクサンダーのモザイクが含まれていたのである。

　このブルボン王朝第二期は、ポンペイでの発見を外の世界に情報として伝える著作が連続して出版された時期でもある。もっとも意欲的なものは「ブルボン博物館録」Real Museo Borbonico（1824〜1857）の16巻で、ナポリ博物館の収蔵品の彫版印刷物でウィルヘルム・ツァーンによるカラーのリトグラフのコレクション（口絵31）が収められている。ほかにもウィルヘルム・テルニーテによるもの、1854年の初めにはファウストとフェリーチェのニッコリーニ兄弟が制作している。しかしもっとも広く流布した解説書はウィリアム・ギルの「ポンペイ人」で、最初に1817年に出版され、その後も多くの版を重ね、1832年には補遺を加えて改訂された。これは英国においてポンペイの存在を広く一般的なものにし、エドワード・ブルワ

噴火後のポンペイ

図72 パリのジェローム・ナポレオン皇子のポンペイ風住宅での音楽会（G.ブーランジュ作で、現在はヴェルサイユ宮殿にある。写真：University of Manchester, Art History collection）

ー・リットンの1834年の有名な小説「ポンペイ最後の日」に直接影響を与えた。同時に当時の住宅の装飾にもポンペイ風のスタイルが流行した。もっともよく知られたものは、「ディオスクリの家」をベースに、バイエルンのルードヴィヒⅠ世によって1840年代にアシャッフェンブルクに建設されたものや、1854年から1859年にパリのモンターニュ大通りに建設されたジェローム・ナポレオン皇子の館がある（図72）。

今やその評判はポンペイに多くの訪問者をもたらした。この地方を旅した文学上に名を残す者にシェリーがいる。彼は「ナポリに寄せる歌」のなかにその印象をこめているし、ウォルター・スコット

233

卿は亡くなる直前にゲルを観光案内人として従え椅子駕籠に揺られてポンペイを巡った。そしてチャールズ・ディケンズにとっての訪問のハイライトは埋もれた都市ではなく、ヴェスヴィウス火山への登山であった。ほかにも常に国家元首クラスが列を成して訪れ、彼らのため刺激的な発見物がとくに効果的に演出された。

　発掘の歴史の新たなページは1860年のイタリア統一とともにやってきた。ほんの一瞬の中断の後、遺跡監督者は小説家のアレクサンドル・デュマ（大デュマ）となり、彼の主な功績はナポリ博物館のガビネット・セグレート（秘密のキャビネット、男根やエロチックな絵画のコレクション）の整理とカタログ化であったが、発掘作業を継続するための責任者は考古学者で古銭学者のジュゼッペ・フィオレッリとなった。彼は一時期、ブルボン王家によって革命運動への加担の容疑で投獄されている。彼はすでに牢獄中に発掘の歴史を系統だって説明する試み（Pompeianarum Antiquitatum Historia）を構想し、その後の彼の役職に新たな目標とアイデアをもち込んだ。彼は、とくに北西の区画においては、以前の発掘区間に残されたエリアを発掘して全体を組織的に連結する計画に着手した。さらに、壁画やその他の芸術品をナポリ博物館に収蔵する方針を（可能な限り）撤回し、それらが発見された場所のコンテクストのままに保存し、訪問者が遺跡そのものを博物館として観賞できるよう努力した。しかしながら、動かせる遺物の処理のために発掘地内に小さな古美術店を開いたりもしている。その後に多大な影響を及ぼした彼の業績は二つあり、一つはインスラにもとづく街区と出入り口の番号とを組み合わせた番地づけのシステムの考案であり、それは現在でも使われている。そしてもう一つは、埋没した人体が腐敗し消えた後

噴火後のポンペイ

図73　ポンペイ人の亡骸の鋳型（1863年にG.フィオレッリが開発した技術が使われている。写真：Ward-Perkins collection）

に残された空隙に、プラスターを流し込む技法の考案である（図73）。この第二の貢献は、後に樹木の幹や木製品（車輪、扉〈図47〉、木製鎧戸や家具）にも拡大して適用され、個別の住宅遺構や壁画や芸術品だけではとうてい表現できない方法で、その都市の滅亡と人々を襲った悲劇を甦らせた。その死を目前にし茫然自失する表情はぞっとするけれども、観光客を魅惑して止まない。

　フィオレッリによって考案されたその新たな技法は、発掘がもた

らすさまざまな資料を組み合わせて総合的に解釈する学問への道を開いた。1868年にヴォルフガング・ヘルビヒはテーマ別に構成した図像画のカタログを出版した[6]。1871年にはカール・ツァンゲマイスターは「ラテン碑文集成第4集」Corpus Inscriptionum Latinarum Ⅳ の最初の巻（現在の第4集は後の追加部分との合巻）を編集し、そのなかでポンペイやその他の埋没都市の壁に残されたグラフィティや挿画を扱った。もっとも重要なものは、アウグスト・マウのポンペイ壁画の四つの分類であり、1873年に提出された論文に概説され、1882年に出版された彼の記念碑的著作「ポンペイの壁画装飾の歴史」において詳しくかつ完全に解説されたものである。この研究は、ローマにおける建築物との比較データや古代の著述家からの手がかりにもとづきながら、絵画そのものとそれを取り巻く考古学的なコンテキストについて非常に注意深い分析を加えている。とくにヴィトルヴィウスについては、それまではまとまりのない資料のかたまりであったものを順序立てて整理することに成功している。それはもっとも重要な分類と編年の枠組みを与えており、120年経った今もなお有益な研究である。

　フィオレッリの後任者であるミケーレ・ルッジエーロ、ジュリオ・デ・ペトラ、エットーレ・パイス、そしてアントニオ・ソリアーノはその後も都市の居住地区の発掘を続けた。この時期、新たに掘り出された住宅のなかには「ヴェッティの家」（1894～1895）と「金箔のキューピットの家」（1902～1905）がある。ともに（想像上に）再植栽された庭園に陳列された大理石やブロンズの装飾品・彫刻によって修復され、人気の観光地となった（図74）。こうした庭園の全体的な効果を狙った再生は、発掘された住宅の博物館化へのさらな

噴火後のポンペイ

図74　1894年から1895年の発掘の後と1977年の盗難の前の復元されたヴェッティの家（Ⅵ.15.1）の庭（写真：University of Manchester, Art History collection）

る重要なステップとなったが、残念なことに1977年にヴェッティの庭から5体のブロンズ像が盗まれた事件により、現在ではオリジナルの作品を保管庫へ移すという方針の転換を余儀なくされている。

　1910年のヴィットリオ・スピナッゾーラの監督官への就任によって、予算の大幅な増加とともに大規模発掘への端緒が開かれた。スピナッゾーラは円形闘技場を含めた西部地区の発掘区を連結すべくアボンダンツァ通りの大発掘計画を開始した。この計画の傑出した貢献は繁華街の住宅や店舗の顔である正面を地階だけではなく上階も含めて明らかにしたことである。フィオレッリによって確立され

た技術を受け継ぎ発展させながら、スピナッゾーラは石切り場のように側面を深く切り込んで発掘するのではなく、表面の火山性堆積物から徐々にレベルを下げるようにして発掘を進めた。これはポンペイの埋没や破壊の経過を理解するためにはよい方法であり、さらにより重要なのは、建物の上部もうまく保存できる点である。それ以前の方法ではたびたび上階の崩落を引き起こしていたのだが、下部が発掘される前に上部を実測・修復・補強することが可能となり、保存作業が発掘と歩調を合わせて行われるようになった。結果として、ポンペイの発掘史上初めて上部のロッジアや張出し部分そして片流れ屋根などを含めて完全にメインストリートの一つが再現されたのである。スピナッゾーラはその道路に面したいくつかの住宅も発掘したが、そのなかには「クリプトポーティコ(半地下柱廊)の家」や「D.オクタヴィウス・クアルティオの家」がある。後者では観賞用の流水が発見され、彼はプラスターで型をとるフィオレッリの方法を使って樹木や低木など植栽計画を復原した。

　ファシストが権力を握った際に解任されてしまったスピナッゾーラが、在任中の作業についての報告書を出版できなかったのは残念であるが、さらにアボンダンツァ通り沿いの建物は1943年9月の連合国空軍の爆撃によって深刻な被害を被ってしまった。同年には、これに先立ってスピナッゾーラ自身が逝去し、彼が準備していた著作の版木も試し刷りもミラノの爆撃によって破壊されてしまった。彼が積み上げたもののほとんどは永遠に失われる運命にあるかのように思えたが、娘婿のサルヴァトーレ・アウリジェンマの父親を想う情熱によって再構成され、その偉大な学問的成果は記念碑的な3部の大冊(本書のなかにはほとんど読むに堪えないような散文によ

る彼の序文が捧げられている）として1953年に出版された[7]。

　もっとも活発に、しかも長きにわたってポンペイの遺跡監督官として活躍したのがアメデオ・マイウーリである。1923年にスピナッゾーラの後を継いだ彼は、すでにギリシアのロードス島で考古学上の成果をあげていた。1961年までその任を担当した彼は、ファシズム時代や戦争中の困難な時代（彼自身連合国軍のポンペイ爆撃の際に負傷している）、そしてさらに戦後16年間を通じてその立場を維持した。彼の最良の仕事は、エルコラーノ門外の「秘儀荘」の発掘を完成させたことと並んで、第Ⅰ区のインスラ7と10において発見した、いずれも装飾の美しい「エフェベ（ギリシアの青年市民）の家」、「神官アマンダスの家」、そして「メナンドロスの家」である。すべて戦前に成されたものである。ほかにも円形闘技場の隣の大運動場（カンプス）も彼の仕事である。この発掘を続ける間、ブルボン王家が1828年に開始し、1855年に放棄したヘルクラネウムの中央部分の発掘計画を1927年に再開させた。これらの発掘成果については、模範的に迅速かつ完全な報告（その当時の基準に照らし合わせて）が以下の二つの形で公開された。まず、定期報告は広く知られた考古学雑誌Notizie degli Scavi（発掘ニュース）に掲載され、さらに国立印刷所によって豪華モノグラフとしても出版された。そのなかには「秘儀荘」(1931)、「メナンドロスの家」とその銀器(1933)、そしてヘルクラネウムの新発掘区の建築(1958)が含まれている[8]。

　マイウーリのより重要な業績は、ポンペイに残る建造物から79年以前の歴史的な発展過程を探ろうとした試みである。彼の多くの貢献のなかでも特筆すべきは「外科医の家」での後79年時より下の地層の層位学的な調査であり、彼は古い層位がインプルヴィウム付き

のアトリウムよりも先行しているのか否かを見極めようとしたのである。中央広場では東側に沿って複数のトレンチを空け、帝国時代の壮大な建物の前に住宅や店舗が存在していたことを突き止めている。都市の城壁に関する彼の研究は前6世紀から前89年のスッラの包囲戦に至る城壁の時代編年を明らかにした（彼は明確な反証を発見しながらも、その城壁が単純に「古都市」を防御するのではなく、結局は初期の段階で現在と同じ範囲を囲んでいたということに気づかなかったのだが）。最後に、1942年に彼は後62年の地震の影響に関する重要な調査結果を出版した。そこではポンペイの最終期の状況を壁体補修の証拠を引用しながら描き出している[9]。

　戦争のすぐ直後に、最初の大きな出来事である「皇帝の別荘」の発見があった。それは、マリーナ門の南側に隣接して建てられた豪華な邸宅で、おそらく後62年の地震後にヴェヌス神殿の拡張のため基礎が増設された際に放棄されたと見られる。この複合建築物の露出は、遺跡考古博物館を含めて上部建造物に手ひどい損害を与えた連合国軍の爆撃による数少ない貢献の一つである。

　不幸にもマイウーリの監督者としての権威は、都市の南西の未発掘地区について発掘を急ぎすぎたために傷ついてしまう。その作業には数社の建設会社が労働者を提供する代わりに、発掘の廃土をナポリ-サレルノ間の高速道路建設のためのコンクリート砂利として使う契約であった。しかし、営利企業が求める結果は遺物記録の品の低下と修理・保存作業の無視となって現れた。1962年のマイウーリの退職の後、第Ⅰ、Ⅱ区の大部分は報告書も出版されず、さまざまな風化要因に対して十分な保護措置がとられずに、風雨にさらされたまま放置された（図75）。いくつかの住宅が1970年代に出版さ

噴火後のポンペイ

図75　1950年代に発掘された部屋（Ⅰ.12.16、部屋2）の状況（左側の彩色された漆喰の壁が風雨にさらされている。右側の壁に塗られた漆喰の大半は壊れている。写真：L.A. Ling）

れたが、実際に発掘作業にかかわった考古学者によるものではなく、他方で壁材の傷みはやがて壁体の崩壊や壁画の崩落を引き起こしている。

最後の40年間には発掘作業はゆっくりとしたペースで進むようになり、すでに発掘された建物の補強や記録に力点が置かれるようになった。その例外は、「C.ユリウス・ポリビウスの家」や「M.ファビウス・ルーカスの家」、「純潔な恋人たちの家」などの数例であり、すでに都市内では大規模な発掘は実施されなくなった。新たな資料は、そのほとんどが保存リストに掲載され触ることさえ許されない市壁内の地域でなく、近代の開発に脅かされている周辺地域からもたらされるようになった。そのなかで、市内で実施される発掘では細かな記録と作業の進行と同時に、壁体は保存・修復されることが義務として求められた。これにより作業の進展は遅れるけれども、より多くの情報が蓄積され、建物は後代にまでより良い状態で保存されるようになった。

ポンペイにおける壁体の破壊については、1980年の群発地震の際ににわかに関心が高まった。地震が原因でいくつかの建物が崩壊し、多くが傾いたり亀裂が入ったりしたからである。その結果として、写真やコンピュータによる図面付きで記録する事業が開始された。それは1970年代に当時の監督官ファウスト・ゼーヴィの後援のもとにすでに始まっていたが、地震を機に最優先課題となった。もっとも重要な事業はローマ中央文書目録保存所による壁画とモザイクの記録化であり、それは11巻の「ポンペイ壁画とモザイク」（1990〜2003）という写真付きの総覧の記念すべき出版に直接つながった。1980年代後半のIBMのスポンサーによるすべての発掘記録をデータ

ベース化し、ボスコレアーレの新博物館からコンピュータターミナルを介してアクセスできるようにした事業も記憶に新しい。

　単純な記録作業だけの事業だけではなく、過去の発掘、とくに十分に報告されていない事例について、分析・再解釈する試みも進んでいる。それらの多くはイタリア人以外のチームによって行われ、そのなかでももっとも優れたものはドイツ人による一連の「ポンペイの住宅」調査である。そこでは壁画の残存状況に注目して、個々の住宅を再調査している。個別の住宅に限定せずに、住居群あるいはブロック全体を調査しようとする研究者は、複雑な敷地境界線の変遷を追うことによって、その歴史的な構造を明らかにしようとしている。そうした調査計画のなかでも、ペルージア大学の研究者は第Ⅵ区の小さな三角形のインスラを対象に研究を進めている。また、筆者の指揮するメナンドロスのプロジェクトもある[10]。ほかにも未報告のプロジェクトにイギリスとイタリアの共同チームによるⅠ.9の調査、イギリスとアメリカの共同チームによるⅥ.1の調査がある。

　双方とも後79年の地表面より下の発掘を行っている。現在では、厳密に選定された下部への掘削はポンペイの歴史的な発展を研究するうえでは、どうしても必要なことであると認識されている。「アマラントゥスの家」におけるM.フルフォードとA.ウォレス-ハドリルの調査は、ポンペイの東区の発展について重要な情報を新たに提供している[11]。また、ヴィルヘルミーナ・ヤシェムスキーによるポンペイの庭園に関する先駆的な研究[12]の結果は、おそらく過去50年間でも出色の研究成果として名を残すであろうが、植物学・動物学的な痕跡の科学的な分析がもたらす価値は非常に高い。種子や

花粉、動物の骨の顕微鏡による観察は、植物相や動物相を鑑定することを可能にし、古代都市の生活についてのわれわれに理解にまったく新しい次元をつけ加えてくれた。

最初の発掘での略奪行為からポンペイに長い時間が流れた。将来はどうなるであろうか？　未発掘地区をあえて掘り返そうとする動きはない。保存の問題や再分析や解釈の問題として、すでに発掘された部分にまだ多くのやるべきことが残されている。同時に、遺跡から最大限に情報を引き出そうとする考古学者の要求と、一般の人々に対してポンペイを伝えていく義務との間でうまくバランスをとることが必要とされている。しかし、そこには新しく巨大に広がるさまざまな問題が潜んでいる。最近の看板の林立、新たな観光ルートの開拓、繰り返し繁茂する植物除去のための除草剤の使用、中央広場では観光客によって徐々に侵食される地面を保護するための立入り禁止措置と、それにともなって発生する砂塵を防ぐための芝の植つけが施されている。これらは、年間200万人に近い観光客の訪れる広大な野外博物館を管理するために、必要とされる多くの不幸な方策のほんの一端にすぎない。

本書の執筆中にも、深刻というにはほど遠いけれども、一つの問題の再燃から新たな解決策が模索されようとしている。文化財への破壊行為と盗品の脅威である。1977年の第Ⅰ区の一部にしか名前の知られていない住宅からの壁画の切取り、すでに記した1978年のヴェッティの庭園からの彫像の盗難、たまに起こる移動可能な彫刻の紛失、そして（より最近では）「チェイイの家」の井戸石、「純潔な恋人たちの家」の壁画のもち去りなど、すべての観光客が、ケースに入れられていない遺物のもち去りを目撃する危険があるといえる

ほどである。今後、すべての移動可能な品物は、モザイクや壁画も含めて、安全な保管庫へ収蔵し、その場所に同等のコピーを置けば良いという方策が実現する可能性がある。もしそうなれば、それは新たなポンペイの悲劇となるだろう。そして、背後には、1944年以来周期的な休止期にあるが、いまだ活動中の火山がある。いつその火山が噴火を開始し、火山灰や噴出物を吹き出し、周辺地域にばらまくかもしれない。もし後79年に匹敵するような噴火が繰り返されれば、その埋もれた都市は再び失われ、後代の発掘者によって近代の遺跡として再評価されるかもしれない。

註（参考文献）

　　ここにあげた参考文献は古代のテキストを除いて、最近の発見や議論の対象となっている専門的な研究のみを扱うこととした。より一般的な参考文献については、著者の名前と出版年のみを示し、詳しくは「より知識を深めるための文献リスト」を参照していただくこととした。個々の建築物の解説については、完全かつ最新のものがCoarelli（2002）に掲載されている。略号： *CIL = Corpus Inscriptionum Latinarum.*

第1章

(1) Pliny, *Epistulae* 6.16; 6.20; Cooley and Cooley 2004: 32-7, C9, C12
(2) 以下を参照。Sigurdsson, Cashdollar and Sparks 1982
(3) F. Haverfield, *Ancient Town-Planning* (Oxford 1913), 63-8
(4) 1993年から1997年までの日本隊による以下の発掘報告を参照。*Opuscula pompeiana* 4 (1994) 23-62; 5 (1995) 53-67; 6 (1996) 51-62; 7 (1997) 143-58; 8 (1998), 111-34
(5) R. Ling, 'A stranger in town: finding the way in an ancient city', *Greece and Rome* Second series 37 (1990) 204-14
(6) A. De Simone and S.C. Nappo (eds), ... *Mitis Sarni opes* (Naples 2000)
(7) A. Mau, *Geschichte der decorativen Wandmalerei in Pompeji* (Berlin 1882)

第2章

(1) 市壁の基本構成と都市の発展については S. De Caro, 'Nuove indagini sulle fortificazioni di Pompei', *Annali dell' Istituto Universitario Orientale [Napoli]. Sezione di Archeologia e Storia Antica* 7 (1985) 75-114および 'Lo sviluppo urbanistico di Pompei', *Atti e memorie della Società Magna Grecia* Third

註（参考文献）

series I (1992), 67-90を参照。
(2) Fulford and Wallace-Hadrill 1999
(3) F. Zevi, 'Urbanistica di Pompei', in *La regione sotterrata dal Vesuvio: studi e prospettive* (Atti del Convegno Internazionale 11-15 Novembre 1979) (Naples 1982), 353-65
(4) S.C. Nappo, in Laurence and Wallace-Hadrill 1997: 96-7
(5) S.C. Nappo, in Laurence and Wallace-Hadrill 1997: 93-6
(6) 名前の起源についてのさまざまな議論は以下を参照。A. Varone, *Pompei, i misteri di una città sepolta* (Rome 2000), 16
(7) その証拠は以下に収録されている。M. Cristofani, M. Pandolfini Angeletti and G. Coppola (eds), *Corpus Inscriptionum Etruscarum 2.2, Inscriptiones et in Latio et in Campania repertae* (Rome 1996), 59-64, nos 8747-75. 以下も参照のこと。Fulford and Wallace-Hadrill 1999: 82-4, 110-12
(8) Strabo, *Geography* 5.4.8; Cooley and Cooley 2004: 8, A5
(9) S. De Caro, *Saggi nell' area del tempio di Apollo a Pompei. Scavi stratigrafici di A. Maiuri nel 1931-32 e 1942-43* (Naples: Istituto Universitario Orientale, Dipartimento di Studi del Mondo Classico e del Mediterraneo Antico, Quaderni 3) (1986)
(10) A. D'Ambrosio, *La stipe votiva in località Bottaro (Pompei)* (Naples 1984)
(11) M. Bonghi Jovino (ed.), *Ricerche a Pompei. L' Insula 5 della Regio VI dalle origini al 79 d.C. I. Campagne di scavo 1976-1979* (Rome 1984); A. D'Ambrosio and S. De Caro, 'Un contributo all'architettura e all'urbanistica di Pompei in età ellenistica. I saggi nella casa VII 4, 62', *Annali dell' Istituto Universitario Orientale [Napoli]. Sezione di Archeologia e Storia Antica* II (1989) 173-215
(12) Fulford and Wallace-Hadrill 1999
(13) A. Maiuri, 'Studi e ricerche sulla fortificazione di Pompei', *Monumenti antichi* 33 (1929), 113-286; *cf.* De Caro, 'Nuove indagini' (註1参照)
(14) D'Ambrosio and De Caro 1989 (註2参照)
(15) H. Eschebach, *Die Stabianer Thermen in Pompeji* (Denkmäler antiker Architektur 13) (Berlin 1979)
(16) A. Varone, in *Pompei. L'informatica al servizio di una città antica* (Rome

1988), 36. これは以下の研究によっても立証されている。S.C Nappo, in *Rivista di studi pompeiani* 2 (1988) 191; 6 (1993-94) 95-8 および Laurence and Wallace-Hadrill 1997: 120

(17) A. Hoffmann, in F. Zevi (ed.), *Pompei 79. Raccolta di studi per il decimonono centenario dell'eruzione vesuviana* (Naples 1979), 111-15; idem, 'Ein Beitrag zum Wohnen in vorrömischen Pompeji,' *Architectura* 10 (1980) 1-14

(18) S.C Nappo, 'Pompei: la casa *Regio* I, *ins.* 20, n. 4 nelle sue fasi. Considerazioni e problemi', in L. Franchi dell'Orto (ed.), *Ercolano 1738-1988: 250 anni di ricerca archeologica. Atti del Convegno Internazionale Ravello-Ercolano-Napoli-Pompei 30 ottobre-5 novembre 1988* (Ministero per i Beni Culturali ed Ambientali, Soprintendenza Archeologica di Pompei, Monografie, 6) (Rome 1993), 667-76; 'Alcuni esempi di tipologie di case popolari della fine III, inizio II secolo a.C. a Pompei', *Rivista di studi pompeiani* 6 (1993-94), 77-104; and in Laurence and Wallace-Hadrill 1997: 99-120

(19) A. Wallace-Hadrill, 'Rethinking the Roman *atrium* house', in Laurence and Wallace-Hadrill 1997: 219-40

(20) この技術については以下を参照。K. Peterse, *Steinfachwerk in Pompeji. Bautechnik und Architektur* (Amsterdam 1999). 一般的な建設技術については以下を参照。J.-P. Adam, *Roman Building:Materials and Techniques* (London 1994)

(21) J.-A. Dickmann, 'The peristyle and the transformation of domestic space in hellenistic Pompeii', in Laurence and Wallace-Hadrill 1997: 121-36

(22) Zanker 1998: 46-9

(23) 最近の発見は現在の列柱廊が後1世紀よりけっして遡らないことを示している。以下を参照。A. Carandini, in P.G. Guzzo (ed.), *Pompei. Scienza e società* (250°Anniversario degli Scavi di Pompei. Convegno Internazionale Napoli, 25-27 novembre 1998) (Milan 2001), 127-8. しかし Carandini の結論は同書中(159-60)でF. Coarelliによって反論されている。

(24) E.Vetter, *Handbuch der italischen Dialekte* (Heidelberg 1953), 49-50, no. II; Cooley and Cooley 2004: 9, A9

(25) Vetter, *Handbuch*, 52, no. 18; Cooley and Cooley 2004: 10-11, A12

註（参考文献）

(26) A. Laidlaw, *The First Style in Pompeii: Painting and Architecture* (Rome 1985); Ling 1991: 12-22

(27) M. Donderer, 'Das pompejanische Alexandermosaik - ein östliches Importstuck?', in *Das antike Rom und der Osten. Festschrift für Klaus Parlasca zum 65. Geburtstag* (Erlanger Forschungen A 56) (Erlangen 1990), 19-31

第3章

(1) ポンペイのローマ法制上の都市の位置づけの変化については以下を参照。V. Weber, 'Entstehung und Rechtsstellung der römischen Gemeinde Pompeji', *Klio* 57 (1975) , 179-206

(2) Vetter, *Handbuch* (第 2 章註24参照), 54-7, nos 23-8; Cooley and Cooley 2004: 19, B5

(3) Castrén 1975: 85-92

(4) Cicero, *Pro Sulla* 60-2; Cooley and Cooley 2004: 22-3, B15

(5) *CIL* x, no. 844; Cooley and Cooley 2004: 20, B9

(6) Zanker 1998: 65-8

(7) *CIL* x, no. 852; Cooley and Cooley 2004: 20-1, B10

(8) 別に、カピトリウムへの改修を同盟市戦争以前の自発的なローマ化の現れとする見方もある。以下を参照。H. Lauter, in *Jahrbuch des Deutschen Archäologischen Instituts* 94 (1979) 430-4

(9) *CIL* x, no. 819

(10) *CIL* x, no. 829; Cooley and Cooley 2004: 21, B11

(11) H. Eschebach, *Die städtebauliche Entwicklung des antiken Pompeji* (*Mitteilungen des Deutschen Archäologischen Instituts, Römische Abteilung* Ergänzungsheft 17) (Heidelberg 1970), 56-7

(12) V.M. Strocka, *Casa del Labirinto* (*VI 11, 8-10*) (Häuser in Pompeji 4) (Munich 1991),68-9

(13) F. Zevi, 'La città sannitica. L'edilizia privata e la Casa del Fauno', in F. Zevi (ed.), *Pompei* I (Naples 1991), 47-74, とくに73-4; 'Pompei dalla città sannitica alla colonia sillana: per un'interpretazione dei dati archeologici', in M. Cébeillac

-Gervasoni (ed.), *Les élites municipales de l' Italie péninsulaire des Gracques à Néron. Actes de la table ronde de Clermont-Ferrand (28-30 novembre 1991)* (Collection de l'École Française de Rome 215, Collection du Centre Jean Bérard 13) (Naples and Rome 1996), 125-38, とくに 132-6。

(14) この連結についての証拠は以下を参照。R.Ling, *The Insula of the Menander at Pompeii* I: *The Structures* (Oxford 1997), 55, 79-81, 164-5

(15) Vitruvius, *De Architectura* 6.9

(16) Wallace-Hadrill 1994: 57-9

(17) Vitruvius, *De Architectura* 7.5.2; cf. 5.6.9

第 4 章

(1) *CIL* x, no. 820; Cooley and Cooley 2000: 92-3, E32

(2) *CIL* x, no. 787; Cooley and Cooley 2000: 84-5, E1

(3) J.J.Dobbins, L.E.Ball, J.G.Cooper, S.L.Gavel, S.Hay, 'Excavations in the Sanctuary of Apollo at Pompeii, 1997', *American Journal of Archaeology* 102 (1998) 739-56

(4) *CIL* x, no. 816; Cooley and Cooley 2000: 96-7, E39. なおマンミアの'Mammia' というつづり（ほとんどの近年の著述家は 'Mamia' を使っているが）については、以下を参照。Kockel, *Grabbauten* (後出註18参照), 58-9

(5) J.J. Dobbins, 'The altar in the sanctuary of the Genius of Augustus in the forum at Pompeii,' *Mitteilungen des Deutschen Archäologischen Instituts. Römische Abteilung* 99 (1992) 251-63

(6) *CIL* x, nos 833-4; Cooley and Cooley 2004: 66-7, D51

(7) この見方については以下を参照。C.P.J. Ohlig, *De Aquis Pompeiorum. Das Castellum Aquae in Pompeji: Herkunft, Zuleitung und Verteilung des Wassers* (Nijmegen 2001)

(8) CIL x, no. 817; Cooley and Cooley 2004: 81, D106

(9) 具体的にはティベリウス帝時代: Mau 1902: 111-12. 壁面装飾に基づくものとしては W. Ehrhardt (*Stilgeschichtliche Untersuchungen an römischen Wandmalereien von der späten Republik bis zur Zeit Neros* (Mainz 1987), 5-

7, 119-20) があり、ネロ帝の治世まで下る可能性を示す。その他の研究者はおおむねアウグストゥス帝時代としている。例えば L. Richardson Jr, 'Concordia and Concordia Augusta: Rome and Pompeii,' *La Parola del passato* 33 (1978) 260-72, とくに267-9; Zanker 1998: 93-101. Inscriptions: *CIL* x, nos 810-11: Cooley and Cooley 2004: 98-100, E42。

(10) 以下の研究により確認された。Zanker 1998: 85-7. 後62年の地震後という年代判定については以下を参照。J.J. Dobbins, 'The Imperial Cult Building in the forum at Pompeii', in A. Small (ed.), *Subject and Ruler: the Cult of the Ruling Power in Classical Antiquity* (*Journal of Roman Archaeology* Supplementary Series 17) (Ann Arbor 1996),99-114. しかし、補助室における第三様式の壁面装飾の存在は、より年代が遡る可能性を示す。以下を参照。Mau, *Geschichte* (第 1 章註 7 参照),410; J. Overbeck and A. Mau, *Pompeji in seinen Gebäuden, Alterthümern und Kunstwerken* (Leipzig 1884), 131

(11) *CIL* x, no. 794; Cooley and Cooley 2004: 16, A23

(12) Zanker 1998: 105-7

(13) この現象については以下を参照（ただし、彼は後62年の地震後の年代を示している）。Nappo, 'Pompei: la casa *Regio* I, *ins.* 20, n. 4'（第 2 章註18参照）

(14) J.-A.Dickmann,*Domus frequentata. Anspruchsvolles Wohnen im pompejanischen Stadthaus* (Munich 1999), 301-12

(15) Dickmann (前註参照), 313-22

(16) P. Zanker, 'Die Villa als Vorbild des späten pompejanischen Wohngeschmacks', *Jahrbuch des Deutschen Archäologischen Instituts* 94 (1979), 460-523 (Zanker 1998 に再収: 135-203)

(17) ただし、大理石製の化粧板も含めて、聖域の正面全体が後62年の地震後であるという見方については以下を参照。J.J. Dobbins, 'Problems of chronology, decoration, and urban design in the forum at Pompeii,' *American Journal of Archaeology* 98 (1994), 629-94, とくに 663-8。

(18) ポンペイの墓地についてはとくに以下を参照。V. Kockel, *Die Grabbauten vor dem Herkulaner Tor in Pompeji* (Beiträge zur Erschliessung hellenistischer

und kaiserzeitlicher Skulptur und Architektur I) (Mainz 1983);A. D'Ambrosio and S. De Caro, *Un impegno per Pompei. Fotopiano e documentazione della necropoli di Porta Nocera* (Milan 1983)

(19) ポメリウムの位置についての別の見方は以下を参照。F. Senatore, 'Necropoli e società nell'antica Pompei: considerazioni su un sepolcreto di poveri', in idem (ed.), *Pompei, il Vesuvio e la penisola Sorrentina* (Atti del secondo ciclo di conferenze di geologia, storia e archeologia Pompei, Istituto 'B. Longo', ottobre 1997-febbraio 1998) (Rome 1999), 91-121, とくに100-02。

(20) この見方は以下によっても支持されている。H. Mouritsen in a forthcoming article ('Inscriptions, burial and class. Epigraphy and social history in Pompeii, Ostia and Imperial Italy') 本書は著者の好意によって出版前に拝読することができたものである。

(21) Senatore, 'Necropoli e società' (前出註19参照)

(22) 本墓の埋葬者の特定については、A.Umbricius Scaurusの記述によるものとされる。以下を参照。 Kockel, *Grabbauten* (前出註18参照), 83-4

(23) S.T.A.M. Mols and E.M. Moormann, *'Ex parvo crevit.* Proposta per una lettura iconografica della Tomba di Vestorius Priscus fuori Porta Vesuvio a Pompei', *Rivista di studi pompeiani* 6 (1993-94), 15-52

第5章

(1) Tacitus, *Annales* 14.17; Cooley and Cooley 2004: 60-1, D34

(2) Tacitus, *Annales* I5.22.5; Seneca, *Quaestiones naturales* 6.1.1-3 （年代を誤って後63年としている）; Cooley and Cooley 2004: 28-9, C1-2. 地震後の復旧については、J.-P. Adam, 'Observations techniques sur les suites du séisme de 62 à Pompéi', in *Tremblements de terre, éruptions volcaniques et vie des hommes dans la Campagnie antique* (Bibliothèque de l'Institut Français de Naples, Second series, 7) (Naples: Centre Jean Bérard: 1986), 67-87. 社会的・経済的影響については以下を参照。 J.Andreau, 'Histoires des séismes et histoire économique: le tremblement de terre de Pompéi (62 ap.J.C.),' *Annales économies sociétés civilisations* 28 (1973), 369-95. イシス神殿の修復につい

ては以下を参照。*CIL* x, no. 846; Cooley and Cooley 2004: 31, C5. ここでの広範な再建活動はやや誇張されている可能性がある。以下を参照。N. Blanc, H. Eristov, and M. Fincker, 'A fundamento restituit? Réfections dans le temple d'Isis à Pompéi', *Revue archéologique* (2000), 227-309

(3) M. Fulford and A. Wallace-Hadrill, 'The House of Amarantus at Pompeii (1,9, II-12): an interim report on survey and excavations in 1995-96', *Rivista di studi pompeiani* 7 (1995-96), 77-113, とくに107-08。

(4) Suetonius, Nero 20.2; Tacitus, *Annales* 15.33-34

(5) Pliny, *Epistulae* 6.20.3

(6) H. Mouritsen, 'Order and disorder in late Pompeian politics', in Cébeillac-Gervasoni. *Les élites municipales* (第3章註13参照), 139-44

(7) S.C Nappo, 'L'impianto idrico a Pompei nel 79 d.C. Nuovi dati', in N. de Haan and G.M.C. Jansen, *Cura aquarum in Campania* (Proceedings of the Ninth International Congress on the History of Water Management and Hydraulic Engineering in the Mediterranean Region, Pompeii, 1-8 October 1994) (Leiden 1996), 37-45

(8) J.J. Dobbins, 'Problems of chronology' (第4章註17参照); K. Wallat, 'Der Zustand des Forums von Pompeji am Vorabend des Vesuvausbruchs 79 n. Chr', in T. Fröhlich and L. Jacobelli (eds), *Archäologie und Seismologie. La regione vesuviana dal 62 al 79 d. C. Problemi archeologici e sismologici* (Colloquium Boscoreale 26.-27. November 1993) (Munich 1995), 75-92; K. Wallat, *Die Ostseite des Forums von Pompeji* (Frankfurt 1997)

(9) G. Guadagno, 'Documenti epigrafici ercolanesi relativi ad un terremoto', in Fröhlich and Jacobelli, *Archäologie und Seismologie* (前註参照), 119-30

(10) *CIL* x, no. 1018; Cooley and Cooley 2004: 135, F109

(11) A.Varone, 'L'organizzazione del lavoro in una bottega di decoratori: le evidenze dal recente scavo pompeiano lungo Via dell'Abbondanza', *Mededelingen van het Nederlands Instituut te Rome* 54 (1995), 124-36

第 6 章

(1) この疑問については以下を参照。Jongman 1988: 108-12 （それ以前の参考論文付き）; *cf.* A. Wallace-Hadrill, in B. Rawson (ed.), *Marriage, Divorce, and Children in Ancient Rome* (Oxford 1991), 98-103 (以下に再収 Wallace-Hadrill 1994: 98-103)

(2) E.De Carolis, G.Patricelli and A.Ciarallo, 'Rinvenimenti di corpi umani nell'area urbana di Pompei', *Rivista di studi pompeiani* 9 (1998), 75-123

(3) M. Henneberg and R. J. Henneberg, 'Human skeletal material from Pompeii', in A. Ciarallo and E. De Carolis (eds), *Pompeii. Life in a Roman Town* （展覧会カタログ）(Milan 1999), 51-3

(4) J.L. Franklin (*Pompeii: the Electoral Programmata, Campaigns and Politics, A.D. 71-9* (Papers and Monographs of the American Academy in Rome 28) (Rome 1980)) の少なくともドゥオヴィラーテ（被選挙人が 2 人の意味）であったこの選挙について、予定されているポストと候補者の数が一致しているため、実際には競争とはならなかったという見解は信頼性の低い論拠にもとづいており、否定されるべきものである。以下を参照。Mouritsen 1988: 37-41

(5) R.I. Curtis, 'A. Umbricius Scaurus of Pompeii', in R.I. Curtis (ed.), *Studia Pompeiana et classica in Honor of Wilhelmina F.Jashemski* I: *Pompeiana* (New York 1988), 19-50

(6) *CIL* x, no. 846; Cooley and Cooley 2004: 31, C5

(7) その建築については以下を参照。K. Ohr, *Die Basilika in Pompeji* (Denkmäler antiker Architektur 17) (Berlin and New York 1991). Graffiti: *CIL* iv, nos 1780-1952, とくに 1842 and 1904: Cooley and Cooley 2004: 77, D86; 79, D103。

(8) その神殿と三角広場についての一般的な解説は以下を参照。J.A.K.E. De Waele, *Il tempio dorico del foro triangolare di Pompei* (Studi della Soprintendenza Archeologica di Pompei 2) (Rome 2002)

(9) Vetter, *Handbuch* (第 2 章註24参照), 52, no. 18; Cooley and Cooley 2004: 10-11, A12

註（参考文献）

(10) S.De Caro, 'La lucerna d'oro di Pompei: un dono di Nerone a Pompei', in *I culti della Campania antica. Atti del Convegno Internazionale di Studi in ricordo di Nazarena Valenza Mele: Napoli, 15-17 maggio 1995* (Rome 1998), 239-44

(11) この解釈については以下を参照。S. De Caro, in F. Zevi (ed.), *Pompei* I (1991),41-2

(12) Blanc, Eristov, and Fincker, 'A fundamento restituit?' (第5章註2参照)

(13) CIL x, no. 824; Cooley and Cooley 2004: 93, E34

(14) Dobbins, 'Altar' (第4章註5参照)

(15) L. Richardson, 'The libraries of Pompeii', *Archaeology* 30 (1977) 394-402; idem, *Pompeii. An Architectural History* (Baltimore and London 1988), 273-5 のこの建物が公共図書館であるという仮説は説得力に欠ける。以下を参照。R. Ling in *Journal of Roman Archaeology* 4 (1991) 252-3. その根拠と年代判定は第4章註10を参照。

(16) Boyce 1937; Orr 1999; T. Fröhlich, *Lararien- und Fassadenbilder in den Vesuvstädten* (*Mitteilungen des Deutschen Archäologischen Instituts, Römische Abteilung* Ergänzungsheft 32) (Mainz 1991)

(17) A.Varone, *Presenze giudaiche e cristiane a Pompei* (Quaderni della Società per lo Studio e la Divulgazione dell'Archeologia Biblica 1) (Naples 1979), とくに72-8。

(18) ポンペイにおけるテラ・シジラータの統計的分析については以下を参照。G. Pucci, 'Le terre sigillate italiche, galliche, e orientali', in R. Annecchino and A. Carandini (eds), *L'instrumentum domesticum di Ercolano e Pompei nella prima età imperiale* (Rome 1977), 9-21

(19) Strabo, *Geography* 5.4.8; 素材については以下を参照。*Epigrammata* 4.44. ヴェスヴィウス地方のワインについては以下を参照。Pliny, *Natural History* 14.22,34-5; Columella, *Res Rustica* 3.2.10, 27. ポンペイ産ワインの欠点については以下を参照。Pliny, Natural History 14.70. ポンペイのワイン生産や商売についての一般的な解説は以下を参照。A. Tchernia, 'Il vino: produzione e commercio', in F. Zevi (ed.) *Pompei 79. Raccolta di studi per il decimonono centenario dell'eruzione vesuviana* (Naples 1979), 87-96

(20) 最近の農場の発掘については以下を参照。S.De Caro, *La villa rustica in*

(20) *località Villa Regina a Boscoreale* (Rome 1994). 都市内のワイン農家については以下を参照。Jashemski 1979 : 201-32

(21) Columella, *Res Rustica* 12.10.1 (タマネギ); Pliny, *Natural History* 19.140 (キャベツ). ポンペイで確認されている野菜や果実については以下を参照。Jashemski and Meyer 2002; *cf.* Cooley and Cooley 2004: 167, H31 (ラベル付きの壺). グラフィティの中に登場する農産物については以下を参照。Varone, *Pompei, i misteri* (第2章註6参照), 57-62

(22) Cato, *De Agricultura* 22.3-4; 135.2; Cooley and Cooley 2004: 168, H35

(23) Pliny, *Natural History* 31.94 ; Cooley and Cooley 2004: 164, H18. A. Umbricius Scaurus および彼の工房については以下を参照。 Curtis, *art. cit.* (前出註5参照); Cooley and Cooley 2004: 165-6, H20-9

(24) Moeller 1976; Jongman 1988: 155-86

(25) McGinn 2002; より重要な見解については以下を参照。Wallace-Hadrill 1995

(26) クラウディウス帝の治世後半という年代の論拠は以下に示されている。A.M. Small, 'The shrine of the imperial family in the Macellum at Pompeii', in Small, *Subject and Ruler* (第4章註10参照), 115-36

(27) 縮充業者の同業者会館については、たとえば以下を参照。Moeller 1976: 57-71. E. Fentress に端を発する奴隷市場という学説は、E. De Albentiis in Coarelli 2002: 132-3 (*cf.* 398)に引用されている。奉献碑文と年代判定については第4章註9を参照。

(28) 以下を参照。 Eschebach, *Stabianer Thermen* (第2章註15参照)

(29) P. Bargellini, 'Le Terme Centrali di Pompei', *in Les thermes romains. Actes de la table ronde organisé par l'École Française de Rome* (*Rome, 11-12 novembre 1988*) (Collection de l'École Française de Rome 142) (Rome 1991), 115-28

(30) *CIL* ii, no. 5181

(31) *cf.* De Waele, *Tempio dorico* (前出註8参照), 328-32

(32) ポンペイの円形闘技場とショーについての一般的な解説は以下を参照。D.L. Bomgardner, *The Story of the Roman Amphitheatre* (London and New York 2000), 39-58; L.Jacobelli, *Gladiators at Pompeii* (Los Angeles 2003). ポスターについては以下を参照。P. Sabbatini Tumolesi, *Gladiatorum paria.*

註（参考文献）

  Annunci di spettacoli gladiatorii a Pompei (Rome 1980). Maius poster: *CIL* iv, no. 1179; Cooley and Cooley 2004: 53

(33) スポンサーシートについては以下を参照。*CIL* x, nos 853-7. Cuspius Pansa inscriptions: CIL x, nos 858-9. *cf.* Cooley and Cooley 2004: 46-7, D1-7

(34) Wallace-Hadrill 1994: 91-117

(35) Plutarch, *Lucullus* 41.3-6

(36) Dickmann, *Domus frequentata* (第4章註14参照), 281-7

(37) F. Pirson, 'Rented accommodation at Pompeii: the evidence of the *Insula Arriana Polliana* V1.6', in Laurence and Wallace-Hadrill 1997: 165-81

(38) 建物タイプ別に色分けされた地図については以下を参照。H.Eschebach, 'Erläuterungen zum Plan von Pompeji', in B. Andreae and H. Kyrieleis (eds), *Neue Forschungen in Pompeji* (Recklinghausen 1975), 331 f

(39) 街路と交通については以下を参照。S. Tsujimura, 'Ruts in Pompeii - the traffic system in the Roman city', *Opuscula pompeiana* 1 (1991), 58-86

(40) 水の供給については以下を参照。H.Eschebach, 'Probleme des Wasserversorgung Pompejis', *Cronache pompeiane* 5 (1979) 24-60; Ohlig, *De Aquis Pompeiorum* (第4章註7参照)

(41) 街路上の公共噴水については以下を参照。H. Eschebach and T. Schäfer, 'Die öffentlichen Laufbrunnen Pompejis. Katalog und Beschreibung', *Pompeii Herculaneum Stabiae* 1 (1983), 11-40

(42) Vitruvius, *De Architectura* 8.6.2; Frontinus, *De Aquis Urbis Romae* 2.118

(43) A. Varone, in *Rivista di studi pompeiani* 5 (1991-92), 196

第7章

(1) 本章で扱われた資料については、とくに「さらに読み進めたい人のための参考文献」に掲げた Cooley 2003を参照。噴火被害についての古代の史料は以下を参照。Cooley and Cooley 2004: 41-3, C20-30; Marcus Aurelius, *Meditations* 4.48. 救援活動については以下を参照。Suetonius, *Titus* 8.3; Dio Cassius 66.24.1, 3-4; Cooley and Cooley 2004: 40, C17-18. 噴火後の資財回収や略奪については以下を参照。Cooley 2003: 50-64

(2) そのオリジナルの文献は失われたが以下を参照。F. Bianchini, *La istoria universale provata con monumenti e figurata con simboli degli antichi* (Rome 1697), 246-8; cf. J. Macrinus, *De Vesuvio* (Naples 1693), 32-41
(3) *CIL* x, nos 1443; *cf.* 1424, 1426-7, 1435-6
(4) *CIL* x, no. 1018
(5) J.W von Goethe, *Italienische Reise* (ed. H. von Einem, Hamburg 1951), 204 (entry for 13 March 1787)
(6) W. Helbig, *Wandgemälde der vom Vesuv verschütterten Städte* (Leipzig 1868)
(7) V. Spinazzola, *Pompei alla luce degli scavi nuovi di Via dell'Abbondanza (anni 1910-23)* (Rome 1953)
(8) A. Maiuri, *La Villa dei Misteri* (Rome 1931); *La Casa del Menandro e il suo tesoro di argenteria* (Rome 1933); *Ercolano, i nuovi scavi (1927-1958)* I (Rome 1958)
(9) A. Maiuri, *L'ultima fase edilizia di Pompei* (*Italia romana: Campania romana* 2) (Spoleto 1942). 市壁については以下を参照。 Maiuri, 'Studi e ricerche' (第 2 章註13参照). 市域内での層位学的な調査については以下を参照。 A. Maiuri, *Alla ricerca di Pompei preromana* (Naples 1973)
(10) F. Carocci, E. De Albentiis, M. Gargiulo and F. Pesando, *Le insulae 3 e 4 della* regio *VI di Pompei.Un'analisi storico-urbanistica* (Archaeologica perusina 5) (Rome 1990); R. Ling, *The Insula of the Menander at Pompeii* I: *The Structures* (Oxford 1997)
(11) Fulford and Wallace-Hadrill 1999
(12) Jashemski 1979, 1993; Jashemski and Meyer 2002

さらに読み進めたい人のための文献

ポンペイに関する参考文献は膨大なため、以下では英語版で入手可能なものをいくつか選択した。

一般書

Bon, S.E. and Jones, R. (eds) (1997) *Sequence and Space at Pompeii*, Oxford: Oxbow Books

Carrington, R.C (1936) *Pompeii*, Oxford: University Press

Coarelli, F. (ed.) (2002) *Pompeii*, New York: Riverside Book Company

Cooley, A.E. and Cooley, M. (2004) *Pompeii. A Sourcebook*, London: Routledge

Descoeudres, J.-P (1994) *Pompeii Revisited. The Life and Death of a Roman Town*, Sydney: Meditarch

Étienne, R. (1992) *Pompeii. The Day a City Died*, London: Thames and Hudson

Grant, M. (1971) *Cities of Vesuvius: Pompeii and Herculaneum*, London: Weidenfeld and Nicolson

Kraus, T. and Matt, L. von (1975) *Pompeii and Herculaneum. The Living Cities of the Dead*, New York: Harry N. Abrams

Laurence, R. (1994) *Roman Pompeii. Space and Society*, London: Routledge

Mau, A. (1899, 1902) *Pompeii, its Life and Art*, First and Second editions, translated by F.W. Kelsey, London and New York: Macmillan

Zanker, P. (1998) *Pompeii: Public and Private Life*, London and Cambridge, Mass: Harvard University Press

展覧会カタログ

Ciarallo, A. and De Carolis, E. (eds) (1999) *Pompeii. Life in a Roman Town* (Naples and Los Angeles), Milan: Electa

Franchi Dell'Orto, L. and Varone, A. (eds) (1990-92), *Rediscovering Pompeii* (New

York, Houston, Malmö, London), Rome: 'L'Erma' di Bretschneider

Ward-Perkins, J.B. and Claridge, A. (1976) *Pompeii A.D. 79*, Bristol: Imperial Tobacco Ltd

ガイドブック

Guzzo, P.G. and D'Ambrosio, A. (2002) *Pompeii: Guide to the Site*, Naples: Electa Napoli

Maiuri, A. (1954) *Pompeii*, Seventh edition (Itineraries of the Museums, Galleries and Monuments in Italy 3), translated by V. Priestley, Rome: Istituto Poligrafico dello Stato

Nappo, S.C. (1998) *Pompeii. Guide to the Lost City*, London: Weidenfeld and Nicolson

ヴェスヴィウス火山と噴火

De Carolis, E. and Patricelli, G. (2003) *Vesuvius A.D. 79: the Destruction of Pompeii and Herculaneum*, Los Angeles: J. Paul Getty Museum

Sigurdsson, H., Cashdollar, S. and Sparks, S.R.J. (1982) 'The eruption of Vesuvius in A.D.79: reconstruction from historical and volcanological evidence', *American Journal of Archaeology* 86: 39-51

都市の誕生と初期の歴史

Berry, J. (ed.) (1998) *Unpeeling Pompeii. Studies in Region I of Pompeii*, Milan: Electa

Fulford, M. and Wallace-Hadrill, A. (1999) 'Towards a history of pre-Roman Pompeii: excavations beneath the House of Amarantus (Ⅰ.9.11-12), 1995-8', *Papers of the British School at Rome* 67: 37- 144

公共生活と政治

Castrén, P. (1975) *Ordo Populusque Pompeianus. Polity and Society in Roman Pompeii* (Acta Instituti Romani Finlandiae 8), Rome

Franklin, J.L. (2001) *Pompeis difficile est. Studies in the Political Life of Imperial*

Pompeii, Ann Arbor: University of Michigan Press

Mouritsen, H. (1988) *Elections, Magistrates and Municipal Élite. Studies in Pompeian Epigraphy* (*Analecta Romana Instituti Danici* Suppl. 15), Rome: 'L'Erma' di Bretschneider

地域信仰

Boyce, G.K. (1937) *Corpus of the Lararia of Pompeii* (*Memoirs of the American Academy in Rome* 14), Rome

Orr, D.G. (1999) *Roman Domestic Religion. A Study of the Roman Household Deities and their Shrines at Pompeii and Herculaneum*, Ann Arbor, Michigan: UMI

経済と生産活動

Carrington, R.C. (1931) 'Studies in the Campanian *villae rusticae*', *Journal of Roman Studies* 21: 110-30

Day, J. (1931) 'Agriculture in the life of Pompeii', *Yale Classical Studies* 3: 165-208

Jongman, W. (1988) *The Economy and Society of Pompeii* (Dutch Monographs on Ancient History and Archaeology 4), Amsterdam

Mayeske, B.J.B. (2003) *Bakeries, Bakers and Bread at Pompeii: a Study in Social and Economic History*, Ann Arbor, Michigan: UMI

Moeller, W.O. (1976) *The Wool Trade of Ancient Pompeii* (Studies of the Dutch Archaeological and Historical Society 3), Leiden: Brill

Packer, J.E. (1978) 'Inns at Pompeii: a short survey', *Cronache pompeiane* 4: 5-53

売　春

McGinn, T.A.J. (2002) 'Pompeian brothels and social history', in Stein, C. and Humphrey, J.H. (eds), *Pompeian Brothels, Pompeii's Ancient History, Mirrors and Mysteries, Art and Nature at Oplontis, and the Herculaneum Basilica* (*Journal of Roman Archaeology* Supplementary Series 47), Portsmouth, Rhode Island: 7-46

Wallace-Hadrill, A. (1995) 'Public honour and private shame: the urban texture of Pompeii', in Cornell, T.J. and Lomas, K. (eds), *Urban Society in Roman Italy*,

London: University College, 39-62

住 宅

Laurence, R. and Wallace-Hadrill, A. (eds) (1997) *Domestic Space in the Roman World: Pompeii and Beyond (Journal of Roman Archaeology* Supplementary Series 22), Portsmouth, Rhode Island

Wallace-Hadrill, A. (1994) *Houses and Society in Pompeii and Herculaneum*, Princeton: University Press

庭 園

Ciarallo, A. (2001) *Gardens of Pompeii*, Rome: 'L'Erma' di Bretschneider

Jashemski, W.F. (1979, 1993) *The Gardens of Pompeii, Herculaneum and the Villas Destroyed by Vesuvius*, 2 vols, New York: Caratzas Brothers

Jashemski,W.F. and Meyer, F.G. (eds) (2002) *The Natural History of Pompeii*, Cambridge:University Press

室内装飾

Ling, R. (1991) *Roman Painting*, Cambridge: University Press

ポンペイとヘルクラネウムの再発見と発掘

Cooley, A.E. (2003) *Pompeii*, London: Duckworth

Corti, E.C. (1951) *The Destruction and Resurrection of Pompeii and Herculaneum*, London: Routledge and Kegan Paul

Leppmann, W. (1966) *Pompeii in Fact and Fiction*, London: Elek

Parslow, C.C. (1995) *Rediscovering Antiquity. Karl Weber and the Excavation of Herculaneum, Pompeii and Stabiae*, Cambridge: University Press

Trevelyan, R. (1976) *The Shadow of Vesuvius*, London: The Folio Society

訳者あとがき

　ロジャー・リング教授は、訳者がマンチェスター大学の美術史および考古学学科にて在外研究していたときの指導教授である。訳者がまだ博士後期課程の学生であった1991年、㈶古代学研究所のポンペイ調査（その後、発掘調査へと発展した）に参加してからすでに15年の歳月が流れた。それ以来、ポンペイを研究フィールドとして発掘・実測調査を行ってきたが、今思い返してみると、博士後期課程を終えた私は、無謀にも当時ポンペイ研究において世界的にも著名であった3人に研究留学を希望する手紙を出したのである。そのうちの一人は「高齢のため新たに研究者を指導できない」、また一人は「研究者を指導する立場にない」とのていねいな断りの返事をいただいたのだが、リング教授には「いつでもお会いしましょう」とのお返事をいただき、飛び上がって喜んだ私は、ポンペイ調査の帰路マンチェスターに立ち寄って未熟な英語で研究テーマを必死に説明したことを憶えている。ポンペイ遺跡はその学術的な価値だけではなく、欧米の人々にとっては故郷に似た特別な存在であり、「なぜ日本人がポンペイを研究するのか？」というのは何度となく尋ねられた質問だが、いまだに満足に答えられた記憶はない。ただリング教授は日本人によるポンペイ研究に大変興味を示され、手探りの状態であった私のポンペイ調査に対して常に的確な助言を与えて下さった。本書は、私がマンチェスター滞在中にすでにその構想をうかがっていたもので、リング教授の粘り強いご指導に報いる意

味でも、今私の翻訳で日本で出版できたのは望外の喜びである。本書は、解説書として位置づけられているが、一流の研究者のみがもつ鋭い視点が各所にちりばめられていて、翻訳しながらも私の不勉強を改めて痛感した。欧米におけるポンペイ研究はすでに150年を越える歴史があり、研究者の層も厚く、おそらく考古学を志す若くて有能な研究者はすべてポンペイを目標にしているといっても過言ではないだろう。私のような無謀な研究者であればこそ、これまで何とか研究を続けられたのではないかと思う。もちろん、リング教授に加えて、実にさまざまな方々のご指導・ご助力を得て、これまでポンペイ研究を続けられたことはいうまでもない。とくに、ポンペイ調査の機会を与えていただいた㈶古代学研究所所長の角田文衞先生、京都大学名誉教授の西川幸治先生、同志社大学名誉教授の浅香正先生、高橋康夫京都大学教授、またポンペイで実測調査のご指導をいただいた川西宏幸筑波大学教授、坂井聡古代学研究所助教授、ヴィンチェンツィア・イオリオ博士、また最後に本書の翻訳を完成するためにローマのブリテッシュ・スクールに滞在する機会を与えてくれた同所長のウォレス－ハドリリル教授には、言葉にいい尽くせない感謝の意を表したい。

  2006年12月　　　　　　ローマのブリテッシュ・スクールにて

堀　賀貴

索　引
（太字は図番号）

ア　行

アウグストゥス（皇帝）　16, 24, 91-100, 107-8, 158-162
アウリジェンマ,S.　238
アエスクラピウス神殿　26, 61, 155, 222, **59**
アグリッパ（軍人兼行政官）　97
アグリッピーナ（皇后）　121
アケラエ　18
アシャッフェンブルグ（ドイツ）　233
Cn.アッレイウス・マイウス　195, 207
アトリウム型住宅　49-53, 100-4, 200-5, **15, 63**
アポロ神殿　23, 37, 44, 62, 92-4, 153-4, **4**, 口絵**17**
アマラントゥスの家　243
アレティウム（アレッツォ）　165
アルクビエーレ,R.J.de　226
イアーソーンの家　口絵**13**
イシス神殿　26, 123, 147, 155-7, 226, **43, 59, 70**
イノシシの家　102
イーリアスの神殿の家　80
ヴィトルヴィウス（建築著述家）　81, 87, 89, 215, 218, 236
ヴィパッシャ（ポルトガル）　186
ヴィンケルマン,J.J.　229-30
ヴェスヴィウス（噴火）　10-4
ヴェスタの巫女の家　70, **20**, 口絵**15**
C.ヴェストリウス・プリスクスの墓　116-7, 口絵**11**
ヴェスパシアヌス（皇帝）　129-30
ヴェスパシアヌス神殿→ゲニウス・アウグストゥス神殿参照
ヴェッティの家　29, 104, 126, 133, 202, 218, 236, 244, **74**
ヴェヌス　160（→ヴェヌス神殿参照）
ヴェヌス神殿　25, 75, 130-2, 153, 154, 209, 240, 口絵**18**
ウェーバー,K.　229, **71**
ウォレス-ハドリル,A.　50-1, 136, 203, 243
海のヴィーナスの家　29, 口絵**1**
ウンブリクス・スカウルス,A.　147, 170
A.ウンブリキウス・スカウルスの家　170
円形闘技場　27, 74, 195-200, 210, **6, 61-2**
エウマキアの建物　25, 98, 181-2, **4**, 口絵**14**
エウマキアの墓　113
エウリピデス（ギリシアの劇作家）　193
エグナティウス・ポストゥムス,C.　92
エッシェバッハ　47, 78, 137, 184
エトルリア　42, 43
エトルリア人の柱の家　44
エフェベ（ギリシアの青年市民）の家　239
エルブフ（王子）　225
演目　192-4, **19, 60**
黄金宮　129
オクタヴィアのポルティカス　96
オクタヴィアヌス→アウグストゥス参照
D.オクタヴィウス・クアルティオの家　29, 105, 218, 238, **31**
オスク人, オスク語　41, 43, 62, 69
オスティア　17, 166
オプロンティス　12, 32, 86, 104
M.オベリウス・フィルムスの家　63
織物→羊毛製品参照

カ 行

M.ガヴィウス・ルーファスの家　口絵**16**
L.カエキリウス・ユクンドゥスの家　123,**37**
カステルム・アクアエ（貯水槽）　98, 215-7, **66**
カピトリウム　23-5, 75, 79, 153, 222, **4**, **23**
カプア　17, 22, 48, 165, 196
ガラス製品　165, 口絵**28**
カリギュラ（皇帝）　100, 121
カルタゴ　166
C.カルベンティウス・クイエトゥスの墓　115
ガルム　169-70
ガルランドの墓　110
カンプス→大パレストラ参照
キケロ（雄弁家兼著述家）　71
キケロ荘　31, 66, 226
ギムナジウム、ギムナジア　26, 55, 59, 60, 61, 71, 96, 183, 188, **58**
給水　52-3, 97-8, 105-6, 127, 215-9, **38**
ギリシア　41-2
キリスト教　163
ギル、ウイリアム　232
銀婚式の家　29
銀食器　口絵**11**, **29**
金箔のキューピットの家　104, 236
クインクティウス・ヴァルガス,C.　72, 74
クスピウス・パンサ,C.　200
果物栽培　169, **49**
クラディウス（皇帝）　121
グラフィティ　43, 62, 149, 168, 171, 174, 196, 197, 211, 220
クラフトマン（職人）の家　80, 204
クリプトポーティコ（半地下柱廊）の家　80, 81, 86, 238
毛織物縮充　171-4, **50**
外科医の家　29, 202, 231, 239
劇場地区　26, 60-1, 190-5, **5**, **59**
劇場の四面列柱廊庭　27, 60, 71, 190-2, 196, **5**, **59**, 口絵**26-7**
劇場パネルの家　193
ゲーテ,J.W.von　111
ゲニウス・アウグストゥス神殿　24, 94, 107, 108, 157, 158, **28**, **32**, **44**
建設技法　53-4, 57-58, 75-6, 82-6, 107-8, 123, **16-7**, **25-6**, **32**, **36**, **54**, 口絵**5**, **7**, **14**
剣闘士　27, 60, 195-7, 口絵**25**
恋人たちの家　**68**
郊外浴場　32, 98, 186, 210
公共噴（泉）水　30, 98, 215-8, **7**, **29**, **67**
皇帝の別荘　132, 240
コミティウム　25, 75, 150, **4**
コルネリウス・スッラ,L（独裁官）　70, 75
コルネリウス・スッラ,P.　70
コルメッラ（農業誌家）　167

サ 行

彩色柱頭の家　29
サヴォイ皇子のウジェーヌ　225
サムニウム人　35, 43, 45
サムニウム人のパレストラ（運動場）　26, 61, 188, **58-9**
サルストの家　202, 231, 口絵**3**
サルノ（川）　17, 18, 224
サレルヌム（サレルノ）　17
ザンカー,P.　60, 73, 99
三角広場　24, 60-1, 190, 226-8, **59**
シェリー,Percy Bysshe　233
地震　122-33, 240, 242, **37**
市門　19-21, 22-3, 28, 148
城（市）壁　22, 35, 45, 69-70, 232, 240, **12**
シャルルⅦ世（ナポリ国王）　225
宗教　151-63
住宅　47-53, 54-7, 80-1, 86-8, 100-4, 200-5, 211-2, **14-5**, **63-4**
純潔な恋人たちの家　242, 244
女王カロリナの家　29-30
小劇場（室内劇場）　26, 72-4, 79, 194-5,

210, **5, 22, 59,** 口絵**5**
小プリニウス（著述家） 12-5, 106, 126, 139
小噴水の家 29, **63**
神官アマンダスの家 239
人口（予測） 135-40
水道 96-8
水道塔 97-8, 216, **29**
スエディウス・クレメンス,T. 130, 226, **39**
スコット,ウォルター卿 233
スタビアエ 12 ,13, 14, 17, 32, 70, 226, 229
スタビア浴場 25, 47, 59-60, 77-8, 84, 184-7, 210, 218, **41, 56**
スッラ→コルネリウス参照
ストラボン（地理学者） 18, 42, 45, 166
スピナッゾーラ,V. 237-9
M.スプリウス・メゾーの家　口絵**12**
スレントゥム（ソレント） 17
政治 142-7
青銅（ブロンズ） 165, 225, **69,** 口絵**26-7**
ゼーヴィ,F. 79, 242
セネカ（行政官兼著述家） 122, 170
セリーノ 215
選挙 145-8, 150
染色 173
ソリアーノ,A. 236

タ 行

大カトー（雄弁家兼著述家） 169
大劇場 26-7, 60, 95-6, 190-2, 210, 226, **5, 59,** 口絵**23**
大パレストラ(カンプス) 29, 96, 190, 210, 239, **26,** 口絵**8**
大プリニウス(行政官兼著述家) 12-4, 139, 166
大理石 108-9
タキトゥス（歴史家） 12, 122
タヌッチ,B. 226
タベルナ→宿屋参照
男根の象徴 163, 口絵**19**

チェイイの家 244, 口絵**10**
地方行政施設(中央広場南端) 25, 99, 149-50, **4**
中央広場（フォーラム、中央広場地区） 21, 23-5, 62, 98-100, 129-30, 210, 222, 232, 240, **4, 23,** 口絵**9**
中央広場の列柱廊 99, **9,** 口絵**9**
中央浴場 25, 132, 186, 210, 214
ツァーン,W. 232
ツァングマイスター,K. 236
庭園 104-7, **31, 74**
ディオスクリの家 233
ディオニソス→バッカス参照
ディオメデスの別荘 31, 87, 228
ディックマン,J.A. 103
ディケンズ,チャールズ 234
ティッシュバイン,J.H.W. 231
ティトゥス 221
ティブール(ティボリ) 61
ティベリウス（皇帝） 91, 98
デ・ペトラ,G. 236
デュマ,アレクサンドル 234
デラ・コルテ,M. 60
テラ・シジラータ 165, 口絵**20**
テルニーテ,W. 232
店舗（工房） 28, 163-5, 174-8, 205, 207, 210-1, 212, **47, 52**
塔 22, 69-70
トゥリリス 92, 111, 157
トゥリリスのスコラ 111
道路 19-22, 29-31, 37-41, 212-5, **65**
ドビンス,J.J. 129
ドリス式神殿（ミネルヴァとヘラクレスの神殿?） 26, 37, 44, 46, 61, 151-2
トーレ・アヌンツィアータ 32, 224

ナ 行

ナッポ,S.C. 41, 48, 127
ナポリの王子の家 29
ナポレオン,ジェローム 233, **72**

ニッコリーニ,ファウスト　232
ニッコリーニ,フェリーチェ　232
ニッセン　136,137
ヌケリア（ノチェラ）　17, 18, 32, 48, 75-6, 122, 123, 171
ネアポリス（ナポリ）　17, 42, 123, 125, 215
ネイヴォレイア・テュケーの墓　115
ネクロポリス（墓地）　30-31, 109-17, **8, 33-5**
ネプチューン神殿　155（→ボッターロ地区参照）
ネロ（皇帝）　121-2, 125-6, 154
粘土型の家　46
ノーラ　18, 32
ノルバヌス・ソレクス,C.　157

ハ　行

売春宿　179-80
バイス,E.　236
排水　219-20
P.パクイウス・プロクルスの家　102, **30**
バジリカ　22-3, 62, 82, 148-50, **4, 42,** 口絵**2**
バッカス(ディオニソス)　160（→バッカス神殿参照）
バッカス（ディオニソス）神殿　155
ハッケルト,J.P.　231
ハバーフィールド,F　21
パラエネステ（パレストリーナ）　61
パンサの家　207
ハンニバル戦争　48
パン屋　174-5, 口絵**22**
秘儀荘　31, 81, 86, 87, 239, **48,** 口絵**6**
悲劇詩人の家　29, 232
百年祭の家　29, 193, **60,** 口絵**21**
病理学（骨格）　140-2
ファウヌスの家　63-8, 80, 232,**18,** 口絵**4**
M.ファビウス・ルーカスの家　88, 242
フィオレッリ　136-7, 139, 234-6
N.フェスティウス・アンピリアトゥスの墓　115
フェリペⅤ世（スペイン国王）　225
フェルディナンドⅣ世(ナポリ国王)　226, 231-2
フォッスル-メール（フランス）　170
フォーラム浴場　25, 76-7, 84, 98, 185-7, 210, 218, 232, **24, 57**
フォルトゥーナ・アウグスタ神殿　25, 92, 157-8
フォルム・オリトリウム（野菜市場）　25, 99, 180, **4**
フォンターナ,D.　224
プテオリ(ポツオリ)　17, 165, 215
ブドウ栽培→ワイン生産参照
プリエネ（トルコ）　194
フルフォード,M.　243
プルタルコス（著述家）　204
ブロンズまたは黒い壁の家　口絵**31**
フロンティヌス（軍人兼述家）　218
壁画　64, 78-80, 88-90, 117-9, 133-4, 208-9, 口絵**1, 3, 6, 10-3, 15-6, 21, 24, 31**
ベロッホ,K.J.　135, 138
ヘラクレス　152, 160（→ドリス式神殿参照）
ペリスタイル　54-6, 203, **15**
ヘルクラネウム　12, 15, 17, 31, 32, 42, 43, 123, 130, 138, 139, 152, 170, 221 ,222, 225-6, 228-9, 239
ヘルクラネウム,劇場　225
ヘルクラネウム,パピルス荘　225, **69**
ヘルビヒ,W.　236
便所　219-20
ボスコレアーレ　32, 86, 166, 169, 243,**49**
ボスコトレカーセ　32
墓地→ネクロポリス参照
ボッターロ地区（ネプチューン神殿？）　44
ボナパルト,ジョーゼフ　231
ポピディウス・アンプリアートゥス,N　147
ポピディウス・ケルシヌス,N　147, 156

索　引

ホフマン,A.　48
ホフマン型住宅　48-9, 50, 101, 205, **14**
ポリクリトゥス（ギリシアの彫刻家）　188, **58**
ポルキウス,M.　72-3, 74, 110
M.ポルキウスの墓　110
ホルコニウス・ケラー,M.　95
ホルコニウス・ルーフス,M.　92, 94, **27**

マ　行

マイウーリ,A.　45, 127, 239-40
マウ,A.　34, 60, 236
マーキュリー（ヘルメス）　160
マケルム　23, 62, 98, 180-1, 211, **4, 55**
マゾワ,C.F.　232
マックリーニ,G.　224
マルクス・アウレリウス（皇帝）　221
マルティアリス（詩人）　166
マンミア　94, 111
マンミアのスコラ　111
ミセヌム　13, 14, 15, 97, 139
ミネルヴァ（アテナ）　152, 153, 155（→カピトリウム, ドリス式神殿参照）
ミネルヴァとヘラクレスの神殿→ドリス式神殿参照
ミレトゥス（トルコ）　194
ムラー（カロリーヌ）　231
ムラー（ヨアキム）　231
迷宮（ラビリンス）の家　63, 70, 79, 81
メナンドロス（ギリシアの劇作家）　193, **19**, 口絵**24**
メナンドロスの家　29, 80, 81, 126, 193, 239, 243
モザイク　64-6, 88, 169, 208, **19, 30**, 口絵**4**
モザイク列柱の別荘　31

モーラー,W.O.　170, 174
モンティ・ラッタリーリ　17

ヤ　行

野菜栽培　167-9
ヤシェムスキー,W.　243
宿屋（酒場）　177-8
ユリア・フェリクスのプラエディア(土地)　27, 207, 218, 226, 229, **71**
C.ユリウス・ポリビウスの家　242
ユピテル（カピトリウム）神殿→カピトリウム参照
羊毛製品,生産　170-4
浴室　80, 183-90
ヨングマン,W.　170

ラ・ワ行

ラ・ヴィーガ,F.　229, 231
ラッセル,J.C.　135-6
ラレス(アウグスティ,コンピータレス,ファミリアーレス)　158-62
ラレス神殿　24, 98, 129, 158-9, **4**
リットン,エドワード・ブルワー　232-3
リヴィア（皇后）　98
リヴィアのポルティカス　96
ルクルス（軍人兼著述家）　204
ルッジェーロ,M.　236
ルードヴィヒⅠ世（バイエルン王）　233
ローマ,アウグストゥスのフォーラム　98, 100, 182
ローマ,カエサルのフォーラム　100
ローマ,ポンペイ産のアンフォラ　170
ロレイウス・ティブルティヌスの家→D.オクタヴィウス・クアルティオの家参照
ワイン生産　166-7, **48-9**, 口絵**21**
ワラット,K.　129

「世界の考古学」⑬
R・リング著　堀賀貴訳
ポンペイの歴史と社会

■訳者紹介■
堀　賀貴（ほり　よしき）
1964年三重県生まれ。
1988年京都大学工学部建築学科卒業。
1994年京都大学大学院工学研究科建築学専攻博士後期課程単位修得の上退学後，日本学術振興会海外特別研究員としてマンチェスター大学にて在外研究。山口大学講師、助教授を経て、
2003年より九州大学大学院教授。博士（工学）、
M.Phil. (The University of Manchester)

2007年5月25日発行

著者	R・リング
訳者	堀　賀貴
発行者	山脇洋亮
印刷	㈱深高社
	モリモト印刷㈱

発行所　東京都千代田区飯田橋4-4-8 東京中央ビル内　㈱同成社
TEL 03-3239-1467　振替 00140-0-20618

ISBN978-4-88621-391-4 C3322

===== 世界の考古学・既刊 =====

①アンデスの考古学
関　雄二著　　　　　　　　　　　　　　310頁・2940円

②メソアメリカの考古学
青山和夫・猪俣　健著　　　　　　　　　262頁・2625円

③ギリシアの考古学
周藤芳幸著　　　　　　　　　　　　　　262頁・2625円

④エジプトの考古学
近藤二郎著　　　　　　　　　　　　　　278頁・2730円

⑤西アジアの考古学
大津忠彦・常木　晃・西秋良宏著　　　　262頁・2625円

⑥中央ユーラシアの考古学
藤川繁彦編　　　　　　　　　　　　　　382頁・3360円

⑦中国の考古学
小澤正人・谷　豊信・西江清高著　　　　362頁・3360円

⑧東南アジアの考古学
坂井　隆・西村正雄・新田栄治著　　　　346頁・3150円

⑨東北アジアの考古学
大貫静夫著　　　　　　　　　　　　　　294頁・2835円

⑩朝鮮半島の考古学
早乙女雅博著　　　　　　　　　　　　　278頁・2730円

⑪ヴァイキングの考古学
ヒースマン姿子著　　　　　　　　　　　238頁・2625円

世界の考古学・既刊

⑫中国の埋められた銭貨
三宅俊彦著　　　　　　　　　　　　　258頁・2940円

⑬ポンペイの歴史と社会
ロジャー・リング著／堀　賀貴訳　　　240頁・2835円

⑭エジプト文明の誕生
高宮いづみ著　　　　　　　　　　　　294頁・2940円

⑮人類誕生の考古学
木村有紀著　　　　　　　　　　　　　230頁・2625円

⑯ムギとヒツジの考古学
藤井純夫著　　　　　　　　　　　　　356頁・3360円

⑰都市誕生の考古学
小泉龍人著　　　　　　　　　　　　　262頁・2625円

⑱アナトリアの考古学
大村幸弘編　　　　　　　　　　　　　〔未刊〕

⑲チンギス=カンの考古学
白石典之著　　　　　　　　　　　　　250頁・2625円

⑳稲の考古学
中村慎一著　　　　　　　　　　　　　278頁・2835円

㉑文字の考古学Ⅰ
菊池徹夫編　　　　　　　　　　　　　234頁・2625円

㉒文字の考古学Ⅱ
菊池徹夫編　　　　　　　　　　　　　242頁・2625円